Oates / Oukada
ENTRE AMIS
SECOND EDITION

AN INTERACTIVE APPROACH

Cahier d'activités

Workbook
Larbi Oukada, Indiana University, Indianapolis
Roxana Nagosky, Indiana University, Indianapolis

Lab Manual
Kathleen E. Ford, University of California, Los Angeles
Anne C. Cummings, El Camino Community College

with Vignette exercises by
Michael D. Oates, University of Northern Iowa

Video Workbook to accompany *Pas de problème!* video
Rick Altman, University of Iowa

HOUGHTON MIFFLIN COMPANY   **BOSTON   TORONTO**
Geneva, Illinois   Palo Alto   Princeton, New Jersey

Sponsoring Editor: Diane Gifford
Editorial Development: Amy Hatch Davidson
Associate Project Editor: Nicole Ng
Senior Production Coordinator: Patricia Mahtani
Senior Manufacturing Coordinator: Marie Barnes
Marketing Manager: George Kane

Illustrations by Commonwealth Printing, Timothy C. Jones, and G. S. Weiland.
Videocassette produced by special arrangement with Video Publishing Group, Inc.

Copyright © 1994 by Houghton Mifflin Company. All rights reserved.

No part of this work may be reproduced or transmitted in any form or by any means, electronic or mechanical, including photocopying and recording, or by any information storage or retrieval system without the prior written permission of Houghton Mifflin Company unless such copying is expressly permitted by federal copyright law. Address inquiries to College Permissions, Houghton Mifflin Company, 222 Berkeley Street, Boston, MA 02116-3764.

Printed in the U.S.A.

ISBN: 0-395-67638-X

89-CS-97

CONTENTS

WORKBOOK

LAB MANUAL

VIDEO WORKBOOK

To the student

The *Cahier d'activités* consists of three components: The Workbook, the Lab Manual, and the *Pas de problème!* Video Workbook. They have been bound together for your convenience. The pages have been perforated so they can be handed in for correction.

The Workbook contains a variety of activities intended to review and reinforce what has been presented in the classroom. These activities have been created specifically to supplement the vocabulary and grammar exercises in the text and to provide additional written practice for the material in each chapter. They range from simple, fill-in-the-blank exercises to personalized written tasks based on situations that you might face in the real world. All activities are designed so they can be done on your own. Many are based on authentic documents and art. Each chapter ends with a *Rédaction* in which you are asked to express your opinion about matters related to the theme of the chapter.

The Lab Manual is the second component of the *Cahier d'activités*. The activities found here are correlated with Side B of the audiocassettes and consist of original, varied activities that encourage you to put French to use through listening, speaking, reading, and writing. Side A of each cassette is coordinated with the text and contains the presentation material for each function *(Buts communicatifs)* modeled with pauses for repetition as well as the poems that serve as readings in several chapters.

The Homework Cassette, which is shrinkwrapped with your text, includes recordings of the *Conversations-Lettres*, examples from the *Prononciation* sections of each chapter, and original vignettes (short skits). The activity correlated to each vignette is found in the Vignette section of the *Cahier*, immediately following the Lab Manual. The Homework Cassette is also packaged with the audiocassettes.

The *Pas de Problème!* Video Workbook is the final component of the *Cahier d'activités* and contains imaginative video activities designed to be used in conjunction with the *Pas de problème!* Videocassette. *Pas de problème!* consists of twelve modules of video material, shot on location in France. The Video Workbook offers you a variety of pre-viewing, viewing, and post-viewing activities designed to guide you through each video segment. They include activities to be completed with the sound *off,* which more easily draws your attention to people, places, and things. These activities are indicated in the margin by a special icon. Another icon points out activities that should be viewed with the sound *on.*

The video program itself has a problem-solving format. By watching the video you will learn about daily life in France and by doing the Video Workbook activities you will be challenged to apply what you've learned to realistic situations that you might actually encounter while in France or other French-speaking countries.

Throughout your study of the French language with *Entre amis 2/e*, you will learn to communicate with flair—confidently, among friends, as you learn about the people who speak it.

Workbook

CHAPITRE 4

A.   Qu'est-ce que c'est?   Identify each item of clothing and describe it with an adjective. Use **c'est** or **ce sont** in your answer.

☐ **C'est une veste élégante.**

☐ **Ce sont des chaussures confortables.**

1.

5.

2.

3.

4.

6.

7.

8.

1. _C'est un manteau long._
2. _C'est un chapeau ~~debonnaire~~ chic._
3. _C'est une ceinture mince_
4. _C'est un tee-shirt bon marché._
5. _~~C'est~~ Ce sont des gants sophistiqué._
6. _~~C'est~~ Ce sont des lunettes grande_
7. _C'est une robe jolie_
8. _~~C'est une chaussettes~~ Ce sont des chaussettes blanche_

    Copyright © Houghton Mifflin Company. All rights reserved. **29**

B. Les meilleures amies d'Anne. Anne is showing photos of some of her friends to a French exchange student. Complete their conversation by inserting the adjectives from the list below where appropriate. Be sure to make the adjectives agree.

~~bavard~~   ~~discret~~   ~~gentil~~   ~~paresseux~~   ~~stupide~~
~~bon~~   ~~ennuyeux~~   ~~intelligent~~ ~~sportif~~   ~~travailleur~~

Anne: Voici mes amies, Sylvie et Judy. Elles sont très ___sportive___. Elles adorent nager, patiner et faire du jogging. Sylvie est ___bavard___ et un peu ___paresseuse___. Elle parle beaucoup et elle n'aime pas travailler au cours. Judy, au contraire, est assez ___discrète___ et ___travailleuse___.

Jean-Luc: Sont-elles très ___bonne___ en français?

Anne: Oui, elles sont très ___intelligente___ en général. C'est moi qui suis quelquefois ___stupide___. Je ne parle pas bien le français. C'est probablement ennuyeux pour toi.

Jean-Luc: Pas du tout! Ton français est excellent et tu n'es certainement pas ___ennuyeuse___.

Anne: Ah! tu trouves? Tu es vraiment ___gentil___!

C. C'est Véronique! Véronique is quite different from everybody else. Describe how other people compare to her by replacing the italized expression with a *contrasting* word. Make all necessary changes.

❑ Véronique est *toujours* bavarde. Et son amie Jocelyne?
Jocelyne n'est jamais bavarde.

1. Véronique est *souvent* impatiente. Et son amie Georgette?
Georgette est rarement impatiente.

2. Véronique *n'est jamais* méchante. Et son petit frère?
Son petit frère est toujours méchant.

3. Véronique est *rarement* généreuse. Et son petit ami?
Son petit ami est souvent généreux.

4. Véronique pleure *toujours*. Et ses deux sœurs?
Ses deux sœurs n'est jamais pleurent ne pleurent jamais.

5. Véronique regarde *souvent* la télévision. Et vous?
Je regarde rarement la télévision.

6. Véronique écoute *quelquefois* la radio. Et vous?
J'écoute souvent la radio.

7. Véronique est *généralement* paresseuse. Et vous?
Je suis généralement travailleur

8. *D'habitude*, Véronique est nerveuse le jour d'un examen. Et vous?
Je suis nerveux aussi le jour d'un examen.

9. Véronique est *triste* aujourd'hui. Et vous?
Je suis comme ci comme ça

Copyright © Houghton Mifflin Company. All rights reserved.

D. Chacun ses goûts *(To each his own).* Different people like different color schemes in their wardrobes. Describe what the following people are wearing. Imagine what color each item of clothing is. Be sure to include that information.

Voilà Jean-Pierre.

Voilà Marie-Claire.

Il porte _un complet bleu avec une chemise blanc. ~~Son~~ ^Sa^ cravate_ est bleu aussi avec rayures rouges ses chasseures sont noir.

Elle porte ~~une~~ _bottes blanche. Elle aimes ~~brillante~~ coloeurs brillantes. Sa robe et chapeau sont orange brillante. Ses gants et foulard sont verte._

E. Faire du lèche-vitrines *(Window-shopping).* Julie is "window-shopping" in a fashion magazine. Complete her sentences by adding appropriate demonstrative adjectives (**ce / cet / cette** or **ces**).

❑ Mon père aime ___**cette**___ cravate bon marché, mais pas ___**ce**___ foulard chic.

1. Ma mère aime ___~~cette~~ ces___ gants simples, mais pas du tout ___~~cette~~ ces___ lunettes noires.

2. Mon grand-père adore ___cette___ veste bizarre, mais pas ___ce~~t~~___ sweat-shirt confortable.

3. Monique et moi, nous aimons bien ___cette___ ceinture, mais pas ___ces___ bottes ordinaires.

4. Mes cousins aiment ___~~cette~~ ce___ jean, mais pas ___~~ces~~ ce___ pantalon.

5. Mes neveux aiment ___~~cett~~ ces___ baskets chers, mais pas ___ces___ chaussures simples.

6. Ma nièce aime bien ___ce___ tee-shirt, mais pas ___~~cet~~ ce___ short.

7. Suzette et Élise adorent ___~~cette~~ ces___ chemisiers élégants, mais pas ___ces___ blousons.

8. Moi, j'aime tous *(all)* ___~~cette~~ ces___ vêtements.

 Copyright © Houghton Mifflin Company. All rights reserved.

F. Tel *(like)* **père, tel fils: une exception.** Read Lori Becker's letter home describing an unusual family she has met. Then answer the questions.

Je trouve la famille Renaud assez intéressante. Monsieur Renaud est médecin. Il est grand, assez gros et un peu chauve. Madame Renaud est professeur d'anglais. Elle est petite, blonde, et a les yeux bleus. C'est un couple élégant. Madame Renaud porte d'habitude des robes chic. Monsieur Renaud porte toujours des complets gris ou noirs avec des foulards élégants. Les enfants, eux, ne sont pas du tout comme leurs parents. Ils s'habillent à l'américaine: ils portent des jeans, des tee-shirts ou des sweat-shirts, et toujours des tennis. En plus, ils n'ont pas les cheveux blonds et les yeux bleus de leurs parents. Karine, qui a 13 ans, a les cheveux roux et les yeux verts. Les jumeaux *(twins)*, Arnaud et Christian, 11 ans, ont les yeux bruns et les cheveux noirs. Les trois jeunes Renaud sont très sportifs. Ils aiment nager, skier et jouer au tennis. Les garçons sont un peu paresseux aussi. Ils aiment regarder la télévision, mais n'aiment pas faire leurs devoirs. C'est un peu étrange, ce contraste entre parents et enfants, non?

Questions:

1. Comment s'appellent les enfants des Renaud?

   Leur fille est Karine et les jumeaux sont Arnaud et Christian.

2. Quel âge ont-ils?

   Karine à treize ans et Arnaud et Christian à onze ans.

3. Quels vêtements portent les enfants d'habitude?

   Les enfants d'habitude portent des jeans, des tee-shirts ou des sweat-shirts.

4. De quelles couleurs sont les cheveux de Monsieur et Madame Renaud?

   Ils ont cheveux blonds.

5. Et leurs yeux?

   Les parents ont yeux bleus.

6. Karine a-t-elle les cheveux blonds comme sa mère?

   Non, Karine a cheveux rousse *roux, n'aime pas* pas comme *sa mère.*

7. De quelles couleurs sont les cheveux et les yeux des deux fils?

   Leur cheveux est noirs *brun et leur yeux est bruns.*

8. Le père a-t-il beaucoup de cheveux?

   Sans doute pas, il est un peu chauve. *Lori écrire* ses cheveux

9. Et vous? De quelle couleur sont vos cheveux? vos yeux?

   Mes cheveux est brun et un peu roux. Mes yeux sont verts.

10. Que portez-vous d'habitude?

    Je porte de jean ou beau pantalon avec un sweat-shirt. ou pull

11. De quelles couleurs sont les cheveux et les yeux de vos parents?

    Ma mère a cheveux rouge et mon père a cheveux noir.

    Je ne comprend pas la coleur des de mes parents.

Copyright © Houghton Mifflin Company. All rights reserved.

G. Les vêtements.   Combine the following words into complete sentences. Make all necessary changes.

❑   elles / porter / jupes / rouge
   Elles portent des jupes rouges.

❑   je / (ne ... pas) avoir / chaussures / nouveau
   Je n'ai pas de nouvelles chaussures.

1. vous / ne ... pas / avoir / chemisiers / bleu

   Vous n'avez pas des chemisiers bleus.

2. elle / avoir / imperméable / gris

   Elle a des imperméable gris.

3. ils / ne ... pas / avoir / pull-overs / beau

   Ils n'ont pas des beau pull-overs.

4. les professeurs / ne ... jamais / porter / shorts / bizarre

   Les professeurs ne portent jamais des shorts bizzara

5. il / avoir / ceinture / grand

   Il a de ceinture grand.

6. tu / avoir / tennis / nouveau

   Tu as de tennis nouveau.

7. je / ne ... pas / avoir / chaussettes / violet

   Je n'ai pas des chaussettes violets.

8. nous / avoir / robes / joli / rouge   Nous avons des robes jolie rouges.

   Nous avons ~~jolie des~~ ~~jolie~~

9. mes amis / ne ... pas / porter / smokings / élégant

   Mes amis ne portent pas des smokings élégants.

10. ma cousine / détester / les personnes qui / porter / vêtements / sale

   Ma cousine déteste les personnes qui
          portent des vêtements sales.

 Copyright © Houghton Mifflin Company. All rights reserved.

H. Au camping. Every camper is scheduled for chores. Read the assignment sheet and write five complete sentences describing what each person is to do.

	le ménage à 7h	la cuisine à 8h	la vaisselle à 8h30	les courses à 10h	la cuisine à midi	la vaisselle à 2h
Cécile	X					
Hervé et Thierry				X		
Yann		X				
Nicole			X			
Robert et Éric					X	
Patricia et Jeanne						X

❑ **Cécile fait le ménage à 7 heures du matin.**

1. Hervé et Thierry font les courses à 10 heures du matin.
2. Yann fait la cuisine à 8 heures du matin.
3. Nicole fait la vaissele à 8 heures et demie du matin.
4. Robert et Éric font la cuisine à midi.
5. Patricia et Jeanne font la vaisselle à 2 heures du après midi.
6. Et vous? Faites-vous quelquefois le ménage?
   Je fais le ménage du matin, d'habitude.
7. Est-ce que vous faites souvent la sieste? Quand?
   Je fais rarement la sieste, si je fais, il est ~~pres~~ du après midi.
8. D'habitude, que faites-vous le soir?
   Je fais la cuisine et la vaisselle du soir.

I. Vous êtes journaliste. What questions are you asking Gérard Duval, an exchange student, whom you are interviewing for the school paper? Begin your questions with **qui, que,** or **quel(le)(s)**.

Vous: <u>**Quel est votre nom?**</u>

Gérard: Gérard Duval.

Vous: Quel est votre nationalité?

Gérard: Je suis français.

Vous: Que faites-vous?

Gérard: Je suis étudiant.

Vous: Et que faites-vous étudiez?

Gérard: Cette année *(year)* j'étudie les maths.

Vous: Qu'est ce que tu veux faire dans la vie?

Copyright © Houghton Mifflin Company. All rights reserved.

Gérard: Moi? Je voudrais être homme d'affaires ou banquier.

Vous: Qu'est ce que ~~faire~~ votre parents faire?

Gérard: Mon père est comptable et ma mère travaille chez un médecin. Elle est infirmière.

Vous: Qui fait le ménage dans la maison.

Gérard: D'habitude, c'est ma mère qui fait le ménage.

Vous: Quelles professions ~~font~~ votre amis préfèrent?

Gérard: Mes amis préfèrent généralement les professions de cadre.

Vous: _____

Gérard: Ce que je pense des États-Unis? C'est un pays super!

J. Ah! tu trouves? Use a form of **quel** and the adjectives **beau** or **joli** as suggested to compliment your friends on their clothes.

❏ la robe de Christine
   Quelle jolie robe! ou **Quelle belle robe!**

1. la veste de Patrick — Quelle ~~beau~~ belle veste?
2. le chapeau de Thérèse — Quel beau chapeau!
3. les lunettes de Robert — Quelles ~~belles~~ ~~un~~ jolie lunettes!
4. le blouson de Marie-Anne — Quel joli blouson!
5. le pull de Michel — Quel beau pull!
6. l'imperméable de Marilyne — Quel bel imperméable!

Copyright © Houghton Mifflin Company. All rights reserved.

K. *Rédaction:* **Les cartes de visite.**   An exchange of business cards is an integral part of meeting people in France. Choose three of the following people and describe them in a short paragraph: their names, professions, where they live, their probable nationalities. Then guess and add some personal attributes: what might they look like, how old might they be, and what kind of family might they have?

Marie GIRARD

infirmière

7, *avenue Saint-Simon*

75007 Paris

Henri-Alexandre DUPRÉ

avocat

2, boulevard de Toulon

13100 Aix-en-Provence

Danielle CHABRUN

ingénieur

53, *rue Saint-Dominique*

Bruxelles

Tél. 55–92–03

Mahmoud AKA

interprète

espagnol   français   arabe   berbère

15, *rue Tobin*   *Alger*

Serge MORIN

comptable

34, rue La Pérouse
75775 PARIS Cédex 16

Simon EURIN

programmeur

Université Stendhal-
Grenoble III BP 25 x
38040 Grenoble Cédex

---

1. ~~Mahmood~~ Monsieur Mahmoud AKA est ~~poor~~ Algiers et ~~ne~~ il habite dans la ville de Alger. ~~He~~ Il est interprète et il parle quatre langues. Son frère est un interprète aussi mais il travaille dans France. Ils parlent souvent et font les affaires entre leur pays!

Copyright © Houghton Mifflin Company. All rights reserved.

2. Danielle Chabron est americaine mais elle travaille dans la ~~France~~ où elle est ingénieur. Elle est de Bruxelles.   l'état de New Jersey et elle a etudie à la université de Penn State et Georgia Tech. Elle à ~~est~~ 28 ans. Elle est tres intelligente avec ~~meths~~ les maths et elle parle francais tres bien.

3. _____

Voici Simon Eurin. Il a travaille avec ordinateurs depuis ~~di~~ six ans. Il aimes travailler avec ordinateurs ~~et~~ ce sont tres grand. ~~Sa carte~~ Je veux travailler avec Monsieur Eurin dans France. Il est francais et il est professeur-là aussi a la Université Stendhal-Grenoble.

Copyright © Houghton Mifflin Company. All rights reserved.

CHAPITRE 5

A. Un projet de cinéma.   Choisissez la bonne réponse.

1. Quoi de neuf?

   _____ a. Cela m'est égal.

   _____ b. Pas grand-chose.

2. Qu'est-ce que tu fais ce soir?

   _____ a. Je vais passer deux heures à la bibliothèque.

   _____ b. D'accord.

3. Tu as envie d'aller au cinéma?

   _____ a. Ça va bien.

   _____ b. Quand ça?

4. Demain soir?

   _____ a. Je suis libre.

   _____ b. Pas grand-chose.

5. Est-ce qu'il y a un bon film à l'Eldorado?

   _____ a. Demain soir.

   _____ b. Il y a deux bons films, un film espagnol et un film américain.

6. Alors, quel film allons-nous voir?

   _____ a. Cela m'est égal.

   _____ b. C'est parfait.

7. Moi, j'ai envie de voir le film américain.

   _____ a. Moi aussi.

   _____ b. Sans doute.

8. À quelle heure?

   _____ a. Je ne suis pas libre.

   _____ b. À neuf heures et demie.

9. Rendez-vous devant le cinéma.

   _____ a. C'est parfait.

   _____ b. Merci. Au revoir.

 Copyright © Houghton Mifflin Company. All rights reserved.

B. Qu'est-ce que c'est?   Identifiez les endroits suivants.

❑

❑ _C'est une épicerie._

1.   2.   3.   4.

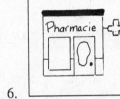   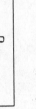   

5.   6.   7.   8.

1. _____
2. _____
3. _____
4. _____
5. _____
6. _____
7. _____
8. _____

C. Chassez l'intrus.   Les listes suivantes représentent des catégories d'endroits. Mais dans chaque liste il y a un endroit qui n'appartient pas *(does not belong)* à la catégorie. Rayez *(cross out)* cet endroit.

1. boulangerie / épicerie / cafétéria / église

2. salle de classe / épicerie / gymnase / bibliothèque

3. toilettes / bureau de poste / librairie / bureau de tabac

4. restaurant / bistro / piscine / cafétéria

5. couloir / centre commercial / banque / pharmacie

40

Copyright © Houghton Mifflin Company. All rights reserved.

D. Des destinations.   Dites *(say)* où chaque personne va.

❑   Nous / bibliothèque
   Nous allons à la bibliothèque.

1. Monsieur Barbezot / banque _____

2. Laure / aéroport _____

3. mes petits cousins / école _____

4. tu / piscine _____

5. je / musée _____

6. vous / gare _____

7. ma mère / centre commercial _____

8. les étudiants / restaurant universitaire _____

9. mon frère / campus _____

E. Qu'est-ce que tu vas faire?   Complétez les phrases avec la préposition à + l'article défini (**à la, à l',
au** ou **aux**).

1. *Marie:*   Tout à l'heure, je vais aller _____ piscine, puis _____ bibliothèque pour

   faire mes devoirs. Ce soir, je vais dîner avec des amis _____ *Petite Auberge.* Après le dîner,

   on va aller _____ cinéma *Capri* voir le film *1492.*

2. *Claude:*   Moi? Dans une heure, je vais faire des courses: je vais aller _____ banque,

   _____ pharmacie, _____ bureau de poste et _____ supermarchés, *Casino* et

   Carrefour, pour regarder les nouveaux walkmans. Ce soir? Je vais aller _____ café *Les*

   Grands Ducs prendre un pot (= *une boisson*) avec des amis.

3. *Mimi et Didier:*   À midi, nous allons _____ campus manger ensemble _____

   restaurant universitaire. Et l'après-midi, nous allons passer quelques heures _____

   bibliothèque. Le soir, nous avons rendez-vous avec Marc et François pour aller danser la salsa

   _____ *Club Rio.*

4. Et vous? Qu'est-ce que vous allez faire samedi prochain?

   _____

   _____

   _____

   _____

   Copyright © Houghton Mifflin Company. All rights reserved.

F. Quelle heure est-il?   Donnez deux réponses possibles à la question **Quelle heure est-il?** Écrivez vos réponses en toutes lettres.

❏

   a. Il est quinze heures quarante-cinq.
   b. Il est quatre heures moins le quart.

1.

a. _____

b. _____

2.

a. _____

b. _____

3.

a. _____

b. _____

4.

a. _____

b. _____

5.

a. _____

b. _____

6.

a. _____

b. _____

42

Copyright © Houghton Mifflin Company. All rights reserved.

G. Quelles sont vos habitudes? Répondez aux questions.

1. À quelle heure est votre cours de français?

   _____

2. À quelle heure déjeunez-vous d'habitude?

   _____

3. À quelle heure est-ce que vous faites vos devoirs?

   _____

4. Est-ce que vous faites la sieste? Si oui, à quelle heure?

   _____

5. Est-ce que vous travaillez? Si oui, combien d'heures par semaine?

   _____

6. À quelle heure dînez-vous d'habitude?

   _____

7. Est-ce que vous regardez la télévision le soir? Si oui, quelles émissions *(programs)*? De quelle

   heure à quelle heure? _____

   _____

H. Les corvées ménagères. (*Household chores.*) Madame Martin affiche (*posts*) les tâches à faire pendant la semaine. Utilisez le verbe **devoir** pour faire des phrases d'après le modèle.

		Lundi, David et Sylvie doivent faire la cuisine.
lundi:	faire la cuisine / David et Sylvie	
	faire la vaisselle / Céline	
mardi:	faire la lessive / David, Sylvie et Céline	
	faire les provisions / Pierre et moi	
mercredi:	faire la cuisine / moi	
	faire la vaisselle / Pierre	
jeudi:	faire la cuisine / Céline	
	faire la vaisselle / David	
vendredi:	nettoyer les chambres / David, Sylvie	
samedi:	faire le ménage / Pierre et moi	
dimanche:	préparer le pique-nique / toute la famille	

 Copyright © Houghton Mifflin Company. All rights reserved.

I. Le centre ville. Regardez le plan de cette ville imaginaire et indiquez où se trouvent les endroits suivants en utilisant des prépositions de lieu.

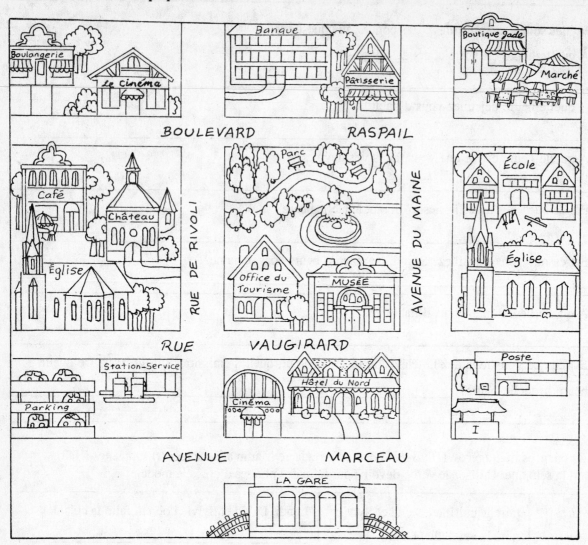

❑   La banque
     Elle est à côté de la pâtisserie et en face du parc.

1. l'église   _____

2. la boulangerie   _____

3. le bureau de poste _____

4. le café   _____

5. l'école   _____

6. la gare   _____

7. l'hôtel du Nord   _____

8. l'office du tourisme _____

9. la brasserie *Le Carnot* _____

10. la boutique *Jade* _____

                                           Copyright © Houghton Mifflin Company. All rights reserved.

11. la pâtisserie _____

12. le cinéma _____

J. Testez vos connaissances en géographie! *(Test your knowledge of geography!)*   Toutes les personnes suivantes habitent dans la capitale de leur pays. Écrivez le nom de la ville et du pays où elles habitent. Suivez le modèle.

Les capitales de quelques pays

Capitales	Pays
Alger	Algérie
Bejing	Chine
Berlin*	Allemagne
Bruxelles	Belgique
Berne	Suisse
Dakar	Sénégal
Londres	Angleterre
Madrid	Espagne
Mexico	Mexique
Paris	France
Rabat	Maroc
Rome	Italie
Stockolm	Suède
Tokyo	Japon

❑   María et Pedro sont espagnols.
   Ils habitent à Madrid, en Espagne.

1. Gina est italienne. _____

2. Heidi et Hanspeter sont suisses. _____

3. Ali est algérien. _____

4. Marcel et Anna sont belges. _____

5. Notre professeur est français. _____

6. Ces étudiants sont chinois. _____

7. Mon camarade de chambre est japonais. _____

8. La femme de mon frère est anglaise. _____

*Berlin is the capital of Germany; Bonn is the seat of government.

          Copyright © Houghton Mifflin Company. All rights reserved.

K. Testez vos connaissances en politique (*Test your global awareness*). Complétez les phrases en ajoutant (*by adding*) le pays et la langue (ou les langues) de ces chefs d'états (*heads of states*).

❑ François Mitterrand habite à Paris, **en France,** où on parle **français.**

1. Juan Carlos de Bourbon habite à Madrid, _____, où on parle

   _____.

2. Hassan II habite à Rabat, où on parle _____ et _____.

3. Abdou Diouf habite à Dakar, _____, où on parle _____ et

   _____.

4. Baudouin Ier habite à Bruxelles, _____, où on parle _____ et _____.

5. Bill Clinton habite à Washington, _____, où on parle _____.

6. Carlos Salinas habite à Mexico, _____, où on parle _____.

7. Augustav Carlson habite à Stockholm, _____, où on parle _____.

8. L'Empereur Akihito habite à Tokyo, _____, où on parle _____.

9. Helmut Kohl habite à Bonn, _____, où on parle _____.

10. John Major habite à Londres _____, où on parle _____.

Copyright © Houghton Mifflin Company. All rights reserved.

L. Une soirée à Paris. Lisez ces annonces de spectacles et décidez, d'après le modèle, où ces personnes vont aller ce soir.

Le Club Jin-Jin
167, rue Montmartre (2e)
42-36-57-50

JAZZ MUSIC

De 22h 30 à l'aube

BISTRO BRUNO
Bal Musette
23, rue Mouffetard (5e)

Orch. Bruno Benedetti
avec Angela Benedetti

Vendredi, Samedi
toute la nuit

42-02-20-52

CHANSONS
POESIES
HUMOUR

BISTRO PARADIS
33, RUE DAUPHINE

43-25-66-33

St. Michel
19, r. de Lappe
43-57-24-24

RETOUR VERS LE FUTUR

19h 21h30

LE THÉÂTRE
DE ROCHE

LA CANTATRICE CHAUVE

«on rit de tout, de rien»
LE MATIN

19h - Salle 1

45-48-92-97

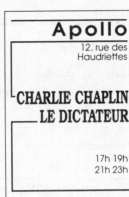

Apollo
12, rue des
Haudriettes

CHARLIE CHAPLIN
LE DICTATEUR

17h 19h
21h 23h

LE CLUB SéLéNITé

MUSIQUE FUNKY
REGGAE
JAZZ
ROCK
AFRO-ANTILLAIS

71, blv Saint-Germain
43-25-19-96

❏ Madame Bonot aime beaucoup les films de Charlie Chaplin.
Ce soir, elle va voir «Le Dictateur» au cinéma Apollo.

1. Patrick Sertin aime les films de science-fiction.

_____

2. Anne-Marie et Jean Richard adorent le Reggae et la musique afro-antillaise.

_____

3. Gabrielle Herriot aime beaucoup les chansons populaires, l'humour et la poésie.

_____

4. Germaine Le Page aime le théâtre.

_____

5. Benoît Vuitton adore le jazz.

_____

6. Martine et Nathalie aiment danser toute la nuit.

_____

7. Et vous? Où est-ce que vous allez samedi soir?

_____

 Copyright © Houghton Mifflin Company. All rights reserved.

M. Au campus.   Écrivez les questions qui ont les réponses suivantes.

❑ J'habite 23, rue Saint-Michel.
   Où habites-tu?

1. Je vais au campus.

   _____

2. Le campus n'est pas loin d'ici.

   _____

3. D'habitude, je vais au cours à 8 heures du matin.

   _____

4. Généralement, je fais mes devoirs après le dîner.

   _____

5. Ce soir, je vais à la bibliothèque pour préparer un examen.

   _____

6. J'ai un examen vendredi après-midi.

   _____

7. La bibliothèque est près de la résidence universitaire, en face du Resto U.

   _____

8. Ma camarade de chambre travaille maintenant.

   _____

9. Elle travaille dans une banque.

   _____

10. Le week-end prochain, nous allons faire un voyage.

    _____

   Copyright © Houghton Mifflin Company. All rights reserved.

N. *Rédaction:* **Une correspondance réciproque.** Un étudiant français vous envoie *(sends you)* son emploi du temps. Répondez à sa lettre par un paragraphe où vous décrivez quels jours et à quelles heures vous avez cours, où et à quelle heure vous dînez généralement, ce que vous faites d'habitude le soir et le week-end, avec qui vous sortez, etc.

Chèr(e) ami(e),
J'ai un emploi du temps très chargé *(heavy).* **Le voilà:**

_____

_____

_____

_____

_____

_____

_____

_____

_____

_____

_____

_____

_____

_____

_____

_____

 Copyright © Houghton Mifflin Company. All rights reserved. **49**

CHAPITRE 6

A. Une fille au pair. Complétez chaque phrase avec une des expressions suivantes.

à table	écrit	la salle de bain	pour «froid»
depuis	garde	la grasse matinée	tant de choses
fait le ménage	passe	pour «chaud»	a remarqué
différences			

1. Kristin a déjà passé trois mois en France. Elle travaille chez les Louviot

   _____ septembre.

2. C'est une jeune femme très active. Elle a toujours _____ à faire.

3. Elle n'a pas beaucoup de temps libre. Elle _____ et elle

   _____ les enfants.

4. Chez les Louviot on mange bien et on _____ beaucoup de temps

   _____.

5. Kristin est un peu fatiguée aujourd'hui. Elle fait _____.

6. Souvent, elle _____ des lettres à ses amis aux États-Unis.

7. Elle explique quelques _____ qui existent entre la France et les États-Unis.

8. Par exemple, elle _____ qu'en France, les toilettes ne se trouvent pas

   souvent dans _____ comme aux USA.

9 Elle a aussi remarqué que les robinets sont marqués «C» _____ et «F»

   _____.

B. Les activités du week-end dernier. Complétez chaque phrase avec le verbe indiqué au passé composé.

❏ *(passer)* Nous __**avons passé**__ une soirée agréable au bal samedi dernier.

❏ *(ne ... pas danser)* La plupart des étudiants américains __**n'ont pas dansé**__ le tango.

1. *(téléphoner)* Est-ce que vous _____ à votre amie?

2. *(ne ... pas avoir)* Non, je _____ le temps.

3. *(faire)* Mes sœurs et moi, nous _____ la vaisselle, les courses et

   tout le ménage.

4. *(passer)* Et toi, tu _____ le week-end chez tes parents?

5. *(travailler)* Non, j' _____ samedi et dimanche.

 Copyright © Houghton Mifflin Company. All rights reserved. **51**

6. (regarder)   Samedi après-midi, Serge et moi, nous _____ le Tour de France à la télé.

7. (jouer)   Dimanche, les enfants _____ dans le parc avec des amis.

8. (ne ... pas faire)   Annie et son petit ami _____ leurs devoirs.

9. (dîner)   Dimanche soir, on _____ chez des amis.

10. (avoir)   Ma pauvre grand-mère, elle _____ une grippe terrible.

C. Trop tard (too late).   Répondez en employant le passé composé pour indiquer qu'on a déjà fait les activités proposées.

❑ **Tu vas faire tes devoirs maintenant?   Mais j'ai déjà fait mes devoirs.**

1. Tu vas travailler à la bibliothèque ce soir? _____

2. Et Mathieu? Il va jouer au tennis? _____

3. Laure et toi, vous allez faire la cuisine? _____

4. Est-ce que Nicolas et Martine vont nager à 5 heures?

_____

5. Diane va-t-elle téléphoner à ce jeune homme?

_____

6. Est-ce que Sylvie et Suzanne vont regarder le match de foot à la télé?

_____

7. Ta mère va-t-elle faire du jogging ce matin?

_____

8. Nous allons manger une pizza? _____

9. Et vous? Allez-vous faire vos devoirs de français? _____

D. Le journal (diary) **d'un paresseux.**   Pierrot est paresseux. Il écrit toujours son journal avec un jour de retard. Complétez son journal avec les verbes qui conviennent au passé composé. (Il est possible d'employer un verbe deux ou trois fois).

Hier, j'_____ un samedi assez tranquille. D'abord,

j'_____ la grasse matinée jusqu'à 11 heures.

Je n'_____ le temps de faire les courses; et je

n'_____ mes devoirs non plus. À midi,

j'_____ une pizza au Flunch. C'est mon restaurant favori!

L'après-midi, Bernard et moi, nous _____ des disques chez moi

et puis nous _____ une heure au centre commercial de la Toison

D'Or. À 3 heures, j'_____ la sieste. Le soir,

j'_____ à Martin pour aller voir *Cyrano de Bergerac*, mais il a

dit (said) non. Alors, j'_____ un petit sandwich et

j'_____ un film comique à la télévision jusqu'à minuit. Ah oui!

je n'_____ mes devoirs! Peut-être demain soir.

    Copyright © Houghton Mifflin Company. All rights reserved.

E. Les plaisirs de la lecture. Voilà ce que les personnes suivantes aiment lire. Regardez le tableau *(chart)* suivant et puis complétez les phrases d'après le modèle.

	les romans	*les magazines*	*le journal*	*les bandes dessinées*	*les poèmes*
Fabien et toi, vous ...				*toujours*	*ne ... jamais*
Robert ...	*toujours*		*ne ... jamais*		
Mimi et René ...		*souvent*		*rarement*	
Paul et moi, nous ...		*quelquefois*	*régulièrement*		
Toi, tu ...	*ne ... jamais*		*toujours*		
Moi, je ...		*souvent*		*ne ... jamais*	
Marie et toi, vous ...	*quelquefois*				*ne ... pas du tout*
Généralement aux États-Unis, on ...	*?*	*?*	*?*	*?*	*?*

❑ Fabien et toi, vous ___lisez toujours des bandes dessinées, mais vous ne lisez jamais de poèmes.___

1. Robert _____

2. Mimi et René _____

3. Paul et moi, nous _____

4. Toi, tu _____

5. Moi, je _____

6. Marie et toi, vous _____

7. Généralement aux États-Unis, on _____

8. Et vous? Que lisez-vous souvent? toujours? quelquefois? jamais?

_____

_____

_____

_____

_____

 Copyright © Houghton Mifflin Company. All rights reserved. **53**

F. Un voyage exotique. Jean-Yves décrit les vacances de ses parents. Complétez le texte par les expressions suivantes.

pendant	*deux jours*	*dernière fois*	*le week-end dernier*
ce matin	*quinze jours*	*hier soir*	*pendant*

_____, mes parents ont téléphoné du Sénégal où ils passent des vacances. Le Sénégal a beaucoup changé depuis la _____ que mon père a visité l'Afrique. Mon père a traversé le Sénégal et l'Afrique du Nord _____ la guerre *(war)*. Il a beaucoup aimé le Sénégal. Alors, il a invité ma mère à faire un voyage à travers ce beau pays. _____ ce voyage, ils ont passé _____ à Dakar chez un ami de mon père qui travaille à l'Ambassade américaine. Après Dakar, il ont visité Saint-Louis où ils ont passé _____ dans un hôtel colonial, *La Résidence au Poste*, construit en 1895. _____ ils ont fait de longues promenades dans les forêts tropicales de Casamance à l'intérieur du pays. Moi, _____ j'ai rêvé *(dreamt)* de faire un voyage comme le voyage de mes parents dans un pays exotique.

G. Qu'est-ce qu'on écrit? Complétez les phrases avec la forme convenable (au présent ou au passé composé) du verbe **écrire** ou d'une des expressions de la liste suivante.

journal	*poème*	*carte postale*
dissertation	*lettre*	*pièce*

❑ L'année dernière, le professeur **a écrit** un livre en français.

1. En ce moment, Robert _____ une _____ à ses parents. Hier soir, il _____ une longue _____ à sa petite amie.

2. Joël et toi, vous _____ une longue _____!

3. Et toi Lucien, tu (ne ... rien) _____?

4. Sophie et Marie-Louise (ne ... jamais) _____ de _____ en français.

5. Paul et moi, nous _____ une petite _____ pour le cours de théâtre. J'_____ trois scènes et Paul (ne ... que) _____ une seule *(only one)* scène!

6. Gisèle et Alice _____ un éditorial dans le _____ des étudiants.

7. Et vous? Est-ce que vous écrivez souvent des lettres? À qui?

   _____

8. Est-ce que vous avez déjà écrit une longue dissertation en français?

   _____

9. Écrivez-vous des poèmes à vos amis?

   _____

 Copyright © Houghton Mifflin Company. All rights reserved.

H. Au contraire. Répondez aux questions d'après le modèle. Faites attention à l'emploi des prépositions **à** et **de**.

❏ Vous avez joué de la guitare chez les Martin? *(basket)*
Non, nous avons joué au basket *(chez les Martin).*

1. Annie a-t-elle joué du piano cet après-midi? *(tennis avec Alice)*

   _____

2. Vas-tu jouer de la batterie avec Jean-Luc ce soir? *(foot)*

   _____

3. Daniel et Luc vont-ils jouer au hockey ce week-end? *(accordéon / saxophone)*

   _____

4. Est-ce que tes nouveaux amis américains vont jouer au basket ce samedi? *(bridge avec nous)*

   _____

5. Monique aime jouer aux cartes, n'est-ce pas? *(échecs)*

   _____

6. Et Suzanne, a-t-elle joué du piano hier soir? *(violon)*

   _____

7. Est-ce que François Mitterrand a joué au golf? *(pétanque)*

   _____

8. Et vous? De quoi jouez-vous?

   _____

9. Quel est votre instrument préféré?

   _____

10. Est-ce que vous avez fait du sport au lycée *(high school)*? Quel sport?

   _____

I. Où sont-ils? Tout le monde est à la maison. Complétez les phrases et utilisez des pronoms accentués. Suivez le modèle.

❏ François   **est chez lui.**

❏ Les étudiants   **sont chez eux.**

1. Lisette _____

2. Le professeur _____

3. Guillaume et Marcel _____

4. Vous _____

5. Je _____

6. Tu _____

7. Nous _____

8. Les filles de Madame Garnier _____

 Copyright © Houghton Mifflin Company. All rights reserved.

J. Les conformistes. Répondez aux questions suivantes d'après le modèle. Utilisez un pronom accentué pour répondre à la question. Si la première phrase est affirmative, répondez affirmativement. Si la première phrase est négative, répondez négativement.

❑ Paul porte toujours un jean, un tee-shirt et des baskets. Et ses camarades?   **Eux aussi.**

❑ Paul ne porte jamais de chapeau. Et son ami Pierre?   **Lui non plus.**

1. Charlotte aime les westerns. Et sa meilleure amie? _____

2. Mais elle n'aime pas du tout les films d'aventures. Et son petit ami? _____

3. Quand elle sort le soir, Charlotte porte toujours des mini-jupes.

   Et ses camarades de chambre? _____

4. À la pizzeria, Charlotte et son petit ami choisissent toujours la pizza aux

   anchois. Et Pierre et Alice? _____

5. Charlotte et son petit ami ne font jamais de camping. Et Pierre et Alice? _____

6. Charlotte et son petit ami détestent le rock. Et leurs parents? _____

7. Mais ils adorent le reggae et la musique afro-antillaise.
   Et leurs camarades? _____

8. Le père de Charlotte n'aime pas la bière hollandaise. Et son oncle? _____

9. La mère de Charlotte aime beaucoup le citron pressé. Et sa tante? _____

K. Des activités de week-end. Complétez les phrases suivantes avec le verbe entre parenthèses au présent.

1. *(partir)*   Nous _____ par le train.

2. *(partir)*   Eh bien, vous _____ après l'examen.

3. *(sortir)*   Ce soir, je _____ avec Christelle. Nous allons voir un nouveau film

   au Cinéma Rex.

4. *(dormir)*   La plupart des étudiants _____ tard le samedi matin.

5. *(partir)*   Je _____ à Chicago cet après-midi vers 3 heures.

6. *(dormir)*   Mon chien _____ tout le temps.

7. *(sortir)*   André et moi, nous ne _____ jamais quand nous avons beaucoup de

   devoirs.

8. *(partir)*   Mireille, Marianne, Suzanne et moi, nous _____ dans une heure

   pour aller au restaurant du Châtelet.

9. *(sortir)*   Sybille et ses sœurs adorent danser. Elles _____ au moins une ou

   deux fois par semaine pour danser.

10. *(dormir)*   Mon prof de maths n'aime pas les étudiants qui _____ en classe.

Copyright © Houghton Mifflin Company. All rights reserved.

L. Quelques questions personnelles.   Répondez.

1. Combien d'heures avez-vous étudié hier soir?

   _____

2. À quelle heure avez-vous dîné?

   _____

3. Combien de temps avez-vous passé à table?

   _____

4. Combien de temps passez-vous à faire vos devoirs d'habitude?

   _____

5. Combien de temps avez-vous passé à la bibliothèque la semaine dernière?

   _____

6. À quelle heure vous levez-vous d'habitude?

   _____

7. Combien de fois par mois allez-vous au cinéma?

   _____

8. Combien de fois par mois faites-vous la grasse matinée?

   _____

9. Sortez-vous souvent?

   _____

10. Est-ce que vous vous amusez beaucoup?

   _____

   Copyright © Houghton Mifflin Company. All rights reserved.   **57**

M. Club Med.

Regardez le tableau des activités du *Club Med* dans des endroits différents puis dites si les phrases suivantes sont vraies ou fausses. Ensuite, répondez aux questions par des phrases complètes.

ACTIVITÉS ÉTÉ MER	MALABATA MAROC - P. 78	LES MALDIVES RÉP. DES MALDIVES - P. 182	MARRAKECH MAROC - P. 78	OTRANTO ITALIE - P. 94	PAKOSTANE YOUGOSLAVIE - P. 134	PALAIS MANIAL ÉGYPTE - P. 146	PLAYA BLANCA MEXIQUE - P. 178	POMPADOUR FRANCE - P. 128	PUERTO MARIA ESPAGNE - P. 114	PUNTA CANA RÉP. DOMINICAINE - P. 165	LES RESTANQUES FRANCE - P. 126	ROUSSALKA BULGARIE - P. 138	SANTA GIULIA CORSE - P. 119	SMIR MAROC - P. 68
piscine	•	•	•			•	•	•	•		•			•
tennis	•		•	•			•	•	•	•	•	•		•
voile	•	•		•	•		•		•	•	•	•	•	•
équitation	•		•				•	•						
yoga	•	•			•			•	•		•		•	•
judo					•								•	•
basket, football, aérobic	AÉROBIC		AÉROBIC	FOOT AÉROBIC	AÉROBIC		BASKET AÉROBIC	AÉROBIC	AÉROBIC	AÉROBIC	AÉROBIC	AÉROBIC	AÉROBIC	AÉROBIC
restaurant annexe	•		•	•								•		•
arts appliqués	•		•	•			•	•				•	•	•
location de voitures	•		•						•				•	•
promenades et location de bicyclettes	•							•	•		•			
enfants (sans moniteur) à partir de		6 ANS	6 ANS			12 ANS	6 ANS			6 ANS				
Baby-Club à partir de												1 AN		

	vrai	*faux*
1. Il y a une piscine au Club Med à Pakostane.	_____	_____
2. On joue au basket et au foot à Santa Guilia.	_____	_____
3. Le Club Otranto se trouve au Mexique.	_____	_____
4. Le Club Smir propose du judo.	_____	_____
5. On joue au tennis dans tous les clubs.	_____	_____

Questions:

1. Dans quel pays se trouve le Club Med Pompadour?

_____

2. Combien de clubs y a-t-il au Maroc?

_____

3. Où est le Club Playa Blanca?

_____

4. Nommez un Club Med où on fait du yoga, de l'équitation et de la voile.

_____

Copyright © Houghton Mifflin Company. All rights reserved.

5. Quel Club propose un Baby-Club à partir d'un an?

_____

6. D'après vous, est-ce qu'on s'amuse bien au Club Med?

_____

7. Vous aimez faire du sport pendant les vacances?

_____

8. Quelles activités du Club Med aimez-vous?

_____

9. Quelles activités détestez-vous?

_____

N. *Rédaction:* La vie en dehors (*outside*) **de la classe.** Décrivez ce que vous faites d'habitude après les cours. Travaillez-vous? Combien d'heures par semaine? Sortez-vous souvent? Quand? Avec qui? Est-ce vous vous amusez beaucoup? Où partez-vous généralement le week-end? Faites-vous la grasse matinée le dimanche matin? Est-ce que vous vous levez plus tôt? Faites-vous du sport? etc.

_____

_____

_____

_____

_____

_____

_____

_____

_____

_____

 Copyright © Houghton Mifflin Company. All rights reserved.

CHAPITRE 7

A. Au téléphone. Mademoiselle Lane vient de descendre du train à la gare de Nice. Elle téléphone aux Renaud pour qu'ils viennent la chercher. Recontruisez (*reconstruct*) la conversation et choisissez la bonne réponse.

_____ 1. Allô

_____ 2. Qui est à l'appareil?

_____ 3. Vous êtes arrivées?

_____ 4. Vous devez êtes très fatiguée, Mademoiselle.

_____ 5. Restez à la gare. Ma femme est déjà partie vous chercher.

a. Non, pas trop.

b. C'est très gentil à vous de vous occuper de moi.

c. Monsieur Renaud?

d. Je viens de descendre du train.

e. Bonjour, Monsieur. C'est Mademoiselle Lane.

B. À la gare. Complétez les phrases suivantes avec les verbes entre parenthèses au passé composé.

❑ *(arriver)* Vous êtes **arrivé(e)(s)** à la gare à 8 heures?

❑ *(ne ... pas partir)* Non, nous **ne sommes pas parti(e)s** à temps.

1. *(ne ... pas revenir)* Il y a des étudiants qui _____ de la Côte d'Azur.

2. *(aller)* Est-ce que vous _____ à la gare assez tard?

3. *(venir)* Non, nous _____ à l'heure.

4. *(arriver)* Le train _____ à 16 heures 10.

5. *(revenir)* Et puis, on _____ à 20 heures.

6. *(rester)* Laure _____ trois heures au café de la gare.

7. *(rentrer)* Et toi? Tu _____ tard au campus?

8. *(sortir)* Oui, je _____ avec Nicole pour acheter un sandwich.

9. *(descendre)* Puis, nous _____ en ville.

10. *(tomber; aller)* Mais la plupart des étudiants _____ malades et _____ directement à la résidence.

 Copyright © Houghton Mifflin Company. All rights reserved.

C. Quel week-end! Sandrine écrit à son amie Stéphanie. Utilisez le passé composé des verbes indiqués pour compléter la lettre de Sandrine. Répondez ensuite aux questions. Attention au choix entre **être** et **avoir**!

Chère Stéphanie,

Samedi soir, Arnaud, Antoine, Delphine et moi, nous *(aller)*

_____ au cinéma. Comme d'habitude, Arnaud *(ne pas arriver)*

_____ à l'heure. Il *(arriver)* _____ un

quart d'heure en retard parce qu'il *(avoir)* _____ des problèmes

avec ses parents. Nous *(partir)* _____ de chez moi vers 8 heures

20. Mais heureusement *(luckily)* nous *(arriver)* _____ au cinéma

avant le début du film. J' *(trouver)* _____ le film *L'Amant*

très intéressant. Après le film, nous *(aller)* _____ manger des

glaces au *Délices d'Italie* où nous *(parler)* _____

longtemps de nos vacances d'été. Je *(rentrer)* _____

vers minuit. J'*(bien dormir)* _____ Ah non! je

(ne pas faire) _____ la grasse matinée dimanche matin.

Je *(se lever)* _____ très tôt et je *(aller)* _____

à l'église avec mes parents; après j'*(faire)* _____ quelques

devoirs. Tu sais, je ne suis pas paresseuse comme toi!

Ciao!

Sandrine

Copyright © Houghton Mifflin Company. All rights reserved.

Questions:

1. Qu'est-ce que Sandrine a fait samedi soir?

   _____

2. Comment est-ce qu'elle a trouvé le film *L'Amant?*

   _____

3. Pourquoi Arnaud est-il arrivé en retard?

   _____

4. À quelle heure Sandrine et ses amis sont-ils partis?

   _____

5. Qu'est-ce qu'ils ont fait après le film?

   _____

6. À quelle heure est-ce que Sandrine est rentrée?

   _____

7. Et vous? Est-ce que vous vous êtes bien amusé(e) le week-end dernier?

   _____

8. Est-ce que vous êtes allé(e) au cinéma?

   _____

9. Est-ce que vous avez fait la grasse matinée dimanche matin?

   _____

10. Est-ce que vous avez écrit une lettre la semaine dernière? À qui?

    _____

D. Quelle coïncidence!   Les personnes suivantes ont fait les mêmes choses. Décrivez ce qu'elles ont fait d'après le modèle.

❑   Brigitte est allée au concert. Et Marc?   **Lui aussi, il est allé au concert.**

1. Danielle est rentrée vers minuit. Et Christine?

   _____

2. Didier est retourné à Bruxelles. Et Marianne et sa sœur?

   _____

3. Je suis sorti(e) samedi soir. Et toi, Monique?

   _____

4. Arnaud et toi, vous êtes partis à 8 heures pour aller en ville. Et les autres étudiants?

   _____

 Copyright © Houghton Mifflin Company. All rights reserved.

5. Mes camarades sont tombés malades la semaine dernière. Et tes camarades de chambre?

   _____

6. Tu es resté(e) dans ta chambre ce week-end. Et Sylvie et Suzanne?

   _____

7. Thierry s'est levé à 7 heures du matin. Et toi, Adèle?

   _____

8. Vos amis sont descendus du train de Paris. Et vous, Antoine et Albert?

   _____

9. Mes parents sont revenus hier après-midi. Et tes parents?

   _____

10. Le professeur est allé au théâtre jeudi soir. Et ses étudiants?

   _____

E. Des lieux publics *(Public places).*   Remplacez l'endroit indiqué par le pronom **y**.

❑ Le professeur va souvent à Paris.
   Il y va souvent.

1. Je vais quelquefois à la bibliothèque.

   _____

2. Nous passons deux heures au labo chaque jour.

   _____

3. Ma sœur travaille à la bibliothèque universitaire.

   _____

4. Mes parents ont fait un voyage au Sénégal il y a cinq ans.

   _____

5. La plupart des étudiants ont écrit leurs dissertations au Resto U.

   _____

6. Je vais poster une lettre en ville.

   _____

7. Elles sont restées à la gare toute la journée.

   _____

8. Il y a cinq ans que mon frère habite en France.

   _____

9. Vous allez à l'église le dimanche?

   _____

   Copyright © Houghton Mifflin Company. All rights reserved.

F. L'emploi du temps de Yolande.   Yolande écrit toujours sur son agenda les courses et les choses à faire. Vendredi soir, sa camarade de chambre examine sa liste et demande à Yolande si elle a fait toutes ces choses. Posez des questions d'après le modèle et répondez en utilisant le pronom **y.**

> ### Vendredi 9 novembre
>
> | 9 h | ✓ aller en classe |
> | 10 h | ✓ aller chez le médecin avec Alice |
> | 11 h | ___ descendre en ville trouver un pull |
> | 12 h 30 | ✓ déjeuner avec Mathilde au café Corso |
> | 14 h | ___ aller au bureau de poste |
> | 14 h 30 | ___ aller à la librairie |
> | 15 h | ✓ nager à la piscine |
> | 17 h | ✓ étudier à la bibliothèque |
> | 19 h | ___ aller chez les Garreau |

❑   —Tu es vraiment allée en classe à 9 heures?
    —Oui, j'y suis allée.

1. —_____
   —_____

2. —_____
   —_____

3. —_____
   —_____

4. —_____
   —_____

5. —_____
   —_____

6. —_____
   —_____

7. —_____
   —_____

8. —_____
   —_____

    Copyright © Houghton Mifflin Company. All rights reserved.

G. D'où viennent-ils? Complétez les phrases suivantes d'après le modèle.

❑ **Je viens de la bibliothèque.**

 1.

 2.

 3.

 4.

 5.

 6.

 7.

8.

1. Hélène _____

2. Liliane et Arnaud _____

3. Marion et moi, nous _____

4. Tu _____

5. Mes parents, ils _____

6. Éric _____

7. Sophie et sa mère _____

8. Vous _____

Copyright © Houghton Mifflin Company. All rights reserved.

H. Les arrivées. Voici la liste et l'heure d'arrivée des personnes qui vont assister *(attend)* à une conférence internationale. Faites des phrases, d'après le modèle, pour indiquer le nom des personnes, la ville d'où ils viennent et l'heure de leur arrivée à l'aéroport. N'oubliez pas les prépositions de lieu.

companie	vol	provenance	heure	nom
SWISSAIR	101	Zurich	9 h 30	Mme Murer
ALITALIA	312	Rome	9 h 45	M. Agnelli
TWA	841	San Francisco	10 h 10	M. Jobs
AIR FRANCE	602	Lyon	12 h 25	Mlle Delors
AIR CANADA	942	Montréal	14 h 35	M. Bourassa
AEROLINEAS MEXICANAS	409	Acapulco	15 h 05	M. Gregorio
JAPAN AIRLINES	791	Tokyo	17 h 30	Mme Yoko
AEROFLOT	536	Moscou	19 h 45	Mlle Rostovich
BRITISH AIRWAYS	174	Londres	20 h 20	Mme Shepherd
IBERIA	212	Madrid	22 h 15	M. Velasquez
SABENA	104	Bruxelles	22 h 45	Mme DeTienne

❑ **Madame Murer va arriver de Zurich à 9 h 30.**

1. Monsieur Agnelli _____

2. Monsieur Jobs _____

3. Mademoiselle Delors _____

4. Monsieur Bourassa _____

5. Monsieur Gregorio _____

6. Madame Yoko _____

7. Mademoiselle Rostovich _____

8. Madame Shepherd _____

9. Monsieur Velasquez _____

10. Madame DeTienne _____

 Copyright © Houghton Mifflin Company. All rights reserved.

I. Une collection philatélique. Maryline collectionne les timbres *(stamps)*. Elle a des timbres de beaucoup de pays. Suivez le modèle et indiquez la date et le lieu d'origine de ses timbres.

❏   17 / 4 / 89; Strasbourg (France)
   On a posté cette lettre le 17 avril 1989, à Strasbourg, en France.

1. 21 / 1 / 76; Munich (Allemagne)

   _____

2. 18 / 8 / 79; Berne (Suisse)

   _____

3. 26 / 6 / 46; Casablanca (Maroc)

   _____

4. 9 / 11 / 59; Indianapolis (États-Unis)

   _____

5. 12 / 11 / 11; Montréal (Canada)

   _____

6. 2 / 2 / 22; Londres (Angleterre)

   _____

7. 27 / 9 / 38; Guadalajara (Mexique)

   _____

8. 4 / 7 / 41; Tokyo (Japon)

   _____

9. 28 / 10 / 1896; Milan (Italie)

   _____

10. 2 / 12 / 27; Séville (Espagne)

   _____

11. 21 / 3 / 84; Venise (Italie)

   _____

Copyright © Houghton Mifflin Company. All rights reserved.

J. Les fêtes en France.   Lisez le calendrier des jours de fermeture *(closing)* des banques en France. Puis, écrivez des phrases d'après le modèle.

❏   1/1/94 **Les banques en France sont fermées le 1er janvier 1994 (Jour de l'An).**

Les jours de fermeture des banques en France pour l'année 1994		
1er janvier	*samedi*	*Jour de l'An*
1er avril	*vendredi*	*Vendredi Saint*
2 avril	*samedi*	*Veille de Pâques*
4 avril	*lundi*	*Lundi de Pâques*
1er mai	*dimanche*	*Fête du Travail*
8 mai	*dimanche*	*Armistice*
12 mai	*jeudi*	*Ascension*
21 mai	*samedi*	*Veille de la Pentecôte*
23 mai	*lundi*	*Lundi de Pentecôte*
14 juillet	*jeudi*	*Fête Nationale*
15 août	*lundi*	*Assomption*
1er novembre	*mardi*	*Toussaint*
25 décembre	*dimanche*	*Noël*

1. 1/4/94 _____

2. 3/4/94 _____

3. 1/5/94 _____

4. 8/5/94 _____

5. 12/5/94 _____

6. 23/5/94 _____

7. 14/7/94 _____

8. 15/8/94 _____

9. 1/11/94 _____

10. 25/12/94 _____

   Copyright © Houghton Mifflin Company. All rights reserved.

K. Le temps chez vous. Répondez aux questions suivantes par des phrases complètes.

1. En quelle saison êtes-vous né(e)?

_____

2. En quel mois?

_____

3. Quel temps fait-il généralement à ce moment-là?

_____

4. En quelle saison est-ce qu'il commence à faire froid chez vous?

_____

5. En quelle saison est-ce qu'il pleut chez vous?

_____

6. Pendant quel(s) mois est-ce que vous allez partir en vacances?

_____

7. En quel mois commence la saison de football américain?

_____

8. Quelle est votre saison préférée?

_____

9. Pourquoi?

_____

L. C'est vrai ou ce n'est pas vrai? Répondez aux questions en utilisant **venir de**.

❑ C'est vrai, tu as déjà lu la carte postale de Tim?
   Oui, je viens de lire sa carte postale.

❑ C'est vrai, tu n'as pas fait les courses?
   Si, je viens de faire les courses.

C'est vrai, ...

1. tu as lu le journal?

_____

2. tu n'as pas téléphoné à Mireille?

_____

3. vous deux, vous avez joué aux échecs?

_____

4. Christophe et vous, vous êtes allés à la gare?

_____

5. les enfants n'ont pas joué au foot?

_____

Copyright © Houghton Mifflin Company. All rights reserved.

6. Marie et toi, vous avez fait vos devoirs de maths?

_____

7. Pierre n'a pas écrit sa rédaction?

_____

8. tu n'as pas expliqué pourquoi tu n'es pas sorti(e)?

_____

9. Annie est partie en France aujourd'hui?

_____

10. tes amis n'ont pas téléphoné?

_____

M. *Rédaction:* **Qu'est-ce que vous avez fait le week-end dernier?** Décrivez quelques activités du week-end dernier. Êtes-vous resté(e) au campus? Avez-vous étudié? Avez-vous écrit une dissertation? Avez-vous lu des livres? Avez-vous déjeuné à la cafétéria? à quelle heure? avec qui? Êtes-vous sorti(e) avec des amis le soir? À quelle heure êtes-vous rentré(e) chez vous? Avez-vous bien dormi? Avez-vous fait la grasse matinée? etc.

_____

_____

_____

_____

_____

_____

_____

_____

_____

_____

 Copyright © Houghton Mifflin Company. All rights reserved.

CHAPITRE 8

A. Qu'est-ce qu'il y a? Identifiez les choses suivantes et commencez vos phrases par **il y a** puis **du, de l', de la** ou **des.**

❏ **Il y a du poulet.**

1. _____
2. _____
3. _____
4. _____
5. _____
6. _____
7. _____
8. _____

 Copyright © Houghton Mifflin Company. All rights reserved.

B. Des catégories. Soulignez *(underline)* l'expression qui n'appartient pas à la catégorie.

1. de l'emmenthal / du camembert / du brie / du poulet

2. des haricots verts / des épinards / du chèvre / des petits pois

3. de la tarte / de la viande / du gâteau / de la glace

4. de la salade / du bœuf / du poulet / du porc

5. du pâté / des crudités / du fromage / de la salade de tomates

6. des pâtisseries / du riz / des frites / des petits pois

7. de la truite / du poisson / du saumon / du pain

8. des pâtisseries / de la truite / du gâteau / des fruits

C. À La Soupière Gourmande. Regardez la carte du restaurant *La Soupière Gourmande* et devinez le choix de six de vos camarades de classes en précisant un hors-d'œuvre, un plat principal (avec des légumes), un dessert, et une boisson pour chacun(e). Variez vos choix.

La Soupière Gourmande

Menu

Au choix	Soupe de tomates Pâté maison Crudités
Au choix	Truite meunière / petits pois Filet de bœuf / haricots verts Poulet rôti / frites Côte de porc / riz
Au choix	Glaces Salade de fruits Gâteau au chocolat
Boissons	Vin rouge / blanc / rosé Bière Eau minérale

❑ **Anne va prendre des crudités, du poulet rôti, des frites et de la salade de fruits.**

1. _____

2. _____

3. _____

4. _____

5. _____

6. _____

7. Et vous? Qu'est-ce que vous allez prendre?

Moi, _____

Copyright © Houghton Mifflin Company. All rights reserved.

D. Un repas spécial. Dimanche, c'est l'anniversaire *(birthday)* de Suzanne. Sa maman va préparer un repas spécial. Complétez le menu que Suzanne a composé avec les articles de quantité **du, de la, de l'** ou **des**.

D'abord, je voudrais commencer par un apéritif: _____ kir. Ensuite, comme

hors-d'œuvre: _____ pâté et _____ salade de tomates. Puis, comme plat

principal, je prends _____ poisson—peut-être _____ truite ou _____

saumon, mais aussi _____ rôti de porc. Et _____ légumes, c'est sûr:

_____ haricots verts, _____ épinards et _____ carottes. Il faut ajouter

(add), bien sûr, _____ fromage, oui, un plateau de fromages variés: _____

camembert, _____ emmenthal, _____ brie et _____ chèvre. Enfin, les

desserts. Je voudrais _____ petits gâteaux au chocolat, _____ omelettes

norvégiennes et _____ glace aux framboises. Ah! j'ai oublié les boissons, _____

vin blanc avec le poisson, _____ vin rouge avec le porc et _____ eau minérale,

une grande bouteille de Badoit. D'accord?

E. Le pauvre serveur! Parce que beaucoup de touristes ont visité le restaurant Château du Pray, il y reste peu de choses à manger et à boire. Composez des petits dialogues entre les clients qui commandent les repas suivants et le serveur qui suggère d'autres choix. Suivez le modèle.

❑ poisson / viande
—**Vous avez du poisson?**
—**Je regrette, nous n'avons plus de poisson, mais nous avons de la viande.**

1. salade verte / salade de tomates

   —_____

   —_____

2. crudités / soupe

   —_____

   —_____

3. saumon / truite

   —_____

   —_____

4. riz / frites

   —_____

   —_____

5. petits pois / haricots verts

   —_____

   —_____

 Copyright © Houghton Mifflin Company. All rights reserved.

6. beaujolais / bordeaux

___
_____

___
_____

7. jus de pomme / eau minérale

___
_____

___
_____

8. chèvre / brie

___
_____

___
_____

9. tarte aux pommes / fruits

___
_____

___
_____

10. café / thé

___
_____

___
_____

F. **Au salon de thé.** Lisez la carte de ce salon de thé et indiquez par des phrases qui contiennent le verbe **prendre** ce que les personnes suivantes ont commandé. Suivez le modèle.

Aux Délices D'Italie

Les Boissons Chaudes

1	Café express	6,00 F
2	Café crème	7,00 F
3	Café alsacien	20,00 F
4	Capuccino	11,00 F
5	Chocolat	10,00 F
6	Thé nature	10,00 F
7	Thé à la menthe	10,00 F
8	Irish coffee	39,00 F
9	Thé au lait	12,00 F
10	Vin chaud	13,00 F

«Choisissez, selon votre envie du moment.»

Gourmandises

11	Croissant aux amandes	7,00 F
12	Pain au chocolat	4,00 F
13	Tartelette aux pommes	8,00 F
14	Truffe	12,00 F
15	Forêt noire	14,00 F

Glace

16	Coupe glacée: 3 boules	16,00 F
17	Coupe glacée: 4 boules	27,00 F
18	Pêche melba	26,00 F
19	Banana split	28,00 F
20	Poire Belle Hélène	28,00 F

❏ Les Fripont (#7) Les Fripont __prennant un thé à la menthe.__

1. Ma belle-mère (#4) _____

2. Les enfants de ma belle-sœur (#19) _____

3. Marc et moi, nous (#1 + #11) _____

4. Et toi, Hélène? Tu (#9) _____

5. Mes nièces (#5 et #12) _____

Copyright © Houghton Mifflin Company. All rights reserved.

6. Mon père et ma mère (#4 et #15) _____

7. Madame Brolot (#6) _____

8. Monsieur Roland (#10) _____

9. Papi (#3 et #20) _____

10. Et vous? Qu'est-ce que vous prenez? Moi, _____

_____

G. Apprendre pour comprendre.   Complétez chaque phrase avec (1) le pays où on trouve les villes indiquées et (2) la forme convenable d'**apprendre** ou de **comprendre**.

❑   Marcel va bientôt aller travailler comme informaticien à Berlin, ___**en Allemagne.**___ Il ___**apprend**___ l'allemand.

1. Wendy a étudié trois ans à Bruxelles, _____. Alors elle

_____ le français et un peu de flamand.

2. Julio et Manuel, vous venez de passer un an à Montréal, _____, n'est-ce

pas? Alors vous _____ assez bien le français et l'anglais, non?

3. Bruno et son cousin vont travailler six mois cet hiver chez IBM à Madrid,

_____. Alors ils _____ l'espagnol.

4. Nous allons passer deux semaines à Nice, _____, pour

_____ le français.

5. Au printemps, des amis français vont faire un voyage à Miami, _____.

Alors ils _____ l'anglais.

6. Mes parents et moi, nous venons d'aller voir une tante à Tokyo, _____.

Mais nous ne _____ pas du tout le japonais.

7. Akiko, une étudiante japonaise, habite à Québec, _____, depuis deux

ans. Alors elle _____ assez bien l'anglais et le français.

8. Madame Robert, vous avez passé une année à Beijing, _____, n'est-ce

pas? Alors, vous _____ le chinois.

9. Et vous? Quelle langue apprenez-vous?

_____

10. Comprenez-vous très bien la grammaire? Qu'est-ce que vous ne comprenez pas très bien?

_____

   Copyright © Houghton Mifflin Company. All rights reserved.

H. Quelle quantité?   Faites le choix convenable pour compléter les questions suivantes.

❏   Vous voulez __un verre__ de bière? (un verre / une tasse)

1. Encore _____ de vin? (une tasse / un verre)

2. Vous prenez encore _____ de pain et du pâté? (un morceau / une douzaine)

3. Voulez-vous _____ de jambon? (une bouteille / une tranche)

4. Vous prenez _____ de café? (un verre / une tasse)

5. Où est _____ de bonbons? (la boîte / la tranche)

6. Y a-t-il encore _____ de champagne? (un morceau / une bouteille)

7. _____ de fromage, s'il vous plaît? (un peu / une douzaine)

8. Y a-t-il _____ de crudités sur la table? (une bouteille / une assiette)

9. Voulez-vous encore _____ frites? (une boîte de / des)

10. Tu as mangé _____ de glace, hein? (un verre / trop)

I. La gastronomie et les saisons.   Souvent, on choisit des boissons et des plats différents selon le temps qu'il fait. Complétez les phrases avec des choix de boissons et de plats convenant au climat de la saison. Utilisez les verbes **boire** et **manger** dans chaque phrase.

❏   Quand il fait chaud ... la plupart des étudiants __boivent de la bière et (ils) mangent de la pizza.__

Quand il fait froid ...

1. mes parents _____

2. ma sœur _____

Quand il fait très chaud ...

3. mes amis et moi, nous _____

4. mon (ma) camarade de chambre _____

Quand il fait beau et pas trop chaud ...

5. nos voisins _____

6. la plupart des étudiants américains _____

7. Et vous? Qu'est-ce que vous buvez et qu'est-ce que vous mangez quand il fait très froid? Quand il fait très chaud? _____

_____

_____

_____

78

Copyright © Houghton Mifflin Company. All rights reserved.

J. Qu'en pensez-vous?   Donnez vos opinions sur les choses suivantes.

Que pensez-vous ...
❑   de l'emmental ?
    Miam! Il est excellent.   ou   **Berk! Il est affreux.**

Que pensez-vous ...
1. du chocolat suisse?

_____

2. des voitures japonaises?

_____

3. du vin de Californie?

_____

4. de la bière mexicaine?

_____

5. des escargots *(snails)*?

_____

6. de la cuisine italienne?

_____

7. du tabac?

_____

8. des pizzas aux oignons?

_____

9. du livre de français, *Entre amis*?

_____

10. des cassettes qui accompagnent le livre?

_____

    Copyright © Houghton Mifflin Company. All rights reserved.

K. C'est logique!   Complétez les phrases avec les expressions suivantes.

avoir peur   *avoir raison*   *avoir tort*   *avoir soif*
avoir faim   *avoir froid*   *avoir sommeil*   *avoir chaud*

❑ En été, quand je joue au tennis et qu'il fait chaud, je bois souvent du coca parce que ___**j'ai soif**___ .

1. Pierre _____ parce qu'il n'a rien mangé toute la journée.

2. En hiver je porte beaucoup de vêtements parce que j'_____.

3. Les coureurs *(runners)* du marathon boivent beaucoup d'eau parce qu'ils _____.

4. Mon petit frère a regardé un film de Hitchcock hier soir. Qu'est-ce qu'il _____!

5. Si vous allez au Club Med à Marrakech en été, vous allez _____.

6. Thierry a dit que Bruxelles est la capitale de la Belgique; il _____.

7. Par contre, David a dit que Berne est la capitale de l'Allemagne; il _____.

8. Nous _____ parce que nous n'avons pas bien dormi hier soir.

LA BOISSON FROIDE
LE SHAKE
LA SALADE
LES FRITES
LE SUNDAE
LE BIG MAC
LE CHAUSSON AUX FRUITS
LE FILET-O-FISH
LE HAMBURGER
LES CHICKEN McNUGGETS
LE CHEESEBURGER

L. Les McDos en France.   Les restaurants McDonald's sont très populaires en France. Les Français ne sont pas tous d'accord sur cette «invasion américaine»! Que pensez-vous de l'américanisation de la cuisine française? Écrivez un mini-dialogue sur le sujet où vous exprimez vos opinions à Janine, qui n'est jamais d'accord avec vous.

❑ *Vous:*   **Comment trouves-tu le Big Mac?**
   Janine: **C'est affreux! Je déteste le Big Mac.**

1. *Vous:*   _____

   Janine: _____

2. *Vous:*   _____

   Janine: _____

Copyright © Houghton Mifflin Company. All rights reserved.

3. *Vous:* _____

   Janine: _____

4. *Vous:* _____

   Janine: _____

5. *Vous:* _____

   Janine: _____

6. *Vous:* _____

   Janine: _____

7. *Vous:* _____

   Janine: _____

8. *Vous:* _____

   Janine: _____

M. Quelques préférences. Répondez négativement aux questions suivantes et utilisez le verbe **préférer** dans vos réponses.

❑ Tu veux du champagne?
Non, je préfère le kir.

❑ Est-ce que vous prenez de la glace?
Non, je préfère la tarte.

1. Vous n'aimez pas la salade de tomates?

   _____

2. Est-ce que tu vas choisir du poisson?

   _____

3. Bernard n'aime pas la viande?

   _____

4. Vos parents ne prennent jamais de saumon?

   _____

5. Tu penses que le professeur aime l'emmenthal?

   _____

6. Votre neveu ne mange pas de pizza?

   _____

7. Est-ce que les étudiants veulent boire du coca?

   _____

8. Vous allez offrir du brocoli à Monsieur Bush?

   _____

 Copyright © Houghton Mifflin Company. All rights reserved.

9. Maurice et vous, vous n'aimez pas les épinards?

_____

10. Est-ce que les Américains boivent généralement du lait quand il fait très chaud?

_____

N. *Rédaction:* **Vos préférences.**   Décrivez vos préférences en un ou deux paragraphes. Voici quelques suggestions: Qu'est-ce que vous préférez manger normalement? De la viande ou du poisson? De la soupe ou des crudités? De la glace au chocolat ou de la glace à la vanille? Un sandwich au jambon ou un sandwich au beurre d'arachide? Quelles boissons préférez-vous? Le Coca Classique ou le Pepsi? Le vin rouge ou le vin blanc? Le thé ou le café? Que préférez-vous faire quand vous avez un peu de temps libre? Faire des devoirs à la bibliothèque ou faire du sport? Parler avec des amis ou faire une promenade? Lire ou regarder la télévision? Quelle sorte de vêtements préférez-vous? etc.

_____
_____
_____
_____
_____
_____
_____
_____
_____
_____
_____
_____

                       Copyright © Houghton Mifflin Company. All rights reserved.

CHAPITRE 9

A. Où sommes-nous? Identifiez le(s) magasin(s) où on peut entendre les conversations suivantes.

❑ Bonjour, Madame, vous avez le *Herald Tribune?*
Oui, Monsieur. Le voilà, au coin.
On est au bureau de tabac. ou **On est au kiosque.**

1. —Monsieur, vous désirez?
   —C'est combien ces cartes postales?
   —Deux francs la carte.

   _____

2. —Pardon, Madame. Vous avez de l'aspirine?
   —Oui, bien sûr, Monsieur.

   _____

3. —Ah! j'aime beaucoup ce blouson gris.
   —Soixante francs, ce n'est pas cher!
   —Pas du tout.

   _____

4. —Pouvez-vous me dire où se trouve le riz?
   —Là-bas, à droite, Mademoiselle.

   _____

5. —Madame?
   —Je voudrais un croissant et un petit pain, s'il vous plaît.

   _____

6. —Est-ce que vous avez ce maillot en gris?
   —Oui, Madame. Et aussi en bleu et en beige.

   _____

7. —Un paquet de Marlboro?
   —14 francs, Monsieur.

   _____

8. —Je voudrais des timbres pour les États-Unis.
   —Combien?
   —Trois, à 3,50 francs.

   _____

   Copyright © Houghton Mifflin Company. All rights reserved.

B. Qu'est-ce qu'on a acheté?   Complétez les phrases suivantes.

❑ Claudine vient de la pharmacie où elle a acheté __de l'aspirine__ et __des pastilles__ .

1. Madame Beauharnais sort de l'épicerie. Elle y a acheté _____ et

   _____.

2. Monsieur Nemours vient du bureau de tabac où il a trouvé son _____

   favori et quelques _____.

3. Monsieur Froidefond est allé à la boulangerie chercher _____ et

   _____.

4. Anatole vient d'acheter _____ et _____ au

   bureau de tabac.

5. Janine va à la pharmacie. Elle va acheter _____.

6. Madeleine sort de l'épicerie. Elle a acheté une bouteille de _____.

7. Annick sort aussi de l'épicerie où elle a acheté une boîte de _____ et

   _____.

8. Monsieur Desmoulins vient de la charcuterie où il a acheté _____.

9. Daniel et Christophe viennent de la pâtisserie. Ils ont acheté _____ pour

   leur mère.

C. Au marché aux puces (At the flea market).   Complétez les phrases suivantes avec les formes convenables des verbes indiqués.

❑ (perdre)   Hier, Jeannette __a perdu__ la clé de sa voiture.

1. (vendre)   Oh là là! On y _____ toutes sortes de choses.

2. (vendre)   Voilà quelqu'un qui _____ des tee-shirts avec des

   logos en français.

3. (rendre)   Je _____ ce tee-shirt au vendeur. Il est trop grand.

4. (ne ... pas perdre) J'espère que tu _____ le reçu (receipt).

5. (vendre)   Nous ne _____ que de la bonne qualité, Madame.

6. (répondre)   Qu'il est bête! Il ne _____ pas à mes questions.

7. (ne ... pas entendre) Je _____ ce qu'il a dit (said).

8. (descendre, attendre) Nous _____ en ville à pied ou nous

   _____ le bus?

84

Copyright © Houghton Mifflin Company. All rights reserved.

D. Qu'est-ce que vous faites en classe?   Répondez aux questions suivantes.

1. D'habitude, en classe, est-ce que vous répondez en anglais ou en français?

   _____

2. Est-ce que vous entendez bien le professeur quand il parle?

   _____

3. Est-ce que vous rendez vos devoirs à temps?

   _____

4. Est-ce qu'il y a des étudiants qui rendent leurs devoirs en retard?

   _____

5. Est-ce que le professeur perd patience quand les étudiants rendent leurs devoirs en retard?

   _____

6. Et vous? Perdez-vous patience quelquefois?

   _____

7. Par exemple, attendez-vous longtemps quand quelqu'un est en retard?

   _____

 Copyright © Houghton Mifflin Company. All rights reserved.

E. Les parties du corps. Regardez le dessin et nommez les parties du corps indiquées.

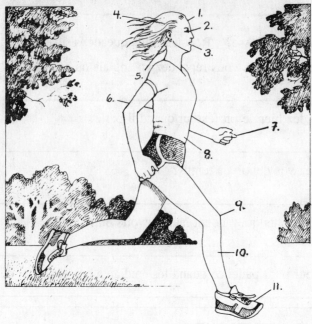

1. _____   7. _____

2. _____   8. _____

3. _____   9. _____

4. _____   10. _____

5. _____   11. _____

6. _____

F. Qu'est-ce qui se passe? Complétez les phrases suivantes avec une de ces expressions.

déçus	*mal aux bras*	*mal à l'estomac*	*malade*
déprimée	*au dos*	*mal aux jambes*	*qui coule*
heureuse	*aux épaules*	*aux pieds*	

❑ Olivier a mangé trop de bonbons. Il a ___**mal à l'estomac**___ .

1. Dis donc! Tu travailles sur l'ordinateur depuis ce matin! Tu n'as pas _____?

2. Non, mais j'ai un rhume. J'ai le nez _____ .

3. Moi, j'ai mal partout (*everywhere*), _____, _____ et

   _____ . J'ai participé à un triathlon hier après-midi.

4. Il faut être _____ pour faire un triathlon.

5. Tu as vu Annick? Elle est _____ . Le facteur (*mailman*) n'a pas apporté la

   lettre qu'elle attend.

Copyright © Houghton Mifflin Company. All rights reserved.

6. Non, mais j'ai vu Pierre et ses amis. Ils ont perdu le match de foot. Ils sont très _____.

7. Par contre, Isabelle est très _____. Elle a eu une bonne note en maths.

8. Aussi, elle a fait du vélo tout l'après-midi. Elle a _____.

9. Ma sœur, Thérèse, n'y a pas participé. Elle a eu la grippe. Elle a eu _____.

G. Chez le médecin. Le médecin veut savoir la durée *(length)* de chaque maladie. Écrivez le dialogue entre le médecin et ses clients. Employez **depuis quand** ou **depuis combien de temps**.

❑ Michel / estomac / deux semaines
   Médecin: **Depuis combien de temps as-tu mal à l'estomac?**
   Michel: **J'ai mal à l'estomac depuis deux semaines.**

   Madame Cointreau / grippe / le week-end dernier
   Médecin: **Depuis quand avez-vous la grippe?**
   Mme Cointreau: **J'ai la grippe depuis le week-end dernier.**

1. Daniel / gorge / deux jours

   — _____
   — _____

2. Mademoiselle Rouault / tête / ce matin

   — _____
   — _____

3. Chantal / genou / février dernier

   — _____
   — _____

4. Monsieur Cortot / pieds / jeudi

   — _____
   — _____

5. Christophe / yeux / deux mois

   — _____
   — _____

6. Frédéric / rhume / le match de foot de cet après-midi

   — _____
   — _____

7. Madame Boileau / tousser / hier soir

   — _____
   — _____

 Copyright © Houghton Mifflin Company. All rights reserved.

H. De quoi a-t-on besoin?   Demandez de quoi on a besoin dans les circonstances suivantes et donnez une réponse.

❑   avoir envie de lire
De quoi a-t-on besoin si on a envie de lire?
On a besoin d'un bon livre.   ou   **On a besoin d'aller à la bibliothèque.**

1. avoir mal à la gorge

_____

_____

2. avoir l'air fatigué

_____

_____

3. tousser

_____

_____

4. avoir froid

_____

_____

5. avoir soif

_____

_____

6. avoir sommeil

_____

_____

7. avoir envie de manger

_____

_____

                    Copyright © Houghton Mifflin Company. All rights reserved.

I. Les petits magasins et les supermarché. Dans les grandes villes françaises, on trouve souvent un *Casino Géant,* un grand supermarché où on vend différents produits. Nommez les petits magasins où on peut aussi acheter les produits suivants en France.

❑ le pain / on   <u>**On achète aussi le pain à la boulangerie.**</u>

1. les livres / nous   _____

2. la viande / ma mère   _____

3. l'eau minérale / je   _____

4. le vin / mon père   _____

5. les épinards / Madame Richard   _____

6. les cigarettes / les fumeurs   _____

7. les saucisses / vous   _____

8. les oranges / les Français   _____

9. les haricots verts / ma famille   _____

10. le poulet / tu   _____

11. les croissants / les étudiants   _____

12. le lait / ma mère   _____

J. Les soldes *(sales)* **d'été.** Au mois d'août beaucoup de magasins, en France, font des soldes. Il y a 50% de réduction aujourd'hui au magasin *Alain Milou*. Faites la réduction et écrivez en toutes lettres la somme qu'on doit payer.

❑ **Chemises en coton:** *99 F*
   Les chemises en coton coûtent aujourd'hui quarante-neuf francs et cinquante centimes.

1. **Polos rouges:** *250 F*

   _____

2. **Vestes pour hommes:** *1.000 F*

   _____

3. **Robe en polyester:** *450 F*

   _____

4. **Ensemble en coton:** *3.500 F*

   _____

5. **Ceinture vinyl:** *150 F*

   _____

6. **Jupe culotte:** *500 F*

   _____

   Copyright © Houghton Mifflin Company. All rights reserved.

7. **Chemisier en soie:** *(silk) 400 F*

_____

8. **Lunettes Ray Ban:** *750 F*

_____

K. À l'agence immobilière *(At the realtor's).*   Lisez les annonces de l'agence immobilière, Simon Immobilier. Écrivez sur les chèques la somme (en toutes lettres) nécessaire pour acheter les endroits indiqués. Signez et datez le chèque. Ensuite repondez aux questions.

<table>
<tr><td>

1   CENTRE VILLE
Maison entièrement rénovée en 1987, 1 cuisine américaine dans un salon séjour de 55 m2 avec cheminée centrale, escalier, en haut : 1 s. de bains, 2 chambres, jardin de 150 m2, parking privatif.
Prix: 620 000F.
Réf. BH 300

</td><td>

1. Écrivez un chèque pour acheter la maison décrite dans l'annonce #1:

| **Société Lyonnaise de Banque** |
| Payez _Six cent vingt mille francs_ |
| (somme en toutes lettres) |
| À _Simon Immobilier_   Le _6 mars_   19 _94_ |
| _Aimée Davidson_ |

</td></tr>
<tr><td>

2   DANS VILLAGE HISTORIQUE
45 km de Mulhouse, propriété ancienne rénovée sur 2 niveaux, env. 200 m² habit-ables.
Prix: 1 000 000 F.
Réf. DC 227

</td><td>

2. Écrivez un chèque pour acheter la maison décrite dans l'annonce #2:

| **Crédit Lyonnaise** |
| Payez _____ |
| (somme en toutes lettres) |
| À _____   Le _____ 19 __ |
| _____ |

</td></tr>
<tr><td>

3   PRÈS AVENUE EIFFEL
Appt 3 pièces dans immeuble 1972, salon, 2 chambres, balcons, très belle vue. Garage.
Prix: 410 000 F.
Réf. BH 200

</td><td>

3. Écrivez un chèque pour acheter l'appartement décrit dans l'an-nonce #3:

| **Banque Française de Commerce** |
| Payez _____ |
| (somme en toutes lettres) |
| À _____   Le _____ 19 __ |
| _____ |

</td></tr>
</table>

                                      Copyright © Houghton Mifflin Company. All rights reserved.

4   APPT DE STANDING
cuisine équipée, salon-séjour
de 26 m² env., 2 chambres,
terrasse carrelée, garage.
Quartier calme.
Prix: 525 000 F.
         Réf. LT 49

4. Écrivez un chèque pour acheter l'appartement décrit dans l'annonce #4:

> **Crédit Agricole**
>
> Payez_____
>   (somme en toutes lettres)
> À _____ Le _____ 19 ___
>
>   _____

5   PÉRIPHÉRIE
Restaurant, 35 m2 env., bien
situé dans centre commercial.
Très bon état. Equipement in-
clus.
Prix: 1 100 000 F.
         Réf. FS 261

5. Écrivez un chèque pour acheter le restaurant décrit dans l'annonce #5:

> **Banque Nationale de Paris**
>
> Payez_____
>   (somme en toutes lettres)
> À _____ Le _____ 19 ___
>
>   _____

Questions:

1. Quel est l'endroit le moins *(least)* cher?

   _____

2. Quel est l'endroit le plus *(most)* cher?

   _____

3. Combien d'appartements y a-t-il à vendre?

   _____

4. Quel endroit préférez-vous acheter? Pourquoi?

   _____

5. Est-ce qu'en Alsace, l'immobilier *(real estate)* est plus cher ou moins cher que l'immobilier dans

   votre ville?

   _____

Copyright © Houghton Mifflin Company. All rights reserved.   **91**

L. En cas d'urgence. Lisez cette liste d'adresses utiles (*useful*); puis répondez aux questions.

ADRESSES UTILES

Police (Commissariat central).
Place Jeanne d'Arc; Tél: 26.04.81
Gendarmeries.
Aix centre, Tél: 42.26.31.96;
Aix ouest, Tél: 42.20.35.22
Centre hospitalier. Avenue des Tamaris;
Tél: 42.33.50.00
Urgence cardiologique.
Tél: 42.59.95.95, 24 heures sur 24
**Consultations d'hygiène alimentaire et
d'alcoologie.**
Tous les lundis, mardis et jeudis (de 9 heures à
17 h 15); Tél: 42.33.50.66
Soins aux toxicomanes.
Tél: 42.64.33.00
Pompiers.
Montée d'Avignon; Tél: 42.21.11.16
Taxis.
Tél: 42.27.71.11 ou 42.21.61.61 ou 42.26.29.30
Pharmacies.
(de 9 à 12 heures et de 14 à 19 heures)
avenue du Jas de Bouffan; Tel: 42.64.46.82

Tél: 42.64.46.82
S.O.S. Médecins.
médecins de garde; Tél: 42.26.24.00,
24 heures sur 24.
Pédiatres.
En cas d'urgence seulement, téléphonez à votre
pédiatre habituel pour obtenir les coordonnées du
pédiatre de garde.
Infirmiers (de nuit).
Association des infirmiers libéraux aixois (nuits,
week-ends, jours fériés); Tél. 42.63.09.00
Accueil cancer.
2 bis, rue des Tanneurs, le vendredi de 14 h 30 à
16 h 30;
Tél: 42.38.96.00
Informations catholiques aixoises.
Tél: 42.21.44.28
Service météorologique (Allô, Météo).
Tél: 42.65.02.13
Chirurgien-dentiste.
(de 9 à 12 heures) Dr Patrick Gourdet, 3, avenue des
Belges; Tél: 42.27.41.88

Questions:

1. Si je veux contacter la police parce que j'ai perdu mon passeport, à quel numéro dois-je
   téléphoner?

   _____

2. Où se trouve le commissariat de police?

   _____

3. À quel numéro est-ce qu'on doit téléphoner si on a une crise *(attack)* cardiaque?

   _____

4. Si j'ai besoin de médicaments, où est-ce que je peux aller?

   _____

5. À quel numéro doit-on téléphoner si on a besoin d'un taxi?

   _____

6. À quel numéro est-ce que je peux téléphoner pour savoir s'il va faire beau demain?

   _____

7. Si notre fils a mal aux dents, à qui allons-nous téléphoner?

   _____

8. Et si je veux parler à un prêtre *(priest)*, qu'est-ce que je dois faire?

   _____

Copyright © Houghton Mifflin Company. All rights reserved.

9. Et dans votre ville? Est-ce qu'il y a des services comparables? Nommez cinq services dans votre ville qui sont ouverts *(open)* 24 heures sur 24. _____

_____

_____

_____

M. *Rédaction:* **24 heures sur 24—Une ère nouvelle!**   Est-ce qu'il y a beaucoup de magasins ouverts *(open)* la nuit chez vous? Quels magasins? Qu'est-ce qu'on peut acheter à minuit? En France, on commence à voir cette phrase «Ouvert 24 heures sur 24». Que pensez-vous de cette tendance? Pouvez-vous travailler la nuit? Allez-vous au supermarché à minuit? Est-ce que cette "ère nouvelle" améliore *(improve)* la qualité de vie? Si oui, comment? Si non, pourquoi pas?

_____

_____

_____

_____

_____

_____

_____

_____

_____

_____

_____

_____

_____

_____

_____

Copyright © Houghton Mifflin Company. All rights reserved. **93**

CHAPITRE 10

A. En ville, en voiture. Regardez le plan de cette ville et indiquez comment on peut aller en voiture du point «A» au point «B».

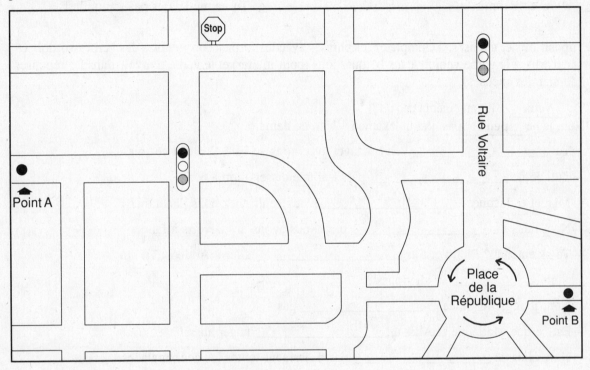

Du point «A» ...	a. allez tout droit b. tournez à droite	*... jusqu'au feu rouge.*
Au feu rouge ...	a. tournez à gauche b. allez tout droit	*... et allez jusqu'au stop.*
Au stop ...	a. prenez la gauche b. tournez à droite	*... et continuez jusqu' au feu de la rue* *Voltaire.*
À la rue Voltaire ...	a. tournez à droite b. tournez à gauche	*... et continuez jusqu' à la* *place de la République.*
À la place de la République ...	a. prenez la deuxième rue b. prenez la quatrième rue	*... vous êtes au point «B».*

B. Ça veut dire la même chose *(That means the same thing).* Pour chaque expression de la colonne de gauche trouvez une expression de la colonne de droite qui veut dire à peu près *(about)* la même chose.

_____ 1. Excuse-moi!   a. Tourne à gauche!

_____ 2. Ma chérie.   b. Tais-toi!

_____ 3. Pas de commentaire!   c. Pardon.

_____ 4. Elle prend le volant.   d. Ma puce.

_____ 5. Prends la rue à gauche!   e. Elle va conduire.

_____ 6. Tu n'arrêtes pas de parler!   f. D'accord.

_____ 7. C'est promis.   g. Tu ne me laisses pas tranquille!

C. Propositions et excuses. Complétez les phrases avec les formes convenables des verbes **vouloir** et **pouvoir**. Utilisez le verbe **vouloir** dans les questions (pour inviter) et le verbe **pouvoir** dans les réponses (pour donner des excuses).

❑ Tu __**veux**__ aller au cinéma ce soir?
   Non, je ne __**peux**__ pas, j'ai un examen d'histoire demain.

1. —Tu _____ venir manger avec nous au café Châtelet ce soir?

   —Zut! Je ne _____ pas. J'ai une dissertation à écrire.

2. —Marcel et Jacques, _____–vous venir chez nous plus tard?

   —Non, nous ne _____ pas. Nous avons des devoirs à faire.

3. —Tu as entendu? Pierre et Suzy _____ aller à Antibes. Toi, tu

   _____ y aller aussi?

   —Non, je regrette. Je ne _____ pas.

4. —Est-ce que Marianne et Alissa _____ nager aussi?

   —Non, elles ne _____ pas. Elles sont toutes les deux malades.

5. —Mais Jacqueline et moi, nous _____ bien y aller. _____-nous

   vous accompagner?

   —Chouette, nous _____ y aller ensemble en voiture.

Copyright © Houghton Mifflin Company. All rights reserved.

D. Une éducation globale. Répondez aux questions. Suivez le modèle.

❏ *L'Arc de Triomphe* —Connais-tu ce monument?
—Oui, je le connais.

❏ *le château de Chambord* —Connais-tu ce château?
—Non, je ne le connais pas.

1. *Jeanne d'Arc* —Est-ce que vous connaissez cette femme?

_____

2. *Napoléon* —Est-ce que vous connaissez cet homme?

_____

3. *le beaujolais* —Est-ce que votre père connaît ce vin?

_____

4. *Le Rouge et le Noir* —Est-ce que la plupart des étudiants américains connaissent ce livre?

_____

5. *Greg LeMond* —Est-ce que la plupart des Américains connaissent cet athlète?

_____

6. *«Le Penseur»* —Est-ce que vous et vos camarades de classe connaissez cette statue?

_____

7. *François Mitterrand* —Est-ce qu'on connaît le président de la France aux États-Unis?

_____

E. Pour mieux *(better)* **vous connaître.** Répondez en remplaçant les expressions en italique par **le, la, l'** ou **les.**

❏ Connaissez-vous bien *la ville de New York?*
Oui, je la connais bien. ou **Non, je ne la connais pas (bien).**

1. Faites-vous *vos devoirs* le soir ou l'après-midi?

_____

2. Est-ce que vous écoutez *la radio* quand vous travaillez?

_____

3. Regardez-vous quelquefois *la télé* le soir?

_____

4. Quand lisez-vous *le journal?*

_____

5. Prenez-vous *le petit déjeuner* au café ou chez vous?

_____

 Copyright © Houghton Mifflin Company. All rights reserved.

6. Connaissez-vous *les autres étudiants* de votre classe de français?

_____

7. Connaissez-vous bien *les profs* de vos cours?

_____

8. Connaissez-vous *la famille* de votre professeur de français?

_____

9. Est-ce que vous consultez *le dictionnaire* quand vous allez à la bibliothèque?

_____

10. Est-ce que vous prenez *le bus* pour aller au campus?

_____

F. Des excuses, des excuses.   Donnez des excuses pour expliquer pourquoi on ne peut pas faire les choses suivantes. Utilisez les expressions de la liste et remplacez le mot en italique par un pronom.

regarder la télé	*aller au cinéma*	*passer un examen demain*
écouter des disques	*rester à la maison*	*faire la grasse matinée*
sortir avec ses amis	*jouer au tennis*	*parler avec son / sa petit(e) ami(e)*
porter un jean	*aller en voiture*	*? (d'autres expressions de votre choix)*

❏ Didier ne veut pas faire *ses devoirs* de français.
   Il ne veut pas les faire parce qu'il préfère sortir avec ses amis.

1. Guy ne veut pas étudier *les maths*.

_____

2. Mon frère ne veut pas faire *la vaisselle* maintenant.

_____

3. Alissa et Moustapha ne veulent pas faire *le ménage*.

_____

4. David ne veut pas attendre *Myriam*.

_____

5. Laurent et Claude ne veulent pas finir *leurs dissertations*.

_____

6. Vous ne voulez pas voir *votre tante Émilie*.

_____

7. Tu ne veux pas prendre *le train*.

_____

8. Mimi ne veut pas porter *sa nouvelle robe*.

_____

9. Quelques étudiants ne veulent pas passer *l'examen* aujourd'hui.

_____

98   Copyright © Houghton Mifflin Company. All rights reserved.

G. À l'auto-école avec papa.   Aurélie apprend à conduire à l'auto-école. Son papa l'accompagne toujours à ses cours. Et chaque fois qu'Aurélie conduit la voiture, son père répète les phrases du moniteur (*driving instructor*). Écrivez les phrases du père d'Aurélie à l'impératif.

❑ *Moniteur:*   Vous allez prendre le volant.
  Papa: **Prends le volant, ma puce!**

  Moniteur: Vous devez attacher la ceinture de sécurité.
  Papa: **Attache la ceinture de sécurité, chérie!**

Moniteur: Vous allez regarder dans le rétroviseur.

Papa: _____

Moniteur: Prête? Alors nous pouvons démarrer.

Papa: _____

Moniteur: Nous allons avancer lentement.

Papa: _____

Moniteur: Nous allons tourner à droite.

Papa: _____

Moniteur: Puis nous allons continuer tout droit jusqu' au feu.

Papa: _____

Moniteur: Nous prenons la première rue à gauche.

Papa: _____

Moniteur: Au stop vous allez faire attention aux autres voitures.

Papa: _____

Moniteur: Bon, nous allons arrêter la voiture ici.

Papa: _____

Moniteur: La prochaine fois, Mademoiselle, il ne faut pas venir avec votre papa.

Papa: Bof!

   Copyright © Houghton Mifflin Company. All rights reserved.

H. Une nouvelle voiture. Monsieur Ferrier est sévère. Il répète toujours les ordres de sa femme à ses enfants à l'impératif. Écrivez ses phrases d'après le modèle.

❏ *Madame Ferrier:* Il faut faire attention.
Monsieur Ferrier: **Faites attention!**

1. *Madame Ferrier:* Il ne faut pas faire de bruit.

Monsieur Ferrier: _____

2. *Madame Ferrier:* On ne doit pas chanter dans la voiture.

Monsieur Ferrier: _____

3. *Madame Ferrier:* Vous allez être patients avec tonton *(uncle)*, d'accord?

Monsieur Ferrier: _____

4. *Madame Ferrier:* Vous ne mangez pas dans la voiture.

Monsieur Ferrier: _____

5. *Madame Ferrier:* Vous ne buvez pas non plus.

Monsieur Ferrier: _____

6. *Madame Ferrier:* Vous allez bien sûr attacher vos ceintures de sécurité.

Monsieur Ferrier: _____

7. *Madame Ferrier:* Vous allez garder la voiture très propre.

Monsieur Ferrier: _____

8. *Madame Ferrier:* Mireille, quand maman conduit, tu ne te lèves pas.

Monsieur Ferrier: _____

9. *Madame Ferrier:* Et toi, Nicolas, tu vas laisser ta sœur tranquille. C'est promis?

Monsieur Ferrier: _____

I. Des conseils. Les membres du Cercle Français doivent organiser une douzaine d'activités. Écrivez les conseils suivants en utilisant les expressions suivantes et le subjonctif.

il est essential que   *je préfère que*
il est important que   *je veux que*
il faut que   *je voudrais que*
il ne faut pas que   *il vaut mieux que*

❏ présenter une pièce de théâtre
Il est essentiel que nous présentions une pièce de théâtre.

1. préparer un repas français

_____

2. jouer au volleyball

_____

3. apprendre à danser des danses folkloriques

_____

Copyright © Houghton Mifflin Company. All rights reserved.

4. organiser une soirée dansante

_____

5. chanter des chansons françaises

_____

6. vendre des tee-shirts avec des logos en français

_____

7. aller à New York pour voir *Les Misérables*

_____

J. Les bons et les mauvais conseils.   Que disent la bonne et la mauvaise consciences dans les circonstances suivantes? Employez la forme **tu** et un pronom complément d'objet.

	La bonne conscience:	*La mauvaise conscience:*
❑ Attacher ou ne pas attacher ma ceinture de sécurité?	**Attache-la!**	**Ne l'attache pas!**
1. Regarder ou ne pas regarder la télé ce soir?	_____	_____
2. Aller ou ne pas aller à la bibliothèque?	_____	_____
3. Louer ou ne pas louer une vidéo?	_____	_____
4. Faire ou ne pas faire le ménage?	_____	_____
5. Manger ou ne pas manger les bonbons au chocolat?	_____	_____
6. Boire ou ne pas boire cette bouteille de vin?	_____	_____
7. Acheter ou ne pas acheter un nouveau jean?	_____	_____
8. Fumer ou ne pas fumer une cigarette?	_____	_____
9. Écrire ou ne pas écrire une lettre à mes parents?	_____	_____

 Copyright © Houghton Mifflin Company. All rights reserved.

K. Le Tour de France 90. Regardez le classement final du *Tour de France cycliste* de 1990 et écrivez des phrases d'après le modèle.

Le classement final du Tour 90

1. Greg LEMOND (EU) 90h43 20"
2. Chiappucci (It) à 2'16
3. Breukink (PB) à 2'29"
4. Delgado (Esp)à 5'1"
5. Lejarreta (Esp) à 5'5"
6. Chozas (Esp) à 9'14"
7. Bugno (It) à 9'39"
8. Alcala (Mex) à 11'14"
9. Criquélion (Belg) à 12'4"
10. Indurain (Esp) à 12'47"
11. Hampsten (EU) à 12'54"
12. Ruiz-Cabestany (Esp) à 12'39"
13. Parra (Col) à 14'35"
14. Philipot (Fr) à 15'49"
15. Delion (Fr) à 16'57"
16. Palacio (Col) à 19'43"
17. Bruyneel (Belg) à 20'24"
18. Conti (It) à 20'43"
19. Pensec (Fr) à 22'54"
20. Clavey-rolat (Fr) à 23'33"
21. J. Simon (Fr) à 27'23"
22. Lino (Fr) à 30'38"
23. Fuerte (Esp) à 31' 18"
24. Konishev (URSS) à 31'21"
25. Dvalsvoll (Norv) à 32'3"
26. Bauer (Can) à 34'5"

51. Lance (Fr) à 1h9'37"
52. Bagot (Fr) à 1h10'21"
53. Jaramilio (Col) à 1h10'47"
54. Nulens (Belg) à 1h10'53"
55. Ekimov (URSS) à 1h14'32"
56. Lauritzen (Norv) à 1h15'25"
57. Rominger (Sui) à 1h15'51"
58. Dernies M. (Belg) à 1h17'44"
59. Arnaud (Fr) à 1h18'28"
60. Holm (Dan) à 1h20'54" 1
61. Gianetti (Sui) à 1h21'6"
62. Sergeant (Belg) à 1h21'26"
63. Ridaura (Esp) à 1h21'38"
64. Maassen (PB) à 1h22'14"
65. Ducios-Lassalle (Fr) à 1h22'34"
66. Ducrot (PB) à 1h23'38"
67. De Vries (PB) à 1h23'54"
68. Haex (Belg) à 1h25'4"
69. Giannelli (It) à 1h25'12"
70. Pulido (Col) à 1h29'36"
71. Andersan (Austr) à 1h30'1"
72. Elli (It) à 1h30'40"
73. Leblanc (Fr) à 1h31'13"
74. Voloi (It) à 1h31'19"
75. Siboni (It) à 1h33'40"
76. Gusmeroli (It) à 1h33'16"

101. E. Van Hooydonck (Belg) à 1h53'5"
102. Cenghialta (It) à 1h53'46"
103. Pillon (Fr) à 1h53'58"
104. Lemarchand (Fr) à 1h54'12"
105. Schur (D) à 1h54'13"
106. Haghedooren (Belg) à 1h54'29"
107. Laurent (Fr) à 1h55'43"
108. Da Silva (Port) à 1h56'25"
109. Piva (It) à 1h57'31"
110. Bomans (Belg) à 1h58'24"
111. A. Van Der Poel (PB) à 1h58'31"
112. Wegmuller (Sui) à 1h59'3"
113. Manders (PB) à 1h59'15"
114. Goessens (Belg) à 1h1'19"
115. Poels (PB) à 1h2'26"
116. Bishop (EU) à 1h3'10"
117. Solleveld (PB) à 1h4'50"
118. Calcaterra (It) à 1h4'51"
119. Yates (GB) à 1h5'43"
120. Peeters (Belg) à 1h5'43"
121. Marie (Fr) à 1h6'58"
122. Bontempi (It) à 1h8'5"
123. Tolhoeck (PB) à 1h8'10"
124. Moreno (Esp) à 1h8'58"
125. Van Aert (PB) à 1h9'31"
126. Troubine (URSS) à 1h11'1"

☐ (#1)   **Greg LeMond, un Américain, est premier.**

1. (#2)   _____

2. (#3)   _____

3. (#5)   _____

4. (#8)   _____

5. (#9)   _____

6. (#11) _____

7. (#12) _____

8. (#14) _____

9. (#21) _____

10. (#61) _____

11. (#69) _____

12. (#75) _____

13. (#105) _____

14. (#120) _____

15. (#124) _____

Copyright © Houghton Mifflin Company. All rights reserved.

L. Comment est-ce qu'on conduit?   Écrivez de nouvelles phrases d'après le modèle.

❑   Maman est assez prudente.
    Elle conduit prudemment.

1. Oncle Joseph est un peu fou.

   _____

2. Mes cousins sont vraiment sérieux.

   _____

3. D'habitude, nous sommes attentifs.

   _____

4. Les Français adorent la vitesse.

   _____

5. Quelquefois, moi, je suis un peu nerveux.

   _____

6. Tante Sophie est calme.

   _____

7. Et vous? Comment conduisez-vous?

   _____

M. *Rédaction:* En voiture.   Aux États-Unis, la voiture est importante. On y passe un temps considérable chaque jour. Décrivez «votre vie et la voiture.» Depuis quand conduisez-vous? Est-ce que vous écoutez la radio ou des cassettes quand vous conduisez? Chantez-vous quand vous conduisez? Mangez-vous quelquefois en voiture? Aimez-vous conduire? Si oui, quand? en vacances? en ville? Quelle sorte de voiture conduisez-vous? De quelle couleur est-elle? Est-ce que vous la conduisez depuis longtemps? etc. Si vous n'avez pas de voiture, imaginez une vie *avec* la voiture de vos rêves (*dreams*).

_____

_____

_____

_____

_____

_____

_____

_____

_____

_____

Chapitre 10:   WORKBOOK   Copyright © Houghton Mifflin Company. All rights reserved.   **103**

N. Au bureau d'information.   Vous travaillez au Syndicat d'initiative *(tourist center)* de la ville de Dijon. Regardez le plan et l'endroit où vous êtes et donnez les directions aux personnes suivantes.

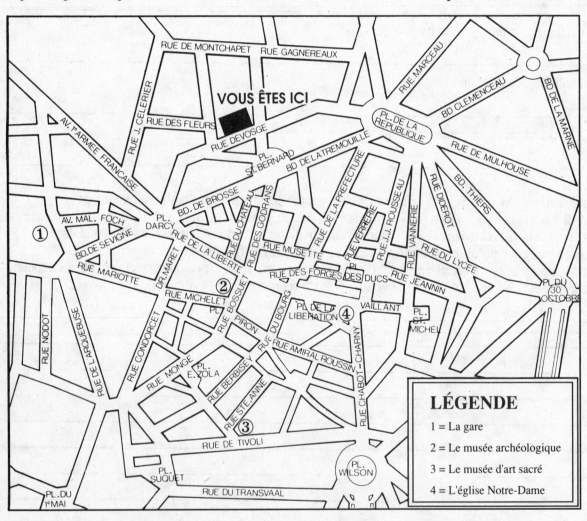

LÉGENDE

1 = La gare

2 = Le musée archéologique

3 = Le musée d'art sacré

4 = L'église Notre-Dame

Copyright © Houghton Mifflin Company. All rights reserved.

1. Pardon, pour aller à la gare, s'il vous plaît?

_____

_____

_____

_____

_____

2. Excusez moi, je voudrais aller au musée archéologique.

_____

_____

_____

_____

_____

3. Pouvez-vous me dire la direction du musée d'art sacré, s'il vous plaît?

_____

_____

_____

_____

_____

4. Pardon, je voudrais aller à l'église Notre-Dame.

_____

_____

_____

_____

_____

 Copyright © Houghton Mifflin Company. All rights reserved.

CHAPITRE 11

A. Le faire-part de mariage (*The wedding invitation*). Lisez le faire-part de mariage et ensuite cherchez dans la colonne de droite les expressions qui complètent les phrases de la colonne de gauche.

M. et Mme Jacques Debataille   *M. et Mme Jean-Pierre Cocher*

sont heureux de vous faire part du mariage de leurs enfants

Céline et Thierry

La Messe de Mariage sera célébrée le Samedi 21 Juillet 1990

à 16 heures, en L'Église Notre-Dame.

À l'issue de la Cérémonie un Vin d'Honneur

sera servi à la Salle des Fêtes de Pau.

_____ 1. Monsieur et Madame Debataille et Monsieur et Madame Cocher sont heureux de faire part ...

_____ 2. La fille de Monsieur et Madame Debataille va ...

_____ 3. Madame Cocher va être ...

_____ 4. La cérémonie religieuse va avoir lieu ...

_____ 5. Céline va probablement porter ...

_____ 6. Et Thierry va peut-être porter ...

_____ 7. À la cérémonie on va boire ...

a. un smoking.

b. la belle-mère de Céline.

c. une robe de mariée.

d. du vin.

e. épouser le fils des Cocher.

f. du mariage de leurs enfants.

g. le samedi 21 juillet à 4 heures de l'après-midi.

B. Souvenir d'un mariage. Complétez les phrase suivantes avec la forme convenable de l'imparfait des verbes indiqués.

1. (*être, aller*)   Mon frère _____ toujours sûr qu'il

                                _____ épouser Céline.

2. (*ecrire, etre*)   Il _____ dans ses lettres que Céline

                                _____ la plus belle fille du monde.

3. (*être, pleuvoir*)   C' _____ un peu triste le jour du mariage. Il

                                _____ des clous (*"cats and dogs"; lit. nails*).

4. *(faire)*   C'est vrai, mais il _____ beau dans les cœurs *(hearts)* des jeunes mariés.

5. *(être)*   Thierry _____ tendu *(nervous)* ce jour-là.

6. *(avoir)*   Les parents de Céline _____ l'air très heureux.

7. *(regarder, penser)*   Ma mère _____ Céline et

_____ qu'elle est belle!

8. *(prendre, demander)*   Ma tante _____ des photos avec son Polaroïd et

elle nous _____ de sourire.

9. *(être)*   Nous _____ jeunes, célibataires et innocents.

10. *(être, vouloir)*   Ah! qu'est-ce qu'on _____ innocent! On

_____ se marier à l'âge de quatorze ans.

C. Ah! c'était le bon vieux temps! *(Those were the good old days!)*   Complétez la conversation suivante entre Julie et sa grand-mère et mettez les verbes proposés à l'imparfait.

Julie: Mamie, quand tu *(être)* _____ jeune, est-ce que tu *(avoir)*

_____ un chien ou un chat?

La grand-mère: Nous *(avoir)* _____ un petit chien. Il *(s'appeler)*

_____ Napoléon. Mais moi, je l'*(appeler)*

_____ Napo tout court *(for short)*.

Julie: Vous *(habiter)* _____ dans une grande maison?

La grand-mère: Oui, notre maison *(être)* _____ très grande. Nous *(habiter)*

_____ à 50 kilomètres de Lyon.

Julie: Est-ce que tu *(aller)* _____ à l'école?

La grand-mère: Ah oui! tous les jours. On *(avoir)* _____ des cours

même *(even)* le samedi après-midi.

Julie: Qu'est-ce que tu *(faire)* _____ après l'école?

La grand-mère: Je *(rentrer)* _____ à pied à quatre heures et demie; et puis

je *(travailler)* _____ aux champs *(fields)* jusqu'au soir.

Julie: Les enfants ne *(faire)* _____ pas leurs devoirs à la maison?

La grand-mère: Si, le soir. Par exemple, moi j' *(écrire)* _____ mes devoirs

après le dîner.

Julie: Alors, tu ne *(regarder)* _____ pas la télé?

La grand-mère: Écoute! Il n'y *(avoir)* _____ pas de télé à cette époque-là.

On *(discuter)* _____ à table des événements *(events)* du jour;

on *(lire)* _____ beaucoup et on *(écrire)*

_____ souvent des lettres et même des poèmes à des amis.

Ah! c'*(être)* _____ le bon vieux temps!

Copyright © Houghton Mifflin Company. All rights reserved.

D. Des chefs-d'œuvre de génie *(Masterpieces of genius).*   Complétez les phrases suivantes en donnant l'âge du «génie» en question. Utilisez **ne ... que** dans vos réponses.

❏ Victor Hugo est né en 1802. Il a écrit *Notre Dame de Paris (The Hunchback of Notre Dame)* en 1831. À cette époque Hugo **n'avait que 29 ans.**

1. Albert Camus, philosophe existentialiste, est né en 1913. Il a publié *L'Étranger* en 1942. À l'époque, Camus _____.

2. Marie Curie, née en 1867, a obtenu le prix Nobel deux fois, en 1903, et en 1911. En 1898, elle a découvert le radium avec son mari. Elle _____.

3. Le poète Rimbaud, né en 1854, a écrit son livre célèbre, *Une saison en enfer,* en 1875. Rimbaud
_____.

4. Le poète Baudelaire, né en 1821, a écrit *Les Fleurs du mal* en 1857.
Il _____.

5. Mozart, né en 1756, a écrit sa première symphonie en 1761. Il _____.
Mozart a écrit plus tard 49 autres symphonies, 16 opéras et beaucoup d'autres œuvres. En 1764 il a joué du piano à Versailles pour le roi de France, Louis XV. Mozart _____.
Quand il est mort en 1791, il _____.

6. Le philosophe Blaise Pascal est né en 1623. Il a inventé la première calculatrice en 1642. Pascal
_____.

7. Molière est né en 1622 sous le nom de Jean-Baptiste Poquelin. En 1659, il a présenté *Les Précieuses ridicules* à Paris. Il _____. En 1661, Molière s'est installé au Palais-Royal où il a présenté *L'École des femmes* (1662), *Tartuffe* (1664), *Dom Juan* (1665) et *Le Bourgeois gentilhomme* (1667). Il est mort en 1673. Il _____.

8. Napoléon Bonaparte, né en 1769, a gagné sa première victoire comme général de brigade en Italie en 1794. Il _____. En 1804 il est devenu empereur des Français. Il _____ à l'époque.

E. Des tranches de vie *(Slices of life).*   Utilisez **quand** pour lier *(link)* les mots donnés. Attention à l'usage de l'imparfait et du passé composé.

❏ Marion / dormir // ses parents / téléphoner
Marion dormait quand ses parents ont téléphoné.

1. tu / regarder les informations // Michèle / décider de faire du yoga devant la télévision

_____

2. Marie-Thérèse / regarder «La Roue de la Fortune» *(Wheel of Fortune)* // quelqu'un / frapper à la porte

_____

3. mes trois camarades de chambre / faire leurs devoirs // Didier / venir me chercher

_____

4. il / pleuvoir // nous / sortir

_____

          Copyright © Houghton Mifflin Company. All rights reserved.

5. il / faire très froid // nous / arriver en ville

_____

6. je / faire du vélo // je / rencontrer Georges

_____

7. est-ce que vous / connaître déjà Georges // vous / arriver au campus

_____

8. mon frère / visiter Québec // il / trouver «la femme de sa vie»

_____

9. Gaby, Jeanne et moi, nous / voyager en Europe // nous / apprendre la nouvelle *(piece of news)*

_____

10. les étudiants / ne ... pas pouvoir / prononcer un mot de français // nous / commencer le cours

_____

11. Fred / dormir // le professeur / poser cette question

_____

12. je / prendre le café avec beaucoup de sucre // je / tomber malade

_____

F. Quelques étapes de la vie. Donnez l'âge, la période, la date ou les circonstances de la première fois que vous avez fait les activités suivantes.

❏ commencer à faire du vélo
   J'ai commencé à faire du vélo quand j'avais quartorze ans.

1. comprendre que le père Noël n'existait pas

_____

2. apprendre à nager

_____

3. sortir avec un garçon (une fille)

_____

4. avoir le permis de conduire

_____

5. commencer à boire du café

_____

6. travailler sur un ordinateur

_____

7. prendre l'avion

_____

110

Copyright © Houghton Mifflin Company. All rights reserved.

8. travailler pour gagner *(earn)* de l'argent

_____

9. décider d'étudier le français

_____

G. Un jeu de mémoire *(A memory game).*   Pensez à la première fois que vous êtes allé(e) au cinéma.

1. Quel âge aviez-vous?

_____

2. Vous y êtes allé(e) seul(e)? avec vos parents? avec vos amis?

_____

3. Quel temps faisait-il?

_____

4. Vous étiez inquiet (inquiète)? content(e)?

_____

5. Quelle heure était-il quand vous êtes arrivé(e) au cinéma?

_____

6. L'entrée du cinéma coûtait-elle cher? Combien?

_____

7. Est-ce qu'on y vendait des boissons? des bonbons?

_____

8. Environ combien de personnes y avait-il dans la salle?

_____

9. Quel était le titre *(title)* du film?

_____

10. Qu'est-ce que vous avez pensé du film? C'était amusant? sérieux? intéressant? ennuyeux?

_____

11. Quelle heure était-il quand vous êtes rentré(e) chez vous?

_____

12. Est-ce que vous avez vu ce film une deuxième fois? Quand?

_____

          Copyright © Houghton Mifflin Company. All rights reserved.

H. Quelques comparaisons entre la France et les États-Unis. On a demandé à quelques étudiants américains qui passaient un an en France de faire des comparaisons entre la France et les États-Unis. Imaginez les résultats du sondage *(poll)* en proposant vos propres *(own)* opinions. Attention aux adjectifs.

❑ les Français / les Américains / conduire vite
Les Français conduisent plus vite que les Américains.

les Américains / les Français / faire du sport
Les Américains font plus de sport que les Français.

1. les Français / les Américains / aimer les hamburgers

   _____

2. les Français / les Américains / manger du pain

   _____

3. la cuisine française / la cuisine américaine / bon

   _____

4. le vin français / le vin de Californie / bon

   _____

5. les Américains / les Français / fumer souvent

   _____

6. les maisons en France / les maisons aux États-Unis / ancien

   _____

7. les trains français / les trains américains / rapide

   _____

8. les Français / les Américains / lire souvent le journal

   _____

9. les vêtements aux États-Unis / les vêtements en France / cher

   _____

10. la ville de Paris / la ville de New York / avoir des musées

    _____

112
Copyright © Houghton Mifflin Company. All rights reserved.

NOM _____ DATE _____

I. Qu'en pensez-vous ... ? Utilisez **bon** ou **bien, meilleur** ou **mieux** pour comparer les personnes ou les choses suivantes. N'oubliez pas l'accord des adjectifs.

❑ les Rolling Stones / les Beatles / chanter
Les Rolling Stones chantent bien, mais les Beatles chantent mieux.

les hamburgers de Wendys / les hamburgers de McDonalds / bon
Les hamburgers de McDonalds sont bons, mais les hamburgers de Wendys sont meilleurs.

1. Coca-Cola / Pepsi / bon

   _____

2. Shaquil O'Neil / Michael Jordan / jouer au basketball

   _____

3. le fromage de France / le fromage du Wisconsin / bon

   _____

4. Steinbeck / Hemingway / écrire

   _____

5. la cuisine chinoise / la cuisine italienne / bon

   _____

6. Michael Jackson / Janet Jackson / chanter

   _____

7. Les Américains / Les Allemands / jouer au tennis

   _____

8. les vins de Californie / les vins de France / bon

   _____

Copyright © Houghton Mifflin Company. All rights reserved. **113**

CARTE DES QUALITÉS COMPARÉES DES VINS DE FRANCE

* ANNÉES PRESTIGIEUSES: 1921, 1928, 1929, 1945 *

ANNÉES	Bordeaux rouges	Bordeaux blancs	Borgognes rouges	Bourgognes blancs	Crus des Côtes du Rhône	Alsace	Pouilly s/Loire Sancerre	Anjou Touraine	Crus du Beaujolais	Champagnes
1947	★	••••	••••		★			★		
1949	★	••••	★		••••			••••		
1955	★	••••	••••	•••	••••			••••		
1959	•••	••••	★	•••	•••	★		★		
1961	★	★	★	••••	••••	••••		•••		
1962	••••	••••	•••	•••	••			•••		
1964	•••	••	••••	•••	•••	•••				
1966	••••	•••	••••	•••	••••	••••				
1967	•••	★	•••	••••	••••	••••				
1969	•	••	•••	•••	•••	•••		••••		
1970	★	•••	•••	★	★	•••		••••		
1971	••••	•••	••••	••••	••••	★		•••		
1973	•••	•••	••••	••••		••••		••		
1974	••	••	•••	•••		••		••		
1975	••••	••••	•	•••	••••	•••		•••		
1976	•••	••••	•••	•••		★		••		
1977	••	••	••	•••		••		•••		
1978	••••	•••	★	••••	★	••		•••		
1979	••••	•••	•••	★	••••	••••		•••		
1980	••	••	•••	•••	•••	••	•••	••	•	
1981	••••	•••	••	•••	•••	••••	••	•••	•••	
1982	★	•••	•••	••••	••	•••	••••	••••	•••	
1983	••••	••••	••••	••••	•••	★	••••	••••	★	
1984	••	••	•••	•••	••		••••	•••	••	

Les millésimes sont les meilleures années—Actuellement 1976, 1979, 1981. Les sans année sont généralement des assemblages suivis par chaque maison.

Copyright © Houghton Mifflin Company. All rights reserved.

❏ Bordeaux rouges: 1969 / 1982
Les bordeaux rouges de 1982 étaient meilleurs que les bordeaux rouges de 1969.

1. Bordeaux blancs: 1962 / 1984

   _____

2. Bourgognes rouges: 1949 / 1964

   _____

3. Bourgognes blancs: 1979 / 1982

   _____

4. Crus (*local wine*) des Côtes du Rhône: 1969 / 1970

   _____

5. Alsace: 1959 / 1964

   _____

6. Pouilly s/Loire Sancerre: 1981 / 1983

   _____

7. Crus du Beaujolais: 1981 / 1983

   _____

8. Bordeaux rouges: 1969 / 1979

   _____

9. Bourgognes blancs: 1959 / 1973

   _____

 Copyright © Houghton Mifflin Company. All rights reserved.

K. Les grandes vedettes de sport. Complétez les phrases suivantes avec le superlatif des adjectifs indiqués.

❏ Carl Lewis a réalisé ___la meilleure___ performance au 100 mètres. *(bon)*

1. Mark Spitz a gagné _____ nombre de médailles aux jeux Olympiques de 1972. *(grand)*

2. Nadia Comenici était la gymnaste _____ en 1976. *(populaire)*

3. Greg LeMond est l'athlète américain _____ en France. *(connu)*

4. En 1993, le Français Alain Proust était le pilote _____ en Formule I. *(rapide)*

5. Qui est _____ joueur de hockey? Wayne Gretsky ou Mario Lemieux? *(bon)*

6. Je ne sais pas, mais en tout cas, Wayne Gretsky est _____. *(célèbre)*

7. À votre avis, quels sont les athlètes _____? Les joueurs de baseball ou less joueurs de basketball? *(riche)*

L. Une interview à la télé. Vous êtes une star! On vous interviewe à la télévision. Comment allez-vous répondre à ces questions?

❏ Quel est le meilleur restaurant du monde?
Oh! le meilleur restaurant du monde est sans doute Maxim's à Paris.

1. Quel est le plus beau film de cette année?

_____

2. D'après vous, quelle est la plus belle actrice d'aujourd'hui?

_____

3. Quel est le livre le plus intéressant?

_____

4. Quel est le journal le plus prestigieux des États-Unis?

_____

5. Quel est le meilleur groupe de rock?

_____

6. Quelle est la plus belle ville du monde?

_____

7. Qui est la personne la plus importante de votre vie?

_____

8. Qui est l'homme (la femme) politique que vous admirez le plus?

_____

9. Quelle cuisine aimez-vous le plus?

_____

10. Quel dessert aimez-vous manger le plus souvent?

_____

Copyright © Houghton Mifflin Company. All rights reserved.

M. Des comparaisons. Complétez ces deux dialogues avec **bon, bien, mieux, meilleur, le mieux** ou **le (la, les) meilleur(e)(s).**

1. **Deux portraitistes (*portrait painters*).**

—Discutons des artistes. Pour moi, Picasso est _____ portraitiste. Il présente très _____ les sentiments humains.

—Moi, je trouve que les portraits de Modigliani sont _____. Modigliani dessine *(draws)* _____ les formes du visage *(face)*. C'est plus gracieux. De tous les portraits du vingtième siècle, ce sont les portraits de Modigliani que j'aime _____. Pour moi, il est _____ portraitiste de notre siècle.

—Ah non! je ne suis pas d'accord. Picasso est _____ portraitiste.

2. **Deux philosophes**

—Quant aux *(as for)* philosophes du vingtième siècle, pour moi, les romans de Sartre sont _____ chefs-d'œuvre *(masterworks)* de la littérature française du vingtième siècle.

—Je ne suis pas d'accord. Moi, je trouve que les romans de Camus sont _____ écrits.

—Toi, tu comprends _____ la philosophie de l'absurdité du destin *(destiny)* de l'homme?

—Assez _____.

—Moi, je trouve que Sartre explique _____ les grandes idées du vingtième siècle: le conflit qui oppose l'existentialisme au matérialisme, la philosophie de la conscience souveraine et les contraintes de la liberté individuelle. C'est vraiment _____ penseur de ce siècle.

—Peut-être que tu as raison. Disons que tous les deux sont de _____ écrivains.

 Copyright © Houghton Mifflin Company. All rights reserved.

N. *Rédaction:* **Un week-end catastrophique.** Vous avez sans doute passé un week-end horrible. Décrivez ce qui est arrivé. Où êtes-vous allé(e)? Quand? Comment (en voiture, en vélo, à pied, en avion)? Avec qui? Le voyage a duré combien de temps? Quel temps faisait-il? etc.

_____

_____

_____

_____

_____

_____

_____

_____

_____

_____

_____

_____

_____

_____

   Copyright © Houghton Mifflin Company. All rights reserved.

CHAPITRE 12

A. Au téléphone.   Vous êtes le/la propriétaire d'un restaurant qui est fermé le lundi. Un client téléphone pour réserver une table. Qu'allez-vous répondre au client?

❏ Le client veut réserver une table pour lundi.
   Je regrette Monsieur, mais nous sommes fermés le lundi.

1. Le client demande si le restaurant est ouvert le mardi.

   _____

2. Le client demande s'il peut réserver une table pour mardi.

   _____

3. Vous ne comprenez pas le nom du client.

   _____

4. Le client veut venir à 5 heures, mais le restaurant n'ouvre qu'à 6 heures.

   _____

5. Vous voulez savoir combien de personnes vont venir avec le client.

   _____

6. Vous confirmez la réservation pour quatre personnes, mardi, à 21 heures.

   _____

7. Le client vous remercie.

   _____

B. Au bureau de tourisme.   Imaginez les questions d'après les réponses.

❏ —**Pardon, je peux vous demander des renseignements?**
   —Certainement. Allez-y.

   —Les toilettes pour dames sont dans le couloir, tout droit devant vous.

   _____

   —Les banques ferment à 18 heures.

   _____

   —Le bureau de poste est ouvert entre midi et 2 heures.

Chapitre 12: WORKBOOK   Copyright © Houghton Mifflin Company. All rights reserved. **119**

_____

—Ah oui, le restaurant Le Bec Fin est excellent.

_____

—Pas loin. Tournez à gauche, là-bas, juste après la boulangerie.

_____

—Pour les réservations de train, il faut aller à la gare.

_____

—Vous cherchez Hertz. Tous les bureaux de locations *(rental)* de voitures sont à la gare ou à l'aéroport.

_____

—Je suis là pour ça.

C. Un amour. Complétez les phrases avec des formes de **savoir** qui conviennent.

❑ Je ne __sais__ pas pourquoi la plupart des étudiants ne __savent__ pas conjuguer le verbe __savoir__ .

1. Tu _____, je suis amoureux de *(in love with)* la jeune fille à qui nous avons parlé tout à l'heure.

2. Tu ne _____ pas ce que c'est que l'amour.

3. Je _____ juste ce qu'il faut _____. Je _____ qu'elle est belle, intelligente et super-sympa.

4. Est-ce qu'elle a un petit ami? Marie doit _____.

5. Allons demander à Marie. Elle _____ tout.

6. Mais nous ne _____ pas si Marie va vouloir nous donner des informations.

7. Et, on ne va pas le _____ si on ne demande pas.

8. Marie, _____-tu que tu es très gentille?

9. Vous _____, chaque fois que vous deux parlez comme ça, je _____ que vous allez demander un service.

10. Comment le _____-tu?

11. Je connais bien les garçons. Ils _____ très bien se servir *(use)* des amis!

Copyright © Houghton Mifflin Company. All rights reserved.

D. Au bureau de renseignements. Posez une question en utilisant le verbe *savoir* et un des mots interrogatifs. Ensuite, imaginez une réponse.

comment?   *où?*   *quel?*   *à quelle heure?*   *quand?*   *combien?*

❑ le kiosque
—**Vous savez où se trouve le kiosque?**
—**Oui, juste en face de la gare.**

1. toilettes

—_____

—_____

2. le train va partir

—_____

—_____

3. coûter / un billet pour Nice

—_____

—_____

4. les taxis

—_____

—_____

5. le taux de change du dollar

—_____

—_____

6. acheter des cigarettes

—_____

—_____

7. composter un billet

—_____

—_____

 Copyright © Houghton Mifflin Company. All rights reserved.

E. Le choix des hôtels. En France, les bureaux de tourisme donnent souvent des dépliants *(brochures)* des hôtels. Lisez les dépliants suivants et répondez aux questions.

HÔTEL DE LA GARE*

Hôtel à caractère familial, sur les promenades, à 200m du centre ville et de la cathédrale.

No.	1 pers.	2 pers.	Sanit.
17	127,70	141,10	D WC
18	127,70	141,10	D WC
21	112,30	127,70	D
22	165,70	178,90	B WC
23	165,70	178,90	B WC
24	127,70	141,10	D WC
25	70,00		WC
26	112,30	127,70	D
27	127,70	141,10	D WC
28	165,70	178,90	B WC
29	165,70	178,90	B WC
30	127,70	141,10	D WC
31	165,70	178,90	B WC
32	127,70	141,10	D WC

Petit déjeuner au salon 14,40
Petit déjeuner en chambre 18,55
Lit supplémentaire 45,30
Supplément chien 15,45
Supplément télévision 15,00

D = douche
WC = toilettes
B = bains

HÔTEL DU PARC**

L'Hôtel du Parc, situé au centre ville, met à votre disposition ses chambres tout confort avec téléphone direct. Salon télévision. Bar. Parking. Calme. Jardin d'agrément.

Nombre de chambres: 25

	1 pers.	2 pers.
2 avec salle de bain et WC	255 F*	281 F*
1 avec WC et douche		240 F*
12 avec douche	233 F*	260 F*
2 avec cabinet de toilette fermé	200 F*	226 F*
5 avec cabinet de toilette non fermé	188 F*	215 F*
2 avec WC et cabinet de toilette	211 F*	236 F*
1 avec salle de bain	245 F*	270 F*

DEMI-PENSION

	1 pers.	2 pers.
12 avec douche	279 F	311 F
2 avec salle de bain	306 F	334 F
7 avec cabinet de toilette fermé	243 F	265 F
4 avec cabinet de toilette non fermé	232 F	265 F

*petit déjeuner compris

HÔTEL CITADEL***

Les hôtels Citadel vous proposent leur nouveau concept à des prix très compétitifs avec des chambres de grand standing, spacieuses et confortables.

Avec des caractéristiques remarquables:

*SUPERBES CHAMBRES
—Lits doubles
—Salle de bain luxueuse
—Téléphone direct
—Presse-pantalons
—Sèche-cheveux
—Télévision couleur avec télécommande et circuit vidéo
—Possibilité de préparer thé et café

*BAR ET RESTAURANT

«LE GARDEN GRILL»

*SALLES DE REUNIONS

*PARKING GRATUIT

*UN SEUL PRIX PAR CHAMBRE JUSQU'À 4 PERSONNES (550F)

Un service simple et courtois vient compléter ce nouveau concept stylé, adapté à une nouvelle génération de voyageurs.

Questions:

1. Quel est l'hôtel le moins cher? _____

2. Quelle sorte de chambres pouvez-vous avoir dans cet hôtel? une chambre avec douche? avec W.C. privés? _____

   _____

3. Décrivez la chambre la moins chère.

   _____

4. Dans quel hôtel peut-on demander un lit supplémentaire?

   _____

5. Où est-ce qu'on peut prendre le petit déjeuner à 14 francs 40?

   _____

6. Quel hôtel préférez-vous? Pourquoi?

   _____

7. Lequel allez-vous suggérer à des amis? Pourquoi?

   _____

8. Est-ce que ces hôtels sont plus ou moins chers que les hôtels dans votre ville?

   _____

      Copyright © Houghton Mifflin Company. All rights reserved.

F. À la conciergerie.   Madame Lawrence est curieuse. Elle demande beaucoup de renseignements à la receptionniste de l'hôtel du Quai Voltaire. Imaginez les questions qu'elle pose.

1. —_____

—Nous n'avons pas de chambres au rez-de-chaussée.

2. —_____

—Le petit déjeuner est servi de 7 heures 30 à 9 heures 30.

3. —_____

—Au salon.

4. —_____

—Prenez ce couloir et vous allez voir le salon.

5. —_____

—D'habitude, nous sommes ouverts jusqu'à minuit.

6. —_____

—Oui, il y a une pharmacie juste à côté. Elle est ouverte jusqu'à 20 heures.

7. —_____

—Oui, nous vendons des cartes postales. Les voilà.

8. —_____

—Non, je regrette. Il faut aller au bureau de tabac pour acheter des timbres.

9. —_____

—Ah là! je ne peux pas vous dire où est la poste la plus proche.

10. —_____

—Je ne peux pas vous dire ça, non plus.

11. —_____

—Au revoir, Madame.

          Copyright © Houghton Mifflin Company. All rights reserved.

G. Des comparaisons. Écrivez des phrases d'après le modèle. Attention aux temps!

❏ Je choisis généralement une chambre avec salle de bain. Et toi? *(douche)*
Moi, je choisis généralement une chambre avec douche.

1. Mes amis choisissent souvent les grands hôtels à trois étoiles. Et vous? *(une étoile)*

_____

2. Laurent choisit de prendre son petit déjeuner en chambre. Et toi? *(au café)*

_____

3. Mon cousin Jean-Paul obéit rarement à ses professeurs. Et Karine et Gisèle? *(toujours)*

_____

4. Il y a cinq ans, les étudiants finissaient les cours au mois de mai. Et maintenant? *(juin)*

_____

5. Qu'en penses-tu? J'ai maigri un peu, non? Et toi? *(pas du tout)*

_____

6. Les voitures en France ralentissent quand elles rencontrent des cyclistes. Et aux États-Unis? *(pas

souvent)*

_____

7. Nous faisons du jogging trois fois par semaine, mais nous ne maigrissons pas. Et les Clavel? *(tout

à fait le contraire)*

_____

H. Tout le monde et toutes les choses. Complétez les phrases suivantes avec les adjectifs **tout, tous, toute** ou **toutes**.

❏ _____Tout_____ le monde doit parler français en classe.

1. Le professeur a demandé à _____ la classe de faire attention.

2. _____ les étudiants vont rendre la rédaction vendredi.

3. _____ les filles vont préparer leurs dissertations à la bibliothèque ce soir.

4. Samedi, _____ les garçons vont regarder *Au revoir les enfants* chez Jacques.

5. Eric, _____ tes amis vont voyager l'été prochain.

6. Quand ils voyagent en France, Gérard et Albert, _____ les deux, refusent de

parler anglais.

7. Gérard aime visiter _____ les grands monuments de Paris.

8. Mais Albert préfère du camping sur la Côte d'Azur pendant _____ la période du

voyage.

 Copyright © Houghton Mifflin Company. All rights reserved.

I. Au guichet *(ticket window)* **de la gare.** Complétez le dialogue entre un employé et un voyageur qui veut acheter un billet de train.

Employé: Où est-ce que vous allez, Monsieur?

Voyageur: _____

Employé: Quel jour partez-vous?

Voyageur: _____

Employé: À quelle heure voulez-vous partir?

Voyageur: _____

Employé: Il y a un supplément à payer si vous préférez le TGV.

Voyageur: _____

Employé: Et en quelle classe?

Voyageur: _____

Employé: Fumeur ou non fumeur?

Voyageur: _____

Employé: Très bien. Une place en seconde, non fumeur, dans le TGV 750 pour Paris. Cela fait 196 francs.

Voyageur: _____

Employé: Oui, on accepte la carte Visa.

Voyageur: _____

Employé: Je vous en prie.

Voyageur: _____

J. Le premier jour à Paris. Complétez les phrases suivantes avec le futur des verbes donnés.

❏ Nous *(arriver)* __arriverons__ à l'aéroport Charles de Gaulle.

1. Marianne *(aller)* _____ tout de suite au musée du Louvre.

2. Suzette et Delphine *(venir)* _____ avec moi. Nous *(prendre)* le metro pour aller à la tour Eiffel.

3. L'après-midi, nous *(visiter)* _____ la Grande Arche.

4. Claire et Lisette *(faire)* _____ des achats dans les grands magasins.

5. Laurent *(pouvoir)* _____ enfin manger un croque-monsieur.

6. Roger *(avoir)* _____ sommeil et *(dormir)* _____ dans sa chambre.

7. Le soir, nous *(manger)* _____ à La Tour d'Argent.

8. Mais, nous n' *(avoir)* _____ pas assez d'argent.

 Copyright © Houghton Mifflin Company. All rights reserved. **125**

9. Nous (avoir) _____ mal aux pieds et nous (être)

    _____ fatigués.

10. Alors, tout le monde (être) _____ heureux de rentrer à l'hôtel.

11. Nous (écrire) _____ des cartes postales à nos familles et à nos amis.

12. Et vous? Que ferez-vous le premier jour à Paris?

    Moi, je_____

    _____

    _____

K. L'été prochain.   Que ferez-vous cet été?

1. Resterez-vous sur le campus?

    _____

2. Travaillerez-vous? Si oui, où? Si non, pourquoi pas?

    _____

3. Rendrez-vous visite à des amis? à des grands-parents? Si oui, où irez-vous?

    _____

4. Ferez-vous de longs voyages? Où?

    _____

5. Aurez-vous l'occasion (opportunity) de parler français?

    _____

6. Est-ce que vous ferez des sports?

    _____

7. Est-ce que vous aurez le temps de lire des livres? Si oui, quelle sorte de livres?

    _____

8. Est-ce que vous sortirez avec des amis?

    _____

9. Et à la fin des vacances, serez-vous heureux de rentrer à l'université?

    _____

L. Qu'est-ce qu'on fera?   Complétez les phrases suivantes par des expressions de votre choix. Faites attention au temps des verbes.

1. Si _____, j'irai voir mes parents.

2. S'il pleut ce soir, _____ .

3. Si nous décidons de faire le voyage par le train, _____ .

4. _____ si vous êtes sage (nice).

5. Nous aurons nos diplômes si _____ .

6. Si Paula et Gabrielle travaillent 50 heures par semaine, _____ .

126

Copyright © Houghton Mifflin Company. All rights reserved.

7. Quand _____ tu boiras beaucoup de jus d'orange.

8. Quand _____, ils téléphoneront au 75.12.46.32.

9. Elle donnera la clé *(key)* à la receptionniste quand _____.

10. Je téléphonerai quand _____.

M. *Rédaction:*

1. **Réservation de chambre par téléphone.**   Vous irez à Paris pour y passer un séjour de trois jours. Téléphonez à l'hôtel *Le Pavillon* pour réserver une chambre qui vous convient. Écrivez un dialogue en posant les questions nécessaires.

_____

_____

_____

_____

_____

_____

_____

_____

_____

_____

2. **Réservation par téléphone d'une table (au restaurant).**   Vous êtes à Québec; vous avez invité quelqu'un à dîner au restaurant *Chez Jean*. Vous téléphonez pour réserver une table. Écrivez un dialogue où vous demandez à la receptionniste du restaurant les renseignements nécessaires.

_____

_____

_____

_____

_____

_____

_____

_____

_____

_____

 Copyright © Houghton Mifflin Company. All rights reserved.

CHAPITRE 13

A. Qu'est-ce qu'on dit?   Choisissez l'expression qui veut dire à peu près la même chose.

1. Lori ne va pas tarder.

   _____ a. Elle va arriver bientôt.

   _____ b. Elle va être en retard.

   _____ c. Elle va arriver en avance.

2. Le maître d'hôtel vérifie la liste.

   _____ a. Il demande à voir la carte d'identité.

   _____ b. Il présente le menu.

   _____ c. Il regarde la liste pour voir si les clients ont réservé une table.

3. Nous venons d'arriver.

   _____ a. Nous sommes arrivés depuis des heures.

   _____ b. Nous sommes arrivés il y a quelques minutes.

   _____ c. Nous allons être en retard.

4. Vous voulez vous asseoir?

   _____ a. Ne vous inquiétez pas.

   _____ b. Vous voulez prendre cette table.

   _____ c. Quel plaisir de vous voir.

5. Par ici, s'il vous plaît.

   _____ a. Venez avec moi, s'il vous plaît.

   _____ b. Très bien, un instant s'il vous plaît?

   _____ c. Ne tardez pas, s'il vous plaît.

6. Goûtez le vin.

   _____ a. Vous voulez du vin?

   _____ b. Buvez un peu de vin.

   _____ c. Il faut aimer le vin.

Chapitre 13:   WORKBOOK   Copyright © Houghton Mifflin Company. All rights reserved.   **129**

B. Les bonnes manières.   Complétez les phrases en utilisant le verbe **mettre**.

❑ En France, on __met__ les mains sur la table.

1. En France, on _____ les morceaux de pain sur la nappe à côté de l'assiette.

2. Et aux États-Unis? Est-ce que vous _____ une serviette sur les genoux?

3. Oui, nous _____ une serviette sur les genoux.

4. Les Français _____ souvent un verre et une cuiller devant chaque assiette.

5. Madame LaFontaine _____ toujours quatre verres et deux cuillers devant chaque
   assiette.

6. Merci, je ne _____ plus de sucre dans mon café.

7. Mais ton frère _____ beaucoup de temps à trouver une femme.

8. Jean, ne _____ pas tes mains sur ta tête!

C. La table française et la table américaine.   À partir des illustrations suivantes, écrivez sept phrases
qui comparent les manières françaises aux manières américaines.

❑ **En France, on met les morceaux de pain sur la nappe, mais aux États-Unis, on met les
morceaux de pain sur une petite assiette.**

1. En France, on _____

   mais aux États–Unis, on _____

2. _____

   _____

3. _____

   _____

4. _____

   _____

5. _____

   _____

130   Copyright © Houghton Mifflin Company. All rights reserved.

6. _____
   _____

7. _____
   _____

D. À vous. Répondez aux questions suivantes.

1. Mettez-vous du sucre dans votre thé ou dans votre café?

   _____

2. Est-ce que vous mettez du sel et du poivre sur la viande?

   _____

3. Est-ce que vous mettez beaucoup de ketchup sur les frites?

   _____

4. Vous aimez mettre du fromage sur les spaghetti?

   _____

5. Mettiez-vous votre serviette sur les genoux quand vous étiez jeune?

   _____

6. Mettrez-vous les mains sur la table si vous êtes invité(e) à dîner chez des Français?

   _____

7. Est-ce que vous permettez aux invités de fumer chez vous après le repas?

   _____

8. Qui met la table chez vous?

   _____

9. Est-ce que vous mettez un pyjama pour dormir?

   _____

    Copyright © Houghton Mifflin Company. All rights reserved. **131**

E. Quand est-ce qu'on ... ? Formez des phrases d'après le modèle.

❏ moi / se lever / 6 h
Moi, je me lève à 6 heures.

1. toi / se lever / 6 h 45

_____

2. Soumia / se réveiller / 7 h 15

_____

3. Lionel et vous, vous / se brosser les dents / 7 h 30

_____

4. votre camarade de chambre / s'habiller / 6 h 55

_____

5. Michèle et Monique / se brosser les cheveux souvent / en classe

_____

6. moi / se souvenir de / elles

_____

7. les Français / se promener / plus souvent que les Américains

_____

8. Monsieur Barthes / se promener / au parc / tous les soirs

_____

9. les Américains / se coucher / généralement à 11 h

_____

10. mes fils / s'appeler / Christophe et Daniel

_____

 Copyright © Houghton Mifflin Company. All rights reserved.

F. Un jour normal de Mademoiselle Blasot.   Regardez les illustrations suivantes et décrivez ce que fait Mademoiselle Blasot en utilisant des verbes pronominaux.

1.

2.

3.

4.

5.

6.

1. _____

2. _____

3. _____

4. _____

5. _____

6. _____

G. Quelles sont vos habitudes?   Répondez.

1. À quelle heure vous levez-vous d'habitude?

_____

2. À quelle heure vous couchez-vous d'habitude?

_____

3. Combien de fois par jour vous brossez-vous les dents?

_____

4. Est-ce que vous vous habillez avant ou après le petit déjeuner?

_____

5. Qu'est-ce que vous faites pour vous reposer après un grand examen?

_____

    Copyright © Houghton Mifflin Company. All rights reserved.

6. Quand vous reposez-vous pendant la journée?

_____

7. Est-ce que vous vous inquiétez avant un examen?

_____

8. Vous amusez-vous bien le week-end?

_____

9. Quand vous étiez au lycée, qu'est-ce que vous faisiez pour vous amuser?

_____

10. Vous souvenez-vous bien de vos professeurs de lycée?

_____

H. Les sœurs aînées *(Older sisters).* Ces sœurs vérifient toujours pour voir si leurs petits frères et leurs petites sœurs ont fait leurs tâches *(tasks).* Écrivez des mini-dialogues au passé composé d'après le modèle.

❑ Marie-Laure / se lever à l'heure // oui
   —Marie-Laure, tu t'es levée à l'heure?
   —Oui, je me suis levée à l'heure.

1. Vous / se laver / ce matin // évidemment

— _____

2. Lise / se mettre à table // bien sûr

— _____

3. Pierrot / se brosser les dents // oui

— _____

— _____

4. Laure / prendre le petit déjeuner // non

— _____

— _____

5. Vous deux / ne ... pas se dépêcher // si

— _____

— _____

6. Christelle / s'amuser / hier soir // un peu

— _____

— _____

7. À quelle heure / vous / se coucher // très tard

— _____

— _____

          Copyright © Houghton Mifflin Company. All rights reserved.

8. vous / ne ... pas s'endormir / à l'école // pas du tout

___ _____

___ _____

9. tes camarades de classe / s'inquiéter // non, pas encore

___ _____

___ _____

I. Des antagonistes.   Marie et Antoine sont des parents qui se contredisent *(contradict one another)*. Chaque fois que leurs enfants demandent à faire quelque chose, les deux parents donnent des ordres contradictoires. Écrivez les réponses des parents d'après le modèle.

❑   Je me lève?   ❑   Je regarde le télé?
  Marie: **Lève-toi!**   *Marie:*   **Regarde-la!**
  Antoine: **Ne te lève pas!**   *Antoine:* **Ne la regarde pas!**

1. Je m'habille?

   Marie: _____

   Antoine: _____

2. Je me brosse les dents?

   Marie: _____

   Antoine: _____

3. Je me dépêche?

   Marie: _____

   Antoine: _____

4. Nous nous mettons à table?

   Marie: _____

   Antoine: _____

5. Nous prenons des céréales?

   Marie: _____

   Antoine: _____

6. Je mets mon imperméable?

   Marie: _____

   Antoine: _____

Chapitre 13: WORKBOOK   Copyright © Houghton Mifflin Company. All rights reserved.   **135**

J. La volonté. Complétez les phrases avec le subjonctif des verbes indiqués.

❏ Mes parents préfèrent que je leur *(rendre)* __**rende**__ visite le week-end prochain.

1. Monsieur Leblanc souhaite que sa fille *(réussir)* _____ à ses examens cette fois-ci.

2. Il faut que je *(partir)* _____ à 8 heures.

3. Mon patron exige que nous *(faire)* _____ tout pour plaire *(please)* à la clientèle.

4. Veux-tu qu'elle *(venir)* _____?

5. Je voudrais qu'on *(aller)* _____ en France cet été.

6. J'aimerais que notre serveur *(être)* _____ plus poli.

7. Notre voisin ne veut pas que nous *(jouer)* _____ au foot en face de sa maison.

8. Le professeur désire que tous les étudiants *(écouter)* _____ les cassettes au labo deux heures par semaine.

9. J'aimerais bien que vous *(téléphoner)* _____ à vos amis avant d'aller chez eux.

K. On veut faire autre chose. Ces personnes veulent faire certaines choses, mais leurs amis (ou leurs parents) veulent qu'ils fassent autre chose. Suivez le modèle.

❏ Michel veut étudier. (ses amis exigent / sortir avec eux)
Mais ses amis exigent qu'il sorte avec eux.

1. Marie et moi, nous voulons écouter des disques. (Yves et Lionel souhaitent / jouer au tennis avec eux)

_____

2. Tu aimes regarder la télévision. (ton petit frère préfère / lire un livre avec lui)

_____

3. Vous voulez vous reposer un peu. (votre mère demande / faire la vaisselle)

_____

4. Marie-Dominique veut rester à la maison tout l'après-midi. (ses parents veulent / conduire tante Hélène au marché)

_____

5. Marie-Noëlle aime se coucher après le repas. (son père exige / écrire une lettre à sa grand-mère)

_____

6. Votre camarade de chambre veut bavarder avec vous. (vous préférez / s'endormir)

_____

 Copyright © Houghton Mifflin Company. All rights reserved.

7. Votre ami ne veut pas mettre la ceinture de sécurité. (vous souhaitez / mettre la ceinture dans votre voiture)

_____

8. Les étudiants veulent utiliser le dictionnaire pendant l'examen. (le professeur préfère / ne ... pas utiliser le dictionnaire)

_____

L. L'avis d'un médecin (*A doctor's opinion*). Complétez avec la forme convenable du verbe indiqué.

1. Vous avez mal à la tête et vous avez de la fièvre? Alors j'*(exiger)* _____ que vous *(prendre)* _____ un cachet d'aspirine trois fois par jour, que vous *(boire)* _____ beaucoup de jus de fruits et que vous *(venir)* _____ me voir demain matin.

2. Tu as mal aux jambes, Éric? Alors je *(vouloir)* _____ que tu *(prendre)* _____ un bain chaud et que tu *(ne ... plus faire)* _____ de foot cette semaine.

3. Monsieur Cattelat a mal à l'estomac? Depuis un jour? Madame, il *(être urgent)* _____ qu'il *(venir)* _____ me voir à l'hôpital, sans délai.

4. Non, Madame, ce n'est pas du tout une bonne idée de rendre visite à votre cousine. Je *(préférer)* _____ que vous *(avoir)* _____ de la patience, que vous *(être)* _____ raisonnable et que vous *(se reposer)* _____ chez vous.

5. Il faut que vous *(faire)* _____ des sacrifices pour maigrir. Il faut surtout que vous *(vouloir)* _____ vraiment maigrir et que vous ne *(manger)* _____ presque jamais après 8 heures du soir.

6. Dans votre état, j' *(exiger)* _____ que vous *(ne ... pas toucher)* _____ à l'alcool et au tabac. Et je *(souhaiter)* _____ que vous *(prendre)* _____ ces médicaments, que vous *(manger)* _____ assez de légumes, et que vous *(faire)* _____ du sport modérément.

 Copyright © Houghton Mifflin Company. All rights reserved. **137**

M. *Rédaction:* **Hier: Une journée typique.** Décrivez ce que vous avez fait hier. Vous vous êtes levé(e) facilement ou difficilement? Vous vous êtes douché(e)? Vous êtes allé(e) aux cours? au travail? Vous avez écrit (lu) des devoirs? Quand êtes-vous rentré(e)? etc.

_____

_____

_____

_____

_____

_____

_____

_____

_____

_____

_____

_____

Copyright © Houghton Mifflin Company. All rights reserved.

CHAPITRE 14

A. Un petit feuilleton. Complétez les phrases suivantes d'après les illustrations.

1. Ils _____
_____ bien.

2. Ils _____
_____

3. Il a acheté _____
_____

4. Ils vont _____
_____

5. Ils _____
_____

6. Ils vont _____
_____

B. Antonymes. Écrivez des expressions qui veulent dire à peu près le contraire des expressions données.

❏ se marier
divorcer

1. se disputer _____

2. se séparer _____

3. mariés _____

4. C'est passionnant! _____

5. épouser _____

6. rencontrer _____

7. triste _____

8. s'entendre _____

Chapitre 14: WORKBOOK Copyright © Houghton Mifflin Company. All rights reserved. **139**

C. «Nos chers enfants». Complétez ce dialogue avec le verbe **dire**.

1. _____-moi, qu'est-ce qui est arrivé?

2. Alain _____ à Cécile qu'il l'aime et qu'il va l'épouser.

3. Il lui _____ hier soir que sa femme et lui ont l'intention de divorcer.

4. Sans blague! Moi, je déteste cet imbécile. Il _____ à toutes les femmes qu'il les aime à la folie.

5. Tu verras, demain il _____ la même chose à Ghislaine.

6. Hier, je t'_____ que les hommes _____ n'importe quoi *(anything)*.

7. Je ne _____ rien. Toi, tu _____ toujours la vérité. Ça suffit.

D. À vous. Répondez d'après le modèle.

❏ Que dites-vous généralement si vous entendez dire qu'une de vos amies va se marier?
Je dis généralement: «Ah! ça devient sérieux!» ou **Je dis généralement: «Sans blague!»**

1. Que dites-vous si votre camarade de chambre vous réveille à 5 heures du matin?

_____

2. Que dites-vous à quelqu'un que vous aimez?

_____

3. Que disiez-vous souvent à vos professeurs de lycée quand vous ne rendiez pas vos devoirs?

_____

4. Et que disaient vos professeurs dans ce cas-là?

_____

5. Que diront vos parents si vous décidez de ne pas passer Noël chez eux?

_____

6. Qu'est-ce qu'on dit en France si on veut refuser poliment de boire quelque chose?

_____

7. Que dites-vous si quelqu'un vous dit que vous parlez très bien le français?

_____

140 Copyright © Houghton Mifflin Company. All rights reserved.

E. Qu'est-ce qu'on leur donne?   Créez des phrases d'après le modèle. Utilisez **lui** ou **leur** dans chaque phrase.

des chèques	*un pourboire*	*la voiture*
des examens	*une bague de fiançailles*	*une pièce de dix francs*
le permis de conduire	*les devoirs*	*des fleurs*

❑ *(l'employé d'une banque)* **On lui donne des chèques.**

1. *(le serveur)* _____

2. *(les étudiants)* _____

3. *(la fiancée)* _____

4. *(les professeurs)* _____

5. *(le garagiste)* _____

6. *(l'agent de police)* _____

7. *(le vendeur de journaux)* _____

8. *(une amie qui est à l'hôpital)* _____

F. Une amie sensationnelle.   Complétez le paragraphe suivant avec des pronoms objets directs ou indirects.

Annick est une amie sensas! Je _____ connais depuis longtemps. Elle et moi, nous nous entendons très bien et nous avons les mêmes goûts. Je _____ emprunte ses disques et elle _____ prête ses cassettes. Je _____ parle toujours de mes problèmes. Je _____ demande ce qu'elle pense de mes projets et elle _____ donne des conseils. Quand elle rentre d'un rendez-vous, par exemple, elle _____ raconte tout ce qui est arrivé. Moi aussi, quand je sors avec quelqu'un, je _____ dis tout. Ses parents sont très sympa *(nice)*. Ils aiment beaucoup les étudiants étrangers et ils _____ demandent souvent de _____ rendre visite. Au fait, je viens de _____ téléphoner pour _____ dire que j'irai _____ voir samedi. Ils habitent dans une grande villa près de Cannes. Tiens, Denise, si tu veux venir avec moi, je suis sûre qu'ils seront heureux de _____ inviter. On passera un week-end super!

G. Dis-moi, qu'est-ce que je fais maintenant?   François donne des conseils à son camarade de chambre. Écrivez les phrases de François à l'impératif et remplacez le complément d'objet indirect par un pronom.

❑ J'écris la lettre à Delphine?
   Oui, écris-lui la lettre!   ou   **Non, ne lui écris pas la lettre!**

1. Je dis la vérité à ma mère?

   Oui, _____

2. J'explique la situation à l'ancien ami de Delphine?

   Non, _____

   Copyright © Houghton Mifflin Company. All rights reserved.

3. Nous racontons tout aux parents de Delphine?

   Oui, _____

4. Nous faisons tout ce que ses parents nous disent?

   Non, _____

5. Nous rendons visite à mes grands-parents?

   Oui, _____

6. Nous téléphonons au prêtre?

   Oui, _____

7. Je donne une bague de fiançailles à Delphine ce week-end?

   Non, _____

8. Et je dis à Delphine qu'il faut attendre jusqu'à Noël pour le marriage?

   Oui, _____

H. Des obligations. Quand la mère de Patrick et Étienne leur donne des ordres, ils acceptent volontiers. Écrivez leurs réponses d'après le modèle. Utilisez le verbe **aller** et remplacez les expressions (en italique) par un pronom.

❏ Il faut que vous écriviez *à Mamie et Papi.*
   D'accord, nous allons leur écrire.

1. Il ne faut pas que vous oubliiez de téléphoner *à vos cousines.*

   _____

2. Patrick, il faut aussi que tu écrives *à ton oncle Jules.*

   _____

3. Étienne, ce soir au dîner, il faut que tu parles *à tes cousines* de leurs études.

   _____

4. Patrick, il faut que tu racontes l'histoire de ton voyage à Lille *à tante Georgette.*

   _____

5. Et quand tante Georgette joue du piano, il faut que vous écoutiez *les morceaux* patiemment.

   _____

6. Ne regardez pas du tout *la télé* pendant le dîner.

   _____

7. Et Étienne, quand tu vas chercher tante Georgette, il faut absolument que tu prennes *la Renault.*

   _____

8. Encore une autre chose, ne rends pas visite *à ta petite amie.*

   _____

9. Et ne fais pas *le trajet (trip)* en vitesse.

   _____

142

Copyright © Houghton Mifflin Company. All rights reserved.

I. Vous croyez? On parle des feuilletons. Complétez avec la forme convenable de **croire**.

❏ Je __crois__ qu'ils vont se séparer.

1. Tu ne peux pas _____ ce qui est arrivé hier!

2. Marie et Alain se sont disputés. Je _____ qu'ils vont se séparer.

3. Marie _____ qu'elle n'aime plus Alain.

4. Tu _____ qu'ils ont l'intention de divorcer?

5. Tous mes amis _____ qu'ils ne s'entendent plus.

6. Marie a tout de suite téléphoné à un ancien ami de lycée pour sortir avec lui. Je _____ qu'elle veut oublier Alain en vitesse.

7. Je _____ aussi qu'Alain voulait se consoler quand il a mis une annonce dans le courrier du cœur.

8. Oui, mais il y a peu de gens qui _____ que ces annonces sont sincères.

9. Au moins, toi et moi, nous _____ toujours à l'amour éternel.

J. Des sentiments. Choisissez une expression de la liste pour donner votre réaction. Suivez le modèle et utilisez le subjonctif.

je suis ravi(e) que	*je suis content(e) que*	*il est incroyable que*
il est ridicule que	*il n'est pas possible que*	*c'est dommage que*
je suis désolé(e) que	*je suis triste que*	*je regrette que*
je suis fâché(e) que		

❏ Il n'y a pas de cours vendredi.
   Je suis contente qu'il n'y ait pas de cours vendredi. ou
   Il est ridicule qu'il n'y ait pas de cours vendredi.

1. Nous parlons français entre nous.

   _____

2. Quelques étudiants veulent toujours répondre en anglais.

   _____

3. Le professeur explique bien la leçon.

   _____

4. On a beaucoup de devoirs.

   _____

5. Nous aurons un examen vendredi après-midi.

   _____

6. Je pourrai me reposer ce week-end.

   _____

 Copyright © Houghton Mifflin Company. All rights reserved.

7. Mes parents viendront me rendre visite.

_____

8. Toi et moi, nous irons voir un film samedi soir.

_____

9. Nous pourrons passer du temps ensemble.

_____

10. Il va pleuvoir.

_____

K. Des besoins. Répondez aux questions suivantes en remplaçant les mots en italique par le pronom **en**.

❏ Où est-ce que je peux trouver *des cachets d'aspirine?*
Tu peux en trouver à la pharmacie.

1. Pardon, où est-ce qu'on achète *des cigarettes?*

_____

2. Vous voulez acheter *des journaux américains?*

_____

3. Est-ce que les étudiants sont ravis *de leurs notes?*

_____

4. Où pouvons-nous trouver un *bon rôti de porc?*

_____

5. Voulez-vous boire encore *du café?*

_____

6. Combien *de cousins* avez-vous?

_____

7. Est-ce qu'on mange beaucoup *de fromage* en France?

_____

8. Vous n'allez plus boire *de vin?*

_____

9. Combien *de voitures* ont vos parents?

_____

 Copyright © Houghton Mifflin Company. All rights reserved.

L. Qu'est-ce qu'on peut voir à la télévision française? Lisez le programme des émissions de télévision et ensuite répondez aux questions suivantes.

6.45 BONJOUR LA FRANCE.
8.30 LE MAGAZINE DE L'OBJET.
9. HUIT ÇA SUFFIT.
9.30 SURTOUT LE MATIN. Magazine pratique.
11. PARCOURS D'ENFER.
11.30 ON NE VIT QU'UNE FOIS.
12. TOURNEZ... MANÈGE.
13. JOURNAL
13.35 HAINE ET PASSIONS.
14.20 C'EST DEJA DEMAIN.
14.45 LA CHANCE AUX CHANSONS. Avec Guy Béart, Jack Lantier.
15.35 QUARTE A VINCENNES.
15.50 CHAPEAU MELON ET BOTTES DE CUIR.
16.45 CLUB DOROTHEE.
17. PANIQUE SUR LE 16.
18. MANNIX.
19. SANTA BARBARA.
19.30 LA ROUE DE LA FORTUNE.
20. JOURNAL.

20.40 MEDECINS DES HOMMES.
Série française. « Les Karens : le pays sans péché ». Réalisation : Yves Boisset. Avec Evelyne Bouix, Christophe Malavoy, Yves Afonso. Birmanie. *Hélène la « french doctor » en mission chez les Karens en révolte s'enfonce dans la jungle en compagnie de l'aventurier François...*
22.15 RICK HUNTER, INSPECTEUR CHOC. Série.
23.5 RAPIDO. Rock Français. Le Top 50, les groupes Wampas, Passadena.
23.35 JOURNAL.
0.5 PANIQUE SUR LE 16. (Reprise de l'après-midi).

6.45 TELEMATIN.
8.35 JEUNES DOCTEURS.
9. MATIN BONHEUR.
11.25 LA VALLEE DES PEUPLIERS.
12.5 KAZCADO.
12.35 LES MARIÉS DE L'A2.
13. JOURNAL.
13.45 LA FUREUR DES ANGES. Feuilleton. Avec J. Smith.

14.35 FETE COMME CHEZ VOUS.
16.30 UN DB DE PLUS.
16.45 RECRE A2.
17.20 AU FIL DES JOURS.
17.55 MAGNUM.
18.45 DES CHIFFRES ET DES LETTRES.
19.10 ACTUALITES REGIONALES.
19.35 MAGUY.
20. JOURNAL.

20.30 LE TOUBIB.
Film français de Pierre Granier-Deferre (1979). Avec Alain Delon, Véronique Jeannot, Bernard Giraudeau. *La guerre fait rage en Asie et en Afrique. Il est médecin, elle est infirmière et ils s'aiment.*
22.20 RESISTANCES.
Magazine présenté en direct de l'AFP par Noël Mamère. Les Journalistes. Un tour du Monde des difficultés d'exercer le métier de journaliste. Invités : Philippe Rochot, Jean-Louis Normandin, Georges Hansen, Aurel Cornéa, Roger Auque.
23.30 JOURNAL.
0. ENTREZ SANS FRAPPER. Magazine.

9.30 ESPACE 3 ENTREPRISES.
10.40 LE CHEMIN DES ECOLIERS. Les Badaboks. Jusqu'à 11 h.
12. EN DIRECT DES REGIONS.
13. ASTROMATCH.
13.30 LA VIE A PLEIN TEMPS. Magazine.
14. THALASSA. (Reprise de vendredi).
14.50 ACADÉMIE FRANÇAISE. Discours de réception de Georges Duby.
17.5 STUDIO-FOLIES. Série.
17.30 AMUSE 3.
18.30 ARTHUR, ROI DES CELTES. Feuilleton.
19. JOURNAL. Régions à 19.10.
19.55 IL ETAIT UNE FOIS LA VIE. Guerre aux toxines.
20.5 LA CLASSE. Divertissement.

20.30 LES PRÉDATEURS.
Film fantastique de Tony Scott (1983). Avec Catherine Deneuve, David Bowie, Susan Sarandon. *Myriam possède le pouvoir de conserver son jeune âge depuis l'Antiquité. John, son compagnon, en bénéficie grâce à l'amour qu'elle lui porte.*
22.40 OCÉANIQUES... DES HOMMES.
Chez les Indiens wayana de Guyane : Papak Malavate. *L'évangélisation par les pasteurs américains.*
23.40 MUSIQUES, MUSIQUE.

CANAL+

7. TOP 30.
7.25 CABOU CADIN. En clair jusqu'à 8.25.
8. CBS EVENING NEWS.
8.25 LA BOUTIQUE CANAL +.
9. SALE DESTIN. Film comique.
10.40 LES COUSINS. Film. Cycle Brialy. En clair jusqu'à 14 h.
12.30 DIRECT. Magazine.
14. UNE DEFENSE CANON. Film comique.
15.40 EXPLORERS. Film de science-fiction.
17.25 CABOU CADIN. En clair jusqu'à 20.30.
18.15 DESSINS ANIMES.
18.25 TOP 50.
18.55 STARQUIZZ. Jeu.
19.20 NULLE PART AILLEURS. Magazine. Invité : Etienne Chatilliez.

20.30 MISS MONA.
Film dramatique français de Mehdi Charef (1986). Avec Jean Carmet, Ben Smail, Albert Delpy. *Un immigré clandestin se lie avec un vieux travesti qui vit dans une roulotte...*
22.10 BASKET BALL.
Championnat d'Europe : Finlande/France.
23.40 LE GUERRIER FANTOME. Film de science-fiction.
0.55 LE BEAUF. Film comique.

M6

7. M6... 7/8/9.
9. VOYONS ÇA...
9.30 ARDECHOIS CŒUR FIDELE.
10.30 LA LIGNE DE DEMARCATION.
11. NANS LE BERGER.
11.30 PAUL ET VIRGINIE.
12. GRAFFI'6.
12.30 JOURNAL.
13.30 ARDECHOIS CŒUR FIDELE.
14.30 LA LIGNE DE DEMARCATION.
15. NANS LE BERGER.
15.30 CLIP COMBAT.
17.5 DAKTARI.
18. JOURNAL.
18.15 LA PETITE MAISON DANS LA PRAIRIE.
19. PAUL ET VIRGINIE.
19.30 MON AMI BEN.
20. LES TETES BRULÉES. Avec Robert Conrad.

20.50 DEVLIN CONNECTION.
Série américaine avec Rock Hudson, Jack Scalia. « Brian et Nick ». *Un génie de la science que l'on croyait mort resurgit et engage Nick comme garde du corps.*
21.45 M6 AIME LE CINÉMA. Du code Hayes au sida, censure et morale au cinéma.
22.15 JOURNAL.
22.30 LE CONGRES S'AMUSE. Film français de Gera Radvanyi (1966).
0. CLUB 6.
0.45 LA LIGNE DE DEMARCATION. (Reprise de la matinée).
1.5 NANS LE BERGER. (Reprise de la matinée).
1.45 BOULEVARD DES CLIPS.

❏ Combien de chaînes de télévision y a-t-il en France?
Il y a cinq chaînes de télévision en France.

1. Nommez une émission qu'on répète pendant le même jour.

 Copyright © Houghton Mifflin Company. All rights reserved. **145**

2. Quelle sorte d'émission est *Le journal*?

_____

3. Qu'est-ce qu'on peut regarder sur la chaîne 1 après 8 heures?

_____

4. Qu'est-ce qu'on peut regarder sur la chaîne 2 le matin?

_____

5. Avez-vous reconnu des émissions ou des filme américains? Lesquels?

_____

6. Dans le film *Le toubib*, à 20h30 sur la chaîne 2, il y a deux personnes qui s'aiment. Quelles sont leurs professions?

_____

7. Et vous? Regardez-vous souvent la télé?

_____

8. Est-ce que vous aimez regarder la publicité à la télé?

_____

9. Quelle sorte d'émission aimez-vous voir à la télé? Pourquoi?

_____

 Copyright © Houghton Mifflin Company. All rights reserved.

NOM _____ DATE _____

M. *Rédaction:* **Plus de télé!** Lisez l'article suivant qui propose «dix raisons pour ne pas avoir la télévision.» Puis proposez dix raisons pour regarder la télé.

Dix raisons pour ne pas avoir la télé

1. **Le manque de temps.** Quand on passe trois heures par jour devant la télé, il est impossible de faire du sport, de lire, d'écouter de la musique, de se promener ... La télé est une invitation permanente à la paresse.[1]

2. **Pas beaucoup d'émissions intéressantes.** Les seules émissions intéressantes sont toujours diffusées trop tard dans la soirée.

3. **L'invasion de la publicité** qui transforme le téléspectateur en «cible»[2] permanente.

4. **Le danger d'illétrisme.** En 1989, 20% des jeunes ne savent pas lire à l'entrée en sixième![3]

5. **Le risque,** à force de voir chaque jour des images violentes de guerre et de famine, de devenir insensible à la douleur[4] des autres, d'accepter la misère comme une fatalité.

6. **La télé efface[5] peu à peu la vie de famille.** Dans certains cas, elle fait office de baby-sitter. Plus de dialogue, plus de vie de couple ... «Quand font-ils l'amour, ceux[6] qui regardent la télé?», demande une lectrice.[7]

7. **L'objet télé est inesthétique** et prend de la place. Il faudrait avoir une pièce à part ... .[8]

8. **Comme pour les cigarettes,** il est plus facile d'y renoncer totalement que de se «modérer».

9. **Avec le prix d'un téléviseur** (4,000 F en moyenne) on peut acheter 40 livres à 100 F ou aller 150 fois au cinéma!

10. **Le plaisir** (un peu snob, il est vrai!) de dire: Je n'ai pas la télé mais je lis *Télérama* ... [9]

D'après *Chouette*, Université de Bourgogne

---

[1]*laziness* [2]*target* [3]*sixth grade* [4]*insensitive to the pain* [5]*erases* [6]*those* [7]*reader* [8]*separate room* [9]*a popular TV guide*

Dix raisons pour regarder la télé

1. _____

2. _____

3. _____

4. _____

5. _____

6. _____

_____

7. _____

_____

8. _____

_____

9. _____

_____

10. _____

_____

Copyright © Houghton Mifflin Company. All rights reserved.

CHAPITRE 15

A. Un accident. Choisissez les phrases de la colonne gauche qui complètent les phrases de la colonne droite.

_____ 1. Qu' est-ce qui est arrivé?

_____ 2. Elle allait au travail ce matin quand ...

_____ 3. Le conducteur de la voiture roulait trop vite. Sans doute ...

_____ 4. Il était ivre, alors ...

_____ 5. Heureusement il y avait un gendarme juste derrière ...

_____ 6. Il a assuré Emmanuelle que ...

_____ 7. Le gendarme a parlé au monsieur et ...

a. c'était la faute du monsieur.

b. qui a vu l'accident.

c. il lui a donné une contravention.

d. il ne faisait pas attention.

e. Emmanuelle a eu un accident.

f. sa mobylette est entrée en collision avec une voiture.

g. il a trop bu.

B. Hier, à 7 h 30. Complétez en utilisant selon le cas le passé composé ou l'imparfait des verbes indiqués.

Hier, je *(voir)* _____ un accident atroce. Il

(avoir lieu) _____ à 7 h 30, au coin du boulevard des

Alpes et de la rue Amat. Il *(neiger)* _____. Jeannette et

moi, nous *(être)* _____ en retard, mais nous

(ne ... pas rouler) _____ très vite parce que la chaussée

(être) _____ glissante. Mais le conducteur d'une Peugeot 405,

qui *(venir)* _____ de la droite à toute vitesse,

(ne ... pas pouvoir) _____ freiner au feu rouge et il

(heurter) _____ une Volvo. Le conducteur de la Volvo

(être) _____ gravement blessé. Jeannette et moi, nous

(téléphoner) _____ tout de suite à la police. L'ambulance

(arriver) _____ quelques minutes après. Un agent de

police *(donner)* _____ une contravention sévère au

monsieur qui *(conduire)* _____ la Peugeot.

 Copyright © Houghton Mifflin Company. All rights reserved.

C. Des comptes rendus.   Voici les notes de trois accidents d'un agent de police. Imaginez ce qui est arrivé dans chaque cas et écrivez un compte rendu *(report)* de chaque accident.

1. 18 h 15 / il neige / rues Tourelle et Carradine / Citroën 78 / 2 blessés / Renault 83 rouge / conducteur ivre / contravention

_____

_____

_____

_____

_____

2. 12 h 32 / il pleut / place de La Concorde / moto / un piéton blessé / le conducteur ne s'arrête pas

_____

_____

_____

_____

_____

3. 20 h 11 / Bd. Raspail / une Mercédès rouge 90 / pas de blessés / priorité à droite / la faute du camion *(truck)*

_____

_____

_____

_____

_____

D. Témoin d'un accident.   Un gendarme demande quelques renseignements à la personne qui a vu l'accident. Mais les réponses du témoin sont souvent imprécis. Alors, l'agent repose les questions et demande des précisions. Posez les questions de l'agent d'après le modèle.

❑ *Le témoin:*   *Il* a freiné trop tard.
  Le gendarme: **Qui est-ce qui a freiné trop tard?**

  Le témoin: J'ai entendu *quelque chose.*
  Le gendarme: **Qu'est-ce que vous avez entendu?**

1. *Le témoin:*   *Elle* roulait très vite.

   Le gendarme: _____

2. *Le témoin:*   J'ai vu *quelque chose* qui traversait la rue.

   Le gendarme: _____

                    Copyright © Houghton Mifflin Company. All rights reserved.

3. *Le témoin:*   *Elle* ne faisait pas attention.

    Le gendarme: _____

4. *Le témoin:*   *Elle* était très glissante.

    Le gendarme: _____

5. *Le témoin:*   Un monsieur a dit *quelques phrases.*

    Le gendarme: _____

6. *Le témoin:*   *Une marque japonaise* a heurté ma voiture.

    Le gendarme: _____

7. *Le témoin:*   J'ai entendu *deux personnes* qui parlaient espagnol.

    Le gendarme: _____

8. *Le témoin:*   J'ai vu *une femme* sortir de la voiture.

    Le gendarme: _____

9. *Le témoin:*   Elle m'a demandé *de l'aider.*

    Le gendarme: _____

10. *Le témoin:*   Elle disait *des choses* que je n'ai pas comprises.

    Le gendarme: _____

E. Le cambriolage *(The burglary).*   Un inspecteur interroge les habitants d'une maison où il y a eu un cambriolage. Imaginez l'interrogation d'après l'information suivante.

❑ entendre / quelque chose // rien
    —Est-ce que vous avez entendu quelque chose?
    —Non, je n'ai rien entendu.

❑ voir / quelqu'un // oui / un homme
    —Est-ce que vous avez vu quelqu'un?
    —Oui, j'ai vu un homme.

1. voir / quelqu'un // oui / dans la rue

  —_____

  —_____

2. entendre / quelque chose / hier soir après 8 h // non / rien

  —_____

  —_____

3. sortir / avec quelqu'un / hier soir // oui / une copine

  —_____

  —_____

 Copyright © Houghton Mifflin Company. All rights reserved.

4. boire / beaucoup de vin / hier soir // non / un peu

—_____

—_____

5. prendre / des drogues / cette semaine // non / absolument pas

—_____

—_____

6. voir / quelqu'un / avec un blouson et un chapeau noir // non / personne

—_____

—_____

7. connaître / des personnes / qui ne travaillent pas // oui / Jean-Pierre et Chantal

—_____

—_____

8. connaître / quelqu'un qui a à peu près trente ans et qui a une moustache // oui / oncle Charles

—_____

—_____

9. détester / quelques voisins // non / pas moi

—_____

—_____

10. avoir peur de / quelqu'un // non / jamais

—_____

—_____

F. Un mystère. Complétez avec **personne, rien** ou **quelqu'un** le compte rendu d'un inspecteur de police.

1. _____ m'a téléphoné à 6 heures pour me faire part d'un cambriolage.

2. Mais il ne voulait _____ dire au téléphone.

3. Une fois arrivé à la maison, le monsieur me dit que _____

   d'extraordinaire n'est arrivé.

4. La femme de chambre a vu _____ qui portait des lunettes.

5. Elle avait trop peur, alors elle n'a _____ dit quand elle l'a vu.

6. À part la femme de chambre, _____ n'a entendu de bruit.

7. Ensuite, on a constaté que _____ a pris des fourchettes et des couteaux.

8. On ne sait toujours pas qui est cette _____.

9. Et _____ ne sait où sont les fourchettes et les couteaux maintenant.

10. En bref, _____ ne sait exactement ce qui est arrivé.

    Copyright © Houghton Mifflin Company. All rights reserved.

G. Il faut faire ce qu'on doit faire. Composer des phrases avec le verbe **devoir** d'après le modèle.

❑ Je veux réussir à mon examen. *(étudier ce soir)*
   Alors, tu dois étudier ce soir.

1. J'ai mal à la tête. *(prendre de l'aspirine)*

   _____

2. André veut se marier avec Christelle. *(acheter une bague de fiançailles)*

   _____

3. Mon frère ne veut plus de contravention. *(ne ... plus conduire comme un fou)*

   _____

4. Nous voulons maigrir. *(faire du jogging)*

   _____

5. Ma sœur veut voyager en France l'été prochain. *(faire des économies)*

   _____

6. Les enfants veulent regarder la télé ce soir. *(finir tout d'abord leurs devoirs)*

   _____

7. J'ai voulu me reposer. *(dormir assez tôt)*

   _____

H. À l'aide de votre camarade de chambre. Suggérez à votre camarade de chambre trois choses qu'il/elle pourrait faire dans les cas suivants. Commencez vos suggestions avec **si**.

1. Votre camarade de chambre a la grippe.

   _____

   _____

   _____

2. Votre camarade de chambre est déprimé(e). Lui et son/sa petit(e) ami(e) se sont séparés.

   _____

   _____

   _____

3. Votre camarade de chambre est inquiet (inquiète). Il/Elle doit passer un examen difficile demain.

   _____

   _____

   _____

 Copyright © Houghton Mifflin Company. All rights reserved. **153**

I. Si on gagne à la loterie. Formez des phrases complètes pour suggérer ce que les gagnants *(winners)* de la loterie pourraient faire.

❏ Janine / vendre sa moto / acheter une voiture de sport
   Janine vendrait sa moto et achèterait une voiture de sport.

1. Les Dubois / organiser une grande fête de trois jours / partir en vacances sur la Côte d'Azur
   _____

2. Jean-Luc / inviter tous ses amis / voyager avec tout le groupe à Tahiti
   _____

3. Mes parents / acheter de nouveaux meubles *(furniture)* / mettre le reste de l'argent à la banque
   _____

4. Ma meilleure amie, mon copain et moi / dîner dans un des grands restaurants parisiens / faire une expédition au pôle nord
   _____

5. Les étudiants de la classe de français / faire un voyage en France / y rester pour une année
   _____

6. Ma cousine / rendre visite à toutes ses amis / faire un voyage autour du monde
   _____

7. Mon oncle Joseph / ne ... plus travailler / se reposer en Espagne.
   _____

8. Ma grand-mère / distribuer l'argent parmi *(among)* ses petits-enfants.
   _____

9. Votre professeur / aller à la Guadeloupe / écrire un roman
   _____

10. Et vous? Que feriez-vous si vous gagniez cinq millions de francs à la loterie? Mentionnez cinq choses.
   _____
   _____
   _____
   _____
   _____

154

Copyright © Houghton Mifflin Company. All rights reserved.

J. Au restaurant. Utilisez le conditionnel pour demander des services plus poliment.

❏ Nous voulons une table pour quatre, s'il vous plaît.
Nous voudrions une table pour quatre, s'il vous plaît.

1. Nous voulons une section non-fumeur.

   _____

2. Pouvez-vous me dire où se trouvent les toilettes?

   _____

3. Voulez-vous nous recommander un plat?

   _____

4. Est-ce que vous pouvez nous expliquer ce que c'est que «le jambon persillé»?

   _____

5. Je prends des profiteroles *(ice cream dipped in chocolate)*.

   _____

6. Nous désirons avoir l'addition, s'il vous plaît.

   _____

K. Ce qu'on devrait faire pour recevoir une bonne note. Ecrivez des phrases complètes avec le verbe **devoir** au conditionnel d'après le modèle.

❏ les étudiants / arriver à l'heure
Les étudiants devraient arriver à l'heure.

1. les étudiants / rendre toujours leurs devoirs

   _____

2. Marie / ne ... pas s'endormir

   _____

3. Adihaha / prendre des notes

   _____

4. Nathalie et Lucie / faire souvent les exercices oraux

   _____

5. Jacob et Bill / répondre en français

   _____

6. nous / demander des explications

   _____

 Copyright © Houghton Mifflin Company. All rights reserved.

7. les étudiants / lire la leçon avant le cours.

_____

8. le professeur / être content quand les étudiants parlent français.

_____

L. *Rédaction:* **Le voyage de mes rêves.**   Décrivez le voyage de vos rêves. Quels endroits est-ce que vous visiteriez? Combien de temps est-ce que vous y passeriez? Quels hôtels est-ce que vous choisiriez? Vous feriez des réservations pour quelle sorte de chambre? Quels gens est-ce que vous aimeriez rencontrer? etc.

_____

_____

_____

_____

_____

_____

_____

_____

_____

_____

_____

_____

_____

_____

_____

_____

_____

_____

_____

_____

156   Copyright © Houghton Mifflin Company. All rights reserved.

Lab Manual

Chapitre Préliminaire

Activité 1: Ici on parle français

People in many parts of the world speak French as their native language. In this activity, you will hear native speakers of different languages say a few words about themselves. You do *not* need to understand what each person is saying; your task is simply to decide whether or not the language spoken is French. There are pauses after each speaker so that you can think before marking your answers. You can also rewind the tape and listen to the samples more than once if it will help you to decide.

On parle français?

	oui	*non*		*oui*	*non*
1.	_____	_____	5.	_____	_____
2.	_____	_____	6.	_____	_____
3.	_____	_____	7.	_____	_____
4.	_____	_____	8.	_____	_____

Activité 2: Le monde francophone

A. Take time to look over the maps. Of the French-speaking countries you see highlighted, which two would you most like to visit?

Premier choix: _____

Deuxième choix: _____

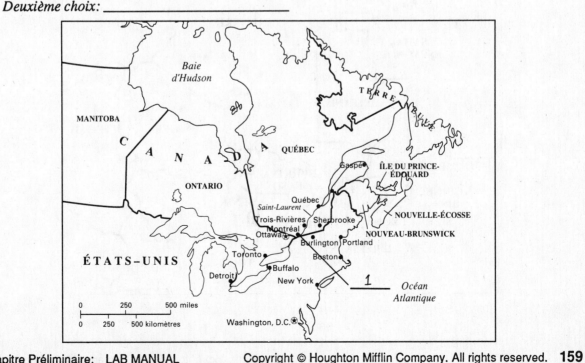

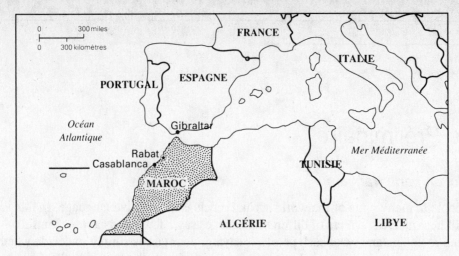

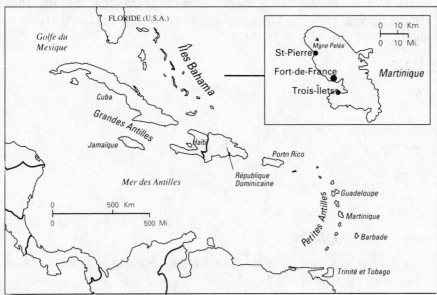

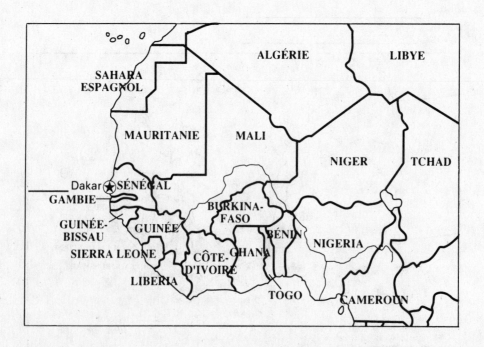

160   Copyright © Houghton Mifflin Company. All rights reserved.

B. Listen to the following native speakers as they introduce themselves to you in French and tell you where they are from. You will hear each greeting twice. First, locate the country and city on the maps above. Then, write the number of the speaker in the line next to each city. The first one is filled in for you.

1. Georgette
2. Françoise
3. Pierre
4. Monsieur Patou

You have friends from around the world. When you listen to global weather reports on the radio, you're curious how weather in their regions compares to your part of the world.

Activité 3: Quel temps fait-il?

You have friends from around the world. When you listen to global weather reports on the radio, you're curious how weather in their regions compares to your part of the world.

 A. Four of these cities are mentioned in the following weather report. Chose from the following list and write the names of those locations you hear in the spaces provided below.

Montréal   Bruxelles   Genève   Paris   Nice   Casablanca

1. _____
2. _____
3. _____
4. _____

 B. Listen again and circle the weather condition that is described for each city.

1.

il fait du vent   il fait du soleil

2.

il neige   il fait froid

3.

il pleut   il neige

4.

il fait beau   il fait chaud

   Copyright © Houghton Mifflin Company. All rights reserved.

Activité 4: Deux plus deux

A. Math is math in any language. For example:

huit	moins	trois	font	cinq
8	–	3	=	5

For each of the following addition and subtraction problems, one number in the equation is written in for you. First, turn off your tape, look at each problem, and pronounce the numbers given. Notice whether you will be adding or subtracting.

When you've finished looking over the problems, turn on your tape. You will hear the given number and *one* of the other numbers in the equation. Write the new number that you hear in the appropriate space.

1.   6   +   ____   =   ____

2.   ____   –   14   =   ____

3.   4   +   ____   =   ____

4.   13   +   ____   =   ____

5.   ____   –   10   =   ____

6.   ____   +   11   =   ____

B. Now solve the problems and write the remaining number for each equation in the space above.

C. Turn on your tape and listen as each equation is read again. Did you get the right answers?

Copyright © Houghton Mifflin Company. All rights reserved.

Chapitre 1

Activité 1: Les salutations

 A. Listen to the following exchanges and try to decide whether you can tell if these people are greeting each other for the first time (**la première fois**) or not (**pas la première fois**). If it is impossible to tell, mark the column labelled **je ne sais pas.**

la première fois	*pas la première fois*	*je ne sais pas*
1. _____	_____	_____
2. _____	_____	_____
3. _____	_____	_____
4. _____	_____	_____
5. _____	_____	_____
6. _____	_____	_____

 B. As you listen to the following greetings, remember that **salut** is commonly used with close friends or fellow students and in first-name relationships. As you listen to the following greetings, if they are appropriate, circle **à propos**. If a greeting is not appropriate, circle **pas à propos.**

1. à propos   pas à propos   4. à propos   pas à propos

2. à propos   pas à propos   5. à propos   pas à propos

3. à propos   pas à propos   6. à propos   pas à propos

Activité 2: Quelques prénoms français

 A. Some French names sound alike, although they are spelled differently for men and women. Listen to the following first names. Decide if the name you hear is masculine or feminine. If it is impossible to tell, mark the column "je ne sais pas."

masculin	*féminin*	*je ne sais pas*
1. _____	_____	_____
2. _____	_____	_____
3. _____	_____	_____
4. _____	_____	_____
5. _____	_____	_____
6. _____	_____	_____

 Copyright © Houghton Mifflin Company. All rights reserved. **163**

B. Listen once more to the names. Remember that masculine and feminine names may be spelled differently, although they are pronounced in the same way. Write below the names that you hear; use all of the spaces for each name.

1. _ _ _ _ _ _
2. _ _ _ _ _
3. _ _ _ _
4. _ _ _ _ _ _
5. _ _ _ _ _ _
6. _ _ _ _ _ _

C. Do the names you wrote above agree with your answers to Activity 3A? In the space below, write the first letter of each of the names in Activity 3B. What name do these letters spell?

_ _ _ _ _ _

Is this name masculine or feminine?

_____ C'est un nom masculin.   _____ C'est un nom féminin.

Activité 3: Les mésaventures

The activities that follow this one will place you in the role of a happy traveler. But you should also consider the *mis*adventures you could experience when traveling. Look over the list below and number these misfortunes in the order that they would most likely occur (1 = first to occur; 6 = last to occur).

1. _____ Someone is already occupying your hotel room.

2. _____ You don't have enough money left to pay your hotel bill.

3. _____ You're seated on a plane next to a child with an earache.

4. _____ The hotel is full and does not have your reservation.

5. _____ The airline loses the suitcase containing all your clothes.

6. _____ Your wallet and passport are stolen while sightseeing.

     Copyright © Houghton Mifflin Company. All rights reserved.

Activité 4: Je peux vous aider?

A. On a flight from New York to Montpellier, Pierre Bouveron is seated next to Martine Cheynier, a young mother who is busy taking care of her two small children. A half-hour before arrival, the flight attendant passes out the landing cards for passengers to fill out. Before listening, read over the vocabulary and the dialogue below. Fill in each blank by selecting the appropriate word or expression from the list.

assez	*Madame*
canadienne	*où habitez-vous?*
certainement	*oui*
comment vous appelez-vous?	*prénom*
deux	*profession*
donnez-moi	*suis*
excusez-moi	*voilà*

Martine Cheynier: _____, Monsieur.

Pierre Bouveron: Oui, _____? Je peux vous aider?

Martine Cheynier: _____ le problème: je voudrais remplir *(fill out)* la carte,

mais avec mes _____ bébés, c'est

_____ difficile.

Pierre Bouveron: Ah! _____, je comprends *(I understand)!* Alors,

_____ la carte. Numéro un:

_____.

Martine Cheynier: Cheynier. C-H-E-Y-N-I-E-R.

Pierre Bouveron: _____?

Martine Cheynier: Martine.

Pierre Bouveron: Alors, _____?

Martine Cheynier: À Québec.

Pierre Bouveron: Vous êtes donc _____?

Martine Cheynier: Oui, c'est ça.

Pierre Bouveron: Vous avez une _____?

Martine Cheynier: _____! Je _____ mère *(mother)*

de famille! En voilà l'évidence!

B. Now listen to the dialogue and check the answers you gave in Activity 4A, above.

  Copyright © Houghton Mifflin Company. All rights reserved.

C. You will hear the dialogue again. Pretend you are Pierre, who is helping Martine complete her landing card, below.

Carte de débarquement

1. Nom: _____

   Prénom: _____

2. Date de naissance: _____25/05/64_____

3. Lieu de naissance: _____Québec_____

4. Nationalité: _____

5. Profession: _____

6. Domicile: ___2276, rue des Érables___

   _____Québec (Québec)_____

   _____G1R 2HR Canada_____

7. Aéroport ou port d'embarquement: __NY__

Activité 5: Permettez-moi de me présenter

 A. You are sharing a breakfast table in the salon of the Hôtel de Noailles. A man arrives and introduces himself to the gentleman seated across from you. As you overhear their conversation, first concentrate on Monsieur Martin. How does he describe himself? Check off your choices.

	Monsieur Martin		
en vacances?	____ oui	____ non
profession	____ médecin	____ pharmacien

 B. Listen to the dialogue again. This time, decide which of the following choices describes Monsieur Legrand.

	Monsieur Legrand		
profession	____ professeur	____ mécanicien
nationalité	____ belge	____ suisse
domicile	____ Suisse	____ Belgique
état civil	____ marié	____ veuf
en vacances?	____ oui	____ non

166

Copyright © Houghton Mifflin Company. All rights reserved.

Activité 6: Quelle chambre? Quelle surprise!

A. You are part of a tour group that has stopped for the night at the Hôtel de Noailles in Montpellier. You offer to help when the tour director calls out the names of group members and tells them their room assignments. Use the check-off column on the list below to mark each name that the tour director calls. Note that not all of the people on the list will be staying at this hotel.

Liste des voyageurs

	Nom	*Numéro*
_____	Carron, Claude	_____
_____	Charvier, Évelyne	_____
_____	Delombre, Françoise	_____
_____	Dupont, Marc et Caroline	_____
_____	Duvalier, Georges	_____
_____	Hamel, Oreste	_____
_____	Laval, Jeanne	_____
_____	Martin, Étienne et Chantal	_____

B. Listen again as the tour director repeats the names and room numbers. This time, indicate on the form the number of the room each traveler is assigned to occupy.

C. There appears to be some confusion about the room assignments. How can this be? Look at the check-off list above and then write the guests' names in their assigned rooms on the floor plan.

15		24	23	22
14				
13		34	33	32
12		35	36	37

D. This time, when the tour director repeats the room assignments, people aren't paying attention—or are they? Listen and check your floor plan against the tour director's assignments. Were *you* paying attention?

 Copyright © Houghton Mifflin Company. All rights reserved.

Chapitre 2

Activité 1: Comment allez-vous?

 A. When greeting others, remember that the expressions **salut!** and **ça va?** or **comment ça va?** are only used with familiar relationships, for example with family and friends or with other students. Listen to the following exchanges and decide if the greeting and question are correctly matched. Follow the models.

	correct	incorrect
❑	_____	___X___
	___X___	_____
1.	_____	_____
2.	_____	_____
3.	_____	_____
4.	_____	_____

 B. Write a more socially acceptable exchange for any of the items you marked as incorrect in Activity 1A, above.

❑   **Bonjour, Madame le professeur. Comment allez-vous?** _____

_____

_____

_____

_____

Activité 2: Vous trouvez?

Listen as the following people give and receive compliments. You will hear two responses to each compliment. Circle the letter of the response that you feel is more polite.

1. a.   b.

2. a.   b.

3. a.   b.

4. a.   b.

5. a.   b.

6. a.   b.

   Copyright © Houghton Mifflin Company. All rights reserved. **169**

Activité 3: Au Café de l'Esplanade

A. Look over the menu from the Café de l'Esplanade. Write your answers to the following questions.

Café de l'Esplanade

boissons
café expresso 6F
café crème 7F
thé 10F
lait froid 12F
Vichy, Vittel, Perrier 13F
 avec sirop de citron 14F
jus d'orange 14F
Coca, Coca light 14F
limonade 13F
Orangina 14F
orange ou citron pressé 15F
demi-pression 14F
bière allemande 17F
vin blanc ou rouge 10F
vin de Californie 18F

plats
salade 7F
croque monsieur 10F
omelette 12F
pizza 14F

1. C'est l'après-midi. Qu'est-ce que vous voulez boire?

_____

2. Vous avez 49,90 francs, et vous désirez manger quelque chose. Qu'est-ce que vous mangez?

_____

B. While you are relaxing at the Café de l'Esplanade, you hear the waiter take orders from three other tables. As you listen to these conversations, use the lists of menu items below to check off the food and drinks ordered by the people at each table. Note that not all of the choices will be ordered.

Table #1

_____ vin blanc

_____ vin rouge

_____ vin de Californie

_____ café

_____ thé

_____ eau minérale

Table #2

_____ omelette

_____ pizza

_____ Perrier citron

_____ jus d'orange

_____ coca

_____ coca light

Table #3

_____ lait

_____ limonade

_____ orangina

_____ citron pressé

_____ bière allemande

_____ coca

Copyright © Houghton Mifflin Company. All rights reserved.

C. Turn off your tape and look again at the lists above. List below all the food and drink items actually ordered.

	Table #1	Table #2	Table #3
café			

D. Listen again to the three conversations. Write the *quantity* of each item ordered by the different parties in the spaces provided above. You may want to listen to the conversations more than once.

Activité 4: Les rendez-vous au Resto U

Several groups of students have met for lunch in the Resto U. They are discussing their activities, studies, and favorite foods and drinks. As you hear each conversation, cross out the item that is *not* mentioned.

1. le tennis	le football	le basket-ball	le football américain
2. chercher	pleurer	danser	regarder
3. le vin blanc	le vin rouge	le vin rosé	la bière
4. l'anatomie	les maths	la physique	la biologie
5. une orange	une salade	un sandwich	une omelette

 Copyright © Houghton Mifflin Company. All rights reserved.

Chapitre 3

Activité 1: Les deux familles de Lori Cooper

A. Before you listen to the conversation, how would you answer the following questions about your own family?

1. Est-ce que votre mère a des sœurs?

_____

2. Combien de cousines avez-vous?

_____

3. Vos grands-parents ont-ils un chat?

_____

B. Now listen to Lori describe her families. Replay the tape, and stop as needed to fill in the missing words in the sentences below. Some letters will fall in bracketed spaces; you will be using these letters later.

Marc: __ __ -tu une __ __ __ [__] __ __ __ nombreuse?

Lori: Non, pas exactement, mais j'__ __ deux petites __ __ __ __ __ __ __ __.

Marc: Comment?

Lori: Mes __ __ __ __ [__] __ __ sont __ __ __ __ __ [__] __ __. Mon __ __ __ __

s'est remarié *(is remarried),* et il habite à Los Angeles avec ma

__ __ __ __ [__] - __ __ __ __ et mes deux __ __ __ __ __ __.

Marc: Eh bien ... deux __ __ __ __ __ __? Quel âge ont-ils?

Lori: Voyons ... __ __ __ __ a vingt-deux ans et __ [__] __ __ __ __ a dix-huit ans. J'ai aussi un

__ __ __ __ - __ __ __ __ __; il s'appelle __ __ __ [__] et il a six ans.

Marc: Ta mère s'est remariée, aussi?

Lori: Non, elle habite seule près de chez moi.

Marc: Alors, tu n'__ __ pas de __ __ __ [__] __ __? C'est tout?

Lori: Non ... pas exactement ...

C. Unscramble the bracketed letters above to discover one more member of Lori's family.

J'ai __ __ __ __ __ __ __, aussi.

 Copyright © Houghton Mifflin Company. All rights reserved.

Activité 2: Un faux numéro

William is trying to reach his friend Georges. He's in a phone booth, holding some packages, and he has trouble dialing. Read the questions before you listen to the conversations.

1. What number is William trying to reach?   ____ –____–____ –____

2. What number did William reach?   ____ –____–____ –____

3. What is Georges' number at work?   ____ –____–____ –____

Activité 3: Parle-moi de ta maison

Andrew Martin, who is studying in Lille, is showing a classmate some photos of his home in Detroit. First, look over the following list of possessions, then listen to the conversation. If Andrew mentions a particular item that he or his family has in the United States, put a check in the column labeled **É-U**. If he describes an item that he has in France, check the **F** column.

	É-U	F
1. un appartement	_____	_____
2. une maison	_____	_____
3. un garage	_____	_____
4. un chien	_____	_____
5. une voiture	_____	_____
6. un vélo	_____	_____
7. une moto	_____	_____

Activité 4: Quel désordre!

A.   Tante Sylvie and Oncle Alain receive a letter with pictures from their niece Marie-Claire, who is away at the university of Mont-Saint-Aignan in Rouen. Look carefully at the picture of Claire's room. List three of the possessions that you recognize in the room.

1. _____

2. _____

3. _____

Copyright © Houghton Mifflin Company. All rights reserved.

B. Before listening to Marie-Claire's letter, look over the following list of possessions. Then, listen to Tante Sylvie read the letter to Oncle Alain. In the spaces to the *left* of the list, check off each item that you hear mentioned.

_____	un appartement	_____
_____	un sofa	_____
_____	un chien	_____
_____	un chat	_____
_____	un lit	_____
_____	un ordinateur	_____
_____	une radio	_____
_____	une télé	_____
_____	un bureau	_____
_____	une calculatrice	_____
_____	une stéréo	_____

C. Now listen to Marie-Claire's letter again. In the space to the *right* of each possession that you hear mentioned in Marie-Claire's letter, write the initials of the roommate who owns it.

Copyright © Houghton Mifflin Company. All rights reserved.

Chapitre 4

Activité 1: Comment sont-ils?

You will hear descriptions of several people. As you listen to each description, circle the word of each pair that most accurately describes the person(s).

1. ennuyeux   paresseux

2. naïves   pas gentilles

3. généreuse   travailleuse

4. bavards   sportifs

Activité 2: Madame Amour et vous

A. Personal ads usually include vital statistics such as sex, age, and height or size. Sometimes people mention likes and dislikes and how they spend their free time. Your friend Annie has already filled out the following form, which will be the basis of a personal ad. Now it's your turn to fill out the form, describing both yourself and your "ideal partner."

	Annie	*Vous*	*Votre partenaire idéal*
sexe	f.		
âge	28 ans		
taille	pas très grande		
j'aime	le tennis, la musique classique		
je déteste	le rock, le ski nautique		
autre	un enfant (18 mois)		

B. Once in a while, you tune in to a radio program that advertises single people who are looking for companions. You will now hear this week's edition of *Madame Amour et vous*. Use the forms below to take notes about the singles Madame Amour describes. Replay the descriptions as many times as you need to write something on every line of each form (the information may not be given in the order of the categories that appear on the form).

Identité Numéro Un

sexe	
âge	
taille	
il/elle aime	
il/elle déteste	
autre	

Identité Numéro Deux

sexe	
âge	
taille	
il/elle aime	
il/elle déteste	
autre	

Identité Numéro Trois

sexe	
âge	
taille	
il/elle aime	
il/elle déteste	
autre	

Identité Numéro Quatre

sexe	
âge	
taille	
il/elle aime	
il/elle déteste	
autre	

Copyright © Houghton Mifflin Company. All rights reserved.

C. Decide whether you consider the information you've written in part B to be a positive (+), negative (–), or neutral (=) feature of the person. Mark the appropriate symbol on the lines provided, or in the margin next to it.

 D. Keeping in mind the judgments you made in part C, answer the following questions.

1. Avec quelle personne désirez-vous passer du temps? Pourquoi?

_____

_____

2. Qui est le partenaire idéal pour votre professeur de français? Pourquoi?

_____

_____

Activité 3: Paulette cherche un travail

 A. Look over the list of occupations below. Based on your knowledge of the world and your personal opinions, estimate the following items for an entry-level position in each profession:

- how many years of college study are required
- the average starting salary
- the probability that you would enjoy this position

Profession	*Préparation académique*	*Salaire au début*	*Probabilité de satisfaction*
professeur	5 ans	20.000 $ U.S.	67%
infirmier(-ière)			
cuisinier (-ière)			
pharmacien(-ienne)			
programmeur(-euse)			
journaliste			
athlète			
assistant(-e) social(-e)			

 Copyright © Houghton Mifflin Company. All rights reserved.

B. Paulette is reading the classified ads in the newspaper. Before you listen to her conversation with a friend, look over the following questions and notice the kind of information you will be listening for. Then listen to the conversation and answer the questions. Play the conversation as many times as you need to in order to answer the questions.

1. Est-ce que Paulette travaille en ce moment? _____

2. Qu'est-ce que Paulette cherche dans son travail?

    a. de la variété et un gros salaire

    b. de la variété et un bon emploi du temps

    c. de la variété et de la stabilité

3. Nommez trois professions que Paulette et son amie mentionnent dans le dialogue.

    _____

    _____

    _____

Activité 4: *Au marché aux puces* (At the flea market)

A. If you were going on a shopping spree, buying one of each of these items, what colors would you select? (Be sure that the colors you write agree in number and gender with the article of clothing.)

une ceinture   _____

un chapeau   _____

des chaussettes   _____

un foulard   _____

des lunettes   _____

un pantalon   _____

un short   _____

un sweatshirt   _____

des tennis   _____

une veste   _____

Copyright © Houghton Mifflin Company. All rights reserved.

B. Look at this man all dressed in his Sunday best! Identify the items of clothing he's wearing on the lines provided, using the appropriate article (**un, une, des**). (Note: two lines are provided for each item. The second line of each pair will be used later.)

1. _____

   _____

2. _____

   _____

3. _____

   _____

4. _____

   _____

5. _____

   _____

6. _____

   _____

7. _____

   _____

8. _____

   _____

C. The friends will be discussing many of the same clothing items you identified on the man in part B, above. Listen to the conversation and write on the second line the colors that are mentioned with each article of clothing.

Activité 5: Qu'est-ce qu'on fait?

You will hear the sounds of some ordinary, everyday activities. Look over the list of activities on the right. Only five of them will correctly match the sounds you hear. Write the appropriate letters next to the corresponding numbers.

1. _____   A. On fait les provisions.

2. _____   B. On fait la sieste.

3. _____   C. On fait la cuisine.

4. _____   D. On fait les devoirs.

5. _____   E. On fait la vaisselle.

                 F. On fait le ménage.

                 G. On fait une promenade.

Chapitre 5

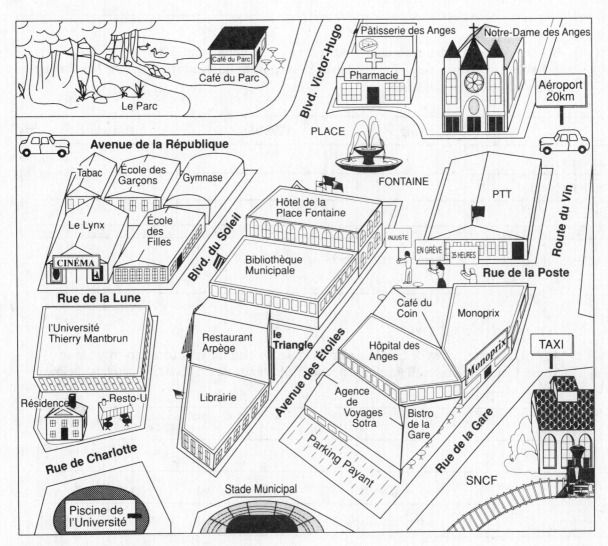

Café du Parc

Le Parc

Blvd. Victor-Hugo

Pâtisserie des Anges

Notre-Dame des Anges

Pharmacie

Aéroport 20km

PLACE

Avenue de la République

Tabac

École des Garçons

Gymnase

FONTAINE

PTT

Route du Vin

Le Lynx

École des Filles

Hôtel de la Place Fontaine

INJUSTE

EN GRÈVE   35 HEURES

Rue de la Poste

CINÉMA

Blvd. du Soleil

Bibliothèque Municipale

Café du Coin

Monoprix

Rue de la Lune

l'Université Thierry Mantbrun

Restaurant Arpège

le Triangle

Avenue des Étoiles

Hôpital des Anges

Monoprix

TAXI

Résidence

Resto-U

Librairie

Agence de Voyages Sotra

Bistro de la Gare

Rue de la Gare

Rue de Charlotte

Parking Payant

SNCF

Stade Municipal

Piscine de l'Université

Activité 1: Connaissez-vous la ville?

Study the map, then listen to the statements about the city. Check the appropriate response.

	vrai	*faux*
1.	_____	_____
2.	_____	_____
3.	_____	_____
4.	_____	_____
5.	_____	_____
6.	_____	_____

   Copyright © Houghton Mifflin Company. All rights reserved.

Activité 2: Es-tu libre vendredi après-midi?

 A. Answer the questions you will hear about your college experiences. Stop the tape after each question to write your answers.

1. _____

2. _____

3. _____

 B. Three friends intend to study together for their midterm exam. They need to find a day and a time when they are all free. Listen to their conversation. Put an "X" in the box for any time when a person is *not* free.

	Philippe	*Véronique*	*Claudine*
jeudi matin			
jeudi après-midi			
jeudi soir			

Quand et où est-ce que les trois amis vont étudier?

_____

Activité 3: Votre vol (flight) arrive

 A. You are at Charles de Gaulle airport in Paris, waiting for your friend to arrive from Rome. Listen as various flights are announced and complete the "board of arrivals" below.

heure	*arrivées*	*n° de vol*
19 h 37		vol 36
	Dakar	vol 52
20 h 20	Bruxelles	
	Montréal	vol 27
	Rome	

 Copyright © Houghton Mifflin Company. All rights reserved.

B. Now indicate whether the statements you hear are true or false, based on the table you have just completed.

	vrai	*faux*
1.	_____	_____
2.	_____	_____
3.	_____	_____
4.	_____	_____
5.	_____	_____

Activité 4: On y va?

 Listen to each conversation, and circle the logical choice of locations.

1. au cinéma   au théâtre

2. au gymnase   à la piscine

3. à la librairie   à la bibliothèque

4. à la maison   dans un hôtel

5. à la gare   à l'aéroport

Activité 5: Fais ce que tu dois

Check the appropriate column to indicate whether each statement expresses obligation, probability, or debt.

	obligation	*probabilité*	*dette ($)*
1.			
2.			
3.			
4.			
5.			

 Copyright © Houghton Mifflin Company. All rights reserved.

Chapitre 6

Activité 1: Un week-end actif

A. In this activity, you will find out how three roommates spent their weekend. Pay attention to their names, how late they slept, and what they read. Listen and fill in the blanks. You may want to listen to this activity more than once.

1. Chantal n'a pas lu de _____.

2. La personne qui a dormi jusqu'à *(until)* _____ a lu _____.

3. Caroline ne lit jamais de _____.

4. La personne qui a dormi jusqu'à _____ n'a pas lu de roman.

5. Caroline s'est réveillée *(woke up)* avant _____.

6. Catherine trouve le théâtre extraordinaire. Elle _____ beaucoup de pièces pour sa classe de Shakespeare.

7. La personne qui a lu _____ déteste faire la grasse matinée.

8. _____ a passé la matinée à lire de la fiction.

9. _____ a consulté son horoscope samedi matin.

10. _____ s'est réveillée après Catherine.

    Copyright © Houghton Mifflin Company. All rights reserved. **187**

B. By studying your answers in Activity 1A, it is possible to calculate what each roommate read Saturday morning and at what time each of them got up. To make this calculation, you need to know that a different roommate got up at each of the three times given and that a different roommate read each of the three items indicated. Further, you need to know that each of these items was read by one of the roommates at a different time.

In order to make these deductions, fill out the three charts below, based on your answers to Activity 1A. Put a checkmark in any box corresponding to the correct identification of names, times, and reading items. Put an "X" in any box corresponding to a possibility that can be eliminated on the basis of a careful reading of Activity 1A. Any time you put a checkmark in a box, put an "X" in the same row and column. The conclusions you can draw based on items 1 and 2 on the previous page have been entered for you.

	7 h 40	9 h 45	12 h 00
Chantal			
Caroline			
Catherine			

	roman	pièce	journal
Chantal		X	
Caroline			
Catherine			

	7 h 40	9 h 45	12 h 00
roman		X	
pièce	X	✓	X
journal		X	

C. Use the tables above to answer the questions you hear.

1. _____

2. _____

3. _____

Copyright © Houghton Mifflin Company. All rights reserved.

Activité 2. Où est mon tuba?

 A. Listen to the following French definitions of the word **tuba.** Note that both meanings of the word are pronounced the same. Can you give their English equivalents?

 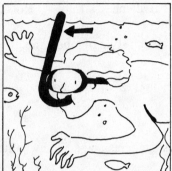

un tuba: un instrument à vent

En anglais, c'est un _____.

un tuba: un instrument pour respirer

En anglais, c'est un _____.

 B. Listen to the following conversation and fill in the missing words.

Marc: Qu'est-ce que tu fais?

Philippe: Je vais à la plage *(beach)* avec _____.

Marc: Mais où est _____?

Philippe: Mon masque? Pour _____?

Marc: Mais oui! Et tu ne vas pas faire cela tout seul?

Philippe: _____ _____?

Marc: C'est dangereux!

C. Can you imagine Philippe's final comment?

Philippe: _____

 Copyright © Houghton Mifflin Company. All rights reserved. **189**

Activité 3: Tu as vu Elvis?

 A. Some friends have decided to start a band. Listen to the conversation and circle the instrument needed to complete their group.

un saxophone   une batterie   un piano   une guitare

 B. Listen carefully and then circle the name of the last member to join the group.

Joe   Évelyne   Luc   Robert

 C. Listen further to find out which style of music the group hasn't tried yet. Circle your answer.

le rock   le jazz   le reggae   le pop

Activité 4: Un vieux champion

 A. Read over the following statements and decide whether you agree or disagree.

1. Les athlètes professionnels pratiquent tous les jours.

_____ d'accord _____ pas d'accord

2. La plupart des sports sont les sports d'équipe *(team)*.

_____ d'accord _____ pas d'accord

3. L'âge typique d'un athlète professionnel est 25 ans.

_____ d'accord _____ pas d'accord

 B. You are listening to a game show. Two panelists will ask questions to determine in which game the contestant M. Delardier won his championship. Listen carefully and take notes. You may want to listen to this conversation more than once.

_____

_____

_____

_____

_____

 C. Listen to the following questions and circle the correct answers.

1. (a) vrai   (b) faux

2. (a) vrai   (b) faux

3. (a) une personne   (b) une équipe   (c) les deux: (a) et (b)

4. (a) aux échecs   (b) à la pétanque   (c) à l'un ou à l'autre: (a) ou (b)

    Copyright © Houghton Mifflin Company. All rights reserved.

Chapitre 7

Activité 1: Quel temps fait-il?

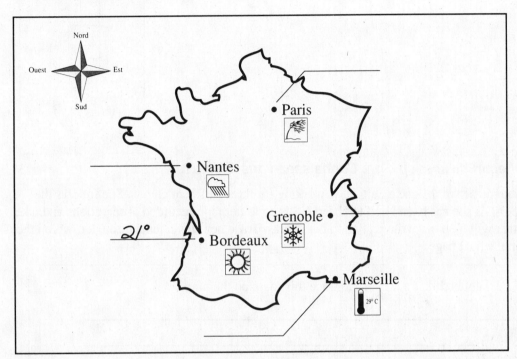

 A. Look over the statements below. On the map, find the cities mentioned. Based on the weather today in each city, do you think the following statements are logical or not? Write **oui** or **non** before each statement.

1. _____ Marcel vient de Nantes, où il faut porter un imperméable aujourd'hui.

2. _____ Nicolas vient de Paris, où il est obligé de faire attention à son chapeau aujourd'hui.

3. _____ Dominique vient de Grenoble, où on va nager dans l'océan aujourd'hui.

4. _____ Camille vient de Bordeaux, où on porte un tee-shirt quand on sort aujourd'hui.

5. _____ Laurence vient de Marseille, où on va skier et patiner aujourd'hui.

 B. Now, listen to the weather report. It will be read rather fast, as you would hear it on a radio program, so you may need to play it more than once. Write the temperatures next to each city on the map above. Do not write out the word for each temperature, just the number. The first one is done for you as a model.

Chapitre 7: LAB MANUAL   Copyright © Houghton Mifflin Company. All rights reserved. **191**

C. For each of the cities you heard mentioned in the weather report, write the temperature in the Celsius column, below. Then, using the thermometer, spell out the corresponding Fahrenheit temperatures. The first one is done for you.

Ville	*Celsius*	*Fahrenheit*
❑ Bordeaux	21°	soixante-dix degrés
Marseille	_____	_____
Nantes	_____	_____
Grenoble	_____	_____
Paris	_____	_____

°C	°F
30	86
29	84
21	70
20	68
17	62
15	59
10	50
0	32

Activité 2: Le chemin de la suspicion. Connaissez-vous la ville?

A private detective, Michèle Saitout, is working for three different clients. She follows the three persons she has been hired to observe. Listen to her tape-recorded observations and take notes that will help her write reports to her clients. Trace her movements through town on the map on the next page.

Numéro Un. Use a dotted line (. . . . . . .) to trace this route on the map.

Qui? _____

Où? Point de départ _____

Destination _____

Quand?   Jour _____

　　　　　Heure _____

　　　　　Date _____

Numéro Deux. Use arrows (→　→　→) to trace this route on the map.

Qui? _____

Où? Point de départ _____

Destination _____

Quand?   Jour _____

　　　　　Heure _____

　　　　　Date _____

Copyright © Houghton Mifflin Company. All rights reserved.

Numéro Trois. Use a solid line (———————) to trace this route on the map.

Qui? _____

Où? Point de départ _____

Destination _____

Quand?   Jour _____

Heure _____

Date _____

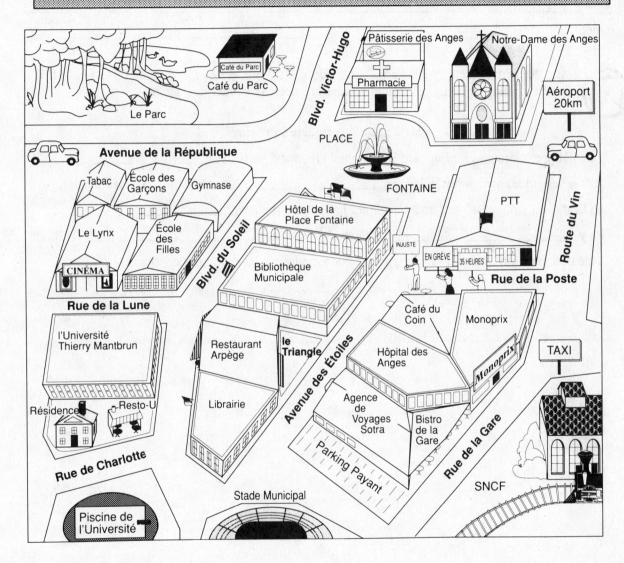

          Copyright © Houghton Mifflin Company. All rights reserved.

Activité 3: Connaissez-vous le monde?

A. You are a journalist writing an article about a famous explorer for the newspaper, *Le Figaro*. Sir Edmund Hill has just returned from a trip around the world when he agrees to be interviewed. Listen to the interview, and take notes on all the significant information in the categories listed below.

Qui? _____

Quoi? _____

Où? _____

Pourquoi? _____

Quand? _____

Comment? _____

B. Read over the following article that you will submit to *Le Figaro*. Use your notes to fill in the missing information. You may want to listen to the interview again.

Sir Edmond complète son tour

Le célèbre explorateur, Sir Edmond Hill, vient de rentrer d'un petit _____.

Hill et ses guides sont partis le 26 _____ pour le Temple de Lao-Chung,

en Chine. Ils y ont passé seulement quelques jours avant d'aller _____.

Ils y _____ un mois. À la fin de _____, Hill

a été obligé de terminer son voyage parce que ses guides ne désiraient pas continuer.

Copyright © Houghton Mifflin Company. All rights reserved.

Chapitre 8

Activité 1: Quelle est la bonne réponse?

 Listen to each item and check the appropriate response.

1. _____ a. Non, merci, je n'ai pas soif.

_____ b. Non, merci, je n'ai pas faim.

2. _____ a. Oui, j'ai sommeil.

_____ b. Oui, vous avez très sommeil.

3. _____ a. La température est de 32° C.

_____ b. La température est de 0° C.

4. _____ a. D'accord, maman, tu as raison.

_____ b. Mais non, maman, tu as tort.

5. _____ a. Je n'ai pas envie d'y aller—j'en ai peur.

_____ b. Je n'ai pas envie d'y aller—j'ai sommeil.

6. _____ a. Je veux bien.

_____ b. Je vous en prie.

Activité 2: À la fortune du pot

Stacie, an American student, invites the members of her choir to a potluck supper at her house before their next concert. They offer to bring various dishes. Listen as the members of the choir discuss what they are going to make for the dinner.

Les hors-d'œuvre. Cross out the ingredients that Pascale and Georges will *not* have to buy to prepare their appetizer.

du brocoli   des concombres

des carottes   des oignons

du céléri   des olives

des champignons   des tomates

          Copyright © Houghton Mifflin Company. All rights reserved. **195**

Le plat principal. Check off the ingredients that Richard and Martin *need* to buy to prepare the main course.

_____ un lapin (*rabbit*)

_____ du beurre

_____ du thym

_____ de l'ail

_____ de la crème fraîche

_____ de la moutarde

Le dessert. What will Sam and Anne bring for dessert? Check the correct item(s).

_____ du fromage

_____ des fruits

_____ de la glace

_____ de la pâtisserie

_____ des bonbons

Le vin. What wine will be served with each course? Draw a line to match each wine with the course with which it will be served. NOTE: One of the wines is served with two different courses.

vin	*plats*
du beaujolais	des amuse-gueules (*cocktail snacks, such as nuts, chips, or crackers*)
du champagne	des hors-d'œuvre
du bordeaux	le plat principal
	le dessert

Activité 3: Vous voulez combien?

Listen to the descriptions of the following situations. Decide how much or how many of the items mentioned each person needs. Circle your answer.

1. trop de croissants.   peu de croissants.

2. une douzaine d'œufs.   deux œufs.

3. d'une tranche de jambon.   d'une assiette de jambon.

4. une bouteille de vin.   un verre de vin.

5. une boîte de petits pois.   une douzaine de petits pois.

Copyright © Houghton Mifflin Company. All rights reserved.

Chapitre 9

Activité 1: Mais c'est trop cher!

A. Alix stops at a different shop each day on her way home from the subway. Listen to the following snatches of conversation that took place in the shops last week. See if you can guess which type of shop she visited each day. Write your answer in column one of the chart below. The first one is done for you.

jour	où?	quoi?	prix?
lundi	la boulangerie	des croissants	3, 10 F pièce
mardi			
mercredi			
jeudi			
vendredi			

B. Now listen again to the five merchants. In column two of the chart above, note the products that are being sold in each shop. In column three, note how much each product costs per unit. Write this information in the chart above. Again, the first one is done for you.

Activité 2: Chez le docteur

Doctors have to be knowledgeable about statistics and symptoms. If you were a doctor, how would you identify the following medical conditions? Listen to the statements and circle your choice.

1. le SIDA *(AIDS)*   la bronchite

2. la varicelle *(chicken pox)*   une crise cardiaque

3. le cancer   la pneumonie

4. un rhume   la rougeole *(measles)*

5. une angine *(strep throat)*   le cancer

6. mal à la gorge   mal aux pieds

  Copyright © Houghton Mifflin Company. All rights reserved.

Activité 3: La loterie anatomique

A. Study the drawing of the person you see, as well as the "game board" that follows. Write the name of the body part you see in each square of the game board on the line provided.

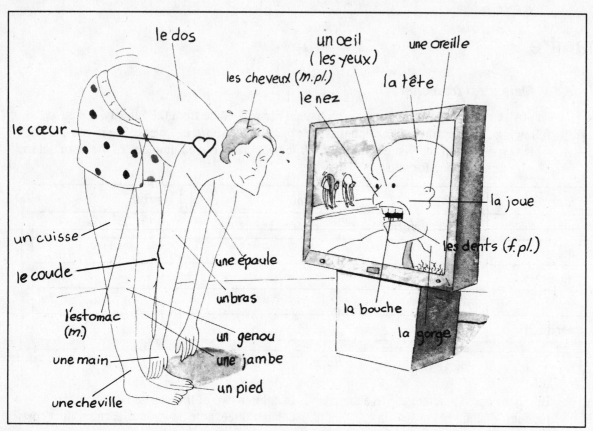

198

Copyright © Houghton Mifflin Company. All rights reserved.

B. Now listen as various body parts are described. For each description you hear, find the corresponding square on the board and put an "X" on it. When you have crossed out an entire horizontal, vertical, or diagonal line, you are a winner!

Activité 4: *Dessinez (draw) une personne!*

You will be given directions to draw a person. Listen and draw each body part or feature of the person as directed. You may wish to stop the tape after each direction.

❑ Dessinez un corps assez long.

Copyright © Houghton Mifflin Company. All rights reserved. **199**

Chapitre 10

Activité 1:   Mais c'est vrai!

A. French teachers hear a lot of excuses from students who haven't done their homework. Imagine that you are the teacher listening to students offer their excuses. Which excuses are you going to accept? Which are unacceptable? Mark your answers below.

	acceptable	*pas acceptable*		*acceptable*	*pas acceptable*
1.	_____	_____	4.	_____	_____
2.	_____	_____	5.	_____	_____
3.	_____	_____			

B. Now imagine that you are a parent and that dinner is ready. You call your children to the table, but none of them is willing to come; they are all playing video games. What excuses are you going to accept?

	acceptable	*pas acceptable*		*acceptable*	*pas acceptable*
1.	_____	_____	4.	_____	_____
2.	_____	_____	5.	_____	_____
3.	_____	_____			

C. Now imagine you have a roommate who hates cleaning up. S/he offers you numerous excuses for not cleaning the apartment. Which are you going to accept?

	acceptable	*pas acceptable*		*acceptable*	*pas acceptable*
1.	_____	_____	4.	_____	_____
2.	_____	_____	5.	_____	_____
3.	_____	_____			

D. Some of your employees always arrive late to work. Which of their excuses are you going to accept?

	acceptable	*pas acceptable*		*acceptable*	*pas acceptable*
1.	_____	_____	4.	_____	_____
2.	_____	_____	5.	_____	_____
3.	_____	_____			

   Copyright © Houghton Mifflin Company. All rights reserved.

Activité 2: *Mais c'est vrai!* *(suite)*

 Listen again to the excuses made by various people in Activity 1. Which ones have you used yourself in similar situations? Put a check in the appropriate box.

	jamais	*une fois*	*plus d'une fois*	*souvent*
A. 1.				
2.				
3.				
4.				
5.				

	jamais	*une fois*	*plus d'une fois*	*souvent*
B. 1.				
2.				
3.				
4.				
5.				

	jamais	*une fois*	*plus d'une fois*	*souvent*
C. 1.				
2.				
3.				
4.				
5.				

	jamais	*une fois*	*plus d'une fois*	*souvent*
D. 1.				
2.				
3.				
4.				
5.				

Copyright © Houghton Mifflin Company. All rights reserved.

Activité 3:   Qu'est-ce qu'il a dit?

 You are at a party. As you wander from group to group, you hear snatches of conversation. What are all these people talking about? Listen carefully to each conversation and circle your answer.

❑ (le mari de Jacqueline)

les parents de Jacqueline

les sœurs de Jacqueline

1. un pantalon

   une cravate

   des lunettes de soleil

2. des escargots

   une tarte

   du gruyère

3. une maison

   une voiture

   un ordinateur

4. le coca

   le thé

   la bière

Activité 4:   Qu'est-ce que vous suggérez?

 A.   Everyone loves to give advice. Listen to the following pieces of advice and decide who is most likely to be *giving* them to you. Circle your answer.

1. votre père   votre professeur

2. le mari   la femme

3. votre camarade de chambre   votre mère

4. votre petit frère   votre frère aîné *(older)*

 B.   Now decide who might be on the *receiving end* of the following pieces of advice.

1. votre père   votre professeur

2. votre mari (femme)   votre petite sœur

3. votre camarade de chambre   votre mère

4. le (la) patron(ne)   l'agent de police

   Copyright © Houghton Mifflin Company. All rights reserved.

Chapitre 11

Activité 1: Contes de notre enfance

Do you know these writers by name? Put a check to the left of those that you have heard of. To the right, give the letter of the type of literature for which he is famous (there may be more than one author for a certain type of literature).

_____ les frères Grimm _____   a. les fables

_____ Ésope _____   b. les romans policiers

_____ La Fontaine _____   c. les contes de fées (*fairy tales*)

_____ Perrault _____   d. les bandes dessinées

Activité 2: Il était une fois (Once upon a time ...)

A. You will hear a series of clues. Listen and decide to which famous story each clue refers. Circle your answer.

1. a. Les Trois Petits Cochons (*pigs*)

   b. Le Petit Chaperon rouge

2. a. Cendrillon

   b. Blanche-Neige

3. a. La Belle au bois dormant

   b. Le Lièvre (*hare*) et la Tortue

4. a. Alice au pays des merveilles

   b. La Belle et la Bête

B. Study the names of the eight stories listed in Activity 2A, above. Read the following descriptions and decide which character from the stories is being described. Write the number and letter of the story in the appropriate space.

_____ 1. C'est elle qui marche le moins vite.

_____ 2. Pour elle, ça devient de plus en plus curieux.

_____ 3. D'après le miroir, elle est la plus belle femme du monde.

_____ 4. Sa maison est plus solide que les maisons de ses frères.

_____ 5. Elle possède moins de choses que ses sœurs et elle travaille plus.

_____ 6. Il a les plus grands yeux et les plus longues dents.

 Copyright © Houghton Mifflin Company. All rights reserved.

A. You are probably familiar with the fairy tale of *Little Red Riding Hood*. Before listening to the first part of the story, study the following list of words. These will help your understanding of the story. Then turn on your tape and listen to Part A and answer the questions below.

Mots utiles

un capuchon   *hood*
par conséquent   *as a result*
un bois   *woods*
une chaumière   *cottage*
rencontrer   *to meet*
un loup   *wolf*
dévorer   *to devour*
le chemin   *way, path*
une fleur   *flower*

1. Le Petit Chaperon rouge allait chez sa grand-mère ...

   a. quand elle a rencontré le loup.

   b. pour lui rendre visite parce qu'elle était malade.

   c. **a** et **b**

2. Le loup attendait le Petit Chaperon rouge ...

   a. devant sa maison.

   b. dans la forêt.

   c. chez le bûcheron (*woodcutter*).

3. Qu'est-ce que le Petit Chaperon rouge apportait à sa grand-mère?

   Copyright © Houghton Mifflin Company. All rights reserved.

B. Before listening to the second part of the story, study the following list of words. After listening to Part B, turn off the tape and answer the questions below.

Mots utiles

se mettre au lit   *to climb into bed*
avoir un air étrange   *to look strange*
voir   *to see*
sauter   *to jump*
attraper   *to catch*

1. Le loup a dévoré ...

   a. la grand-mère.

   b. le Petit Chaperon rouge.

   c. **a** et **b**

2. Le Petit Chaperon rouge a remarqué que sa «grand-mère» (le loup) avait de grand(e)s ...

   a. yeux, oreilles, mains, dents.

   b. mains, oreilles, pieds, yeux.

   c. dents, bras, yeux, oreilles.

3. Quels vêtements le loup portait-il quand le Petit Chaperon rouge est arrivé chez sa grand-mère?

   _____

C. Before listening to the third part of the story, study the following list of words. After listening to Part C, turn off the tape and answer the questions below.

Mots utiles

se prendre les pattes   *to catch one's feet*
saisir l'occasion   *to grab the opportunity*
un bûcheron   *woodcutter*
secouer   *to shake*
le ventre   *stomach*

1. Le loup s'est pris les pattes dans les couvertures (*covers*).

   vrai   faux

2. Qui a sauvé le Petit Chaperon rouge?

   a. les sept nains *(dwarves)*

   b. les trois petits cochons

   c. le bûcheron

3. Qui est sorti du ventre du loup?

   _____

   Copyright © Houghton Mifflin Company. All rights reserved.

D. Before listening to the final part of the story, study the following list of words. After listening to Part D, turn off the tape and answer the questions below.

Mots utiles

chasser   *to chase*
se cacher   *to hide*
entendre parler de   *to hear (tell) of*
sauver la vie (de quelqu'un)   *to save someone's life*

1. Le bûcheron a épousé le Petit Chaperon rouge.

vrai   faux

2. Le loup est devenu ...

a. végétarien.

b. chef de cuisine.

c. plus gourmand que jamais.

3. Où le Petit Chaperon rouge, la grand-mère et le bûcheron ont-ils célébré leur victoire?

_____

Activité 4: Grand-mère m'a toujours dit

A. Every language has colorful sayings or proverbs that everyone knows. Match the following French sayings to their English equivalents. Note that while the French and English sayings may express the same idea, the words they use may be quite different.

_____ 1. On parle du loup, il sort du bois.

_____ 2. Ne vendez pas la peau (*skin*) de l'ours (*bear*) avant de l'avoir tué.

_____ 3. Le chat parti, les souris dansent.

_____ 4. Petit à petit, l'oiseau (*bird*) fait son nid (*nest*).

a. *Don't count your chickens before they're hatched.*

b. *Rome wasn't built in a day.*

c. *Speak of the devil.*

d. *When the cat's away, the mice will play.*

B. What, in your opinion, is the moral of Little Red Riding Hood?

_____

_____

_____

Copyright © Houghton Mifflin Company. All rights reserved.

Chapitre 12

Activité 1: La fête de Pierre

A. Answer the following questions about your college experiences.

1. Depuis combien de temps êtes-vous étudiant(e) à votre université?

_____

2. En quel mois finirez-vous vos études?

_____

3. Quand vous terminerez toutes vos classes, inviterez-vous vos amis à une fête?

_____

B. Listen to the following story about Pierre, who is trying to plan his graduation party. He needs to find a restaurant available at the times he wants where he can rent a room at a price he can afford. Listen to the messages on his answering machine and take notes in the spaces provided. You may want to listen to the different messages more than once.

Pierre Fromentin finira ses études le 31 mai. Il voudrait fêter (celebrate) *l'occasion avec douze amis au restaurant. Il a un budget limité à 1.200 francs.*

	Les Trois Érables	*La Chaumière*	*Café Mambo*
jour?			
matin?			
après-midi?			
soir?			
prix (F/personne)?			

C. Help Pierre make a decision based on the notes that you took in Activity 1B.

1. Quel restaurant Pierre choisira-t-il? _____

2. Pour quelle raison? Le jour ou le prix? _____

 Copyright © Houghton Mifflin Company. All rights reserved. **209**

Activité 2: Le mariage

A. Answer the following questions before listening to Activity 2B.

1. Connaissez-vous des gens qui se marieront cette année?

_____

2. Avez-vous déjà assisté au mariage d'un(e) ami(e) dans une autre ville? Si oui, êtes-vous resté(e) chez votre ami(e) ou avez-vous réservé une chambre d'hôtel?

_____

_____

3. Quand vous vous marierez, où irez-vous pour votre lune de miel (*honeymoon*)? Prendrez-vous le train, la voiture ou l'avion pour votre voyage de noces (*wedding trip*)?

_____

_____

B. Sylvie plans to attend the wedding of her friend Claude in New Orleans. She will need to stay overnight, so she asks Claude to recommend a hotel to her. Listen to their phone conversation and take notes on the hotels that Claude describes. Stop the tape as necessary.

	Le Windsor Court	*La Place d'Armes*	*Le Château Motor Hotel*
prix? (*$, $$, ou $$$*)			
situé: au Vieux Carré?			
dans quelle rue?			
près de la cathédrale?			
au coin de quelle rue?			
avantages (strong points)			

Copyright © Houghton Mifflin Company. All rights reserved.

C. Looking at the notes you took in Activity 2B, answer the questions that you hear.

1. _____
2. _____
3. _____
4. _____

Activité 3: Le voyage de leurs rêves

A. Answer the following questions about traveling.

1. Quelle sorte de voyage préférez-vous? Les voyages organisés *(tours)*? les croisières *(cruises)*? ou les vacances en camping-car?

_____

2. En général, quelle sorte de voyage préfère un jeune couple? une famille? des retraités *(retirees)*?

_____

_____

3. Quand vos parents prendront-ils leur retraite? Ont-ils l'intention de voyager? Si oui, où veulent-ils aller? _____

_____

B. Listen while Jean-Luc and Anne-Marie discuss their dream vacation and then answer the following questions based on their conversation.

1. Quelle destination est-ce que Jean-Luc propose à Anne-Marie? Et quelle destination est-ce qu'elle lui propose? _____

_____

_____

2. De quels moyens *(means)* de transport discutent-ils?

_____ du train   _____ du camping-car

_____ de l'autocar   _____ du bateau *(boat)*

C. Listen to the conversation again. This time, imagine what Jean-Luc's final response to Anne-Marie might be.

Jean-Luc: _____

Chapitre 12: LAB MANUAL   Copyright © Houghton Mifflin Company. All rights reserved. **211**

Chapitre 13

Activité 1: Une semaine typique

A. Most of us follow fairly similar routines in the morning. Study the chart below. In the first column indicate at what time you do each of the following activities on a typical weekday morning. If you don't usually do a certain activity, put an "X" in that box.

Activités	vous	Geoffroi
se réveiller		
se lever		
se raser		
se laver (bain, douche)		
s'habiller		
se brosser les dents		
se brosser les cheveux		
préparer son petit déjeuner		
se dépêcher de partir		
se mettre en route (*get going*)		

B. Now listen as Geoffroi describes his typical morning. Fill in the information about his schedule in the chart above. In some cases, you may have to calculate or estimate the times based on information that he supplies. Listen to this activity one more time if necessary.

C. Listen to the following questions and compare your typical morning to Geoffroi's. Tell whether each statement is true or false.

	vrai	*faux*
1.	_____	_____
2.	_____	_____
3.	_____	_____
4.	_____	_____

 Copyright © Houghton Mifflin Company. All rights reserved.

Activité 2: Le déménagement *(Moving)*

A. Your friend Éliane has asked you to help her move. When you arrive at her new apartment, you find that some of her furniture has already come and is in place. Study the following checklist of her possessions, then study the floor plan for her new apartment. Any item that is already in place is indicated with an * on the floor plan. Cross these items off Éliane's checklist.

Liste de possessions

une baignoire	un bureau	une chaise confortable
2 commodes *(chests of drawers)*	une cuisinière	un fauteuil
un grand tapis *(carpet)*	une guitare	2 lampes
un lave-vaisselle	2 lits	un ordinateur
une radio	un réfrigérateur	des skis
un sofa	une stéréo	une table de nuit
une table et 6 chaises	une télé	

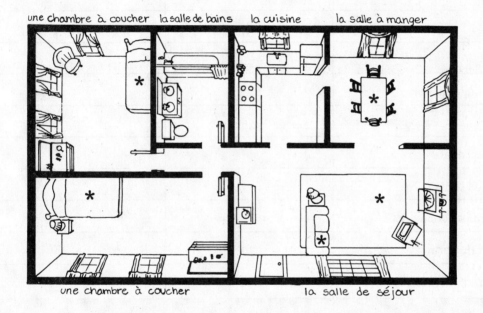

une chambre à coucher   la salle de bains   la cuisine   la salle à manger

une chambre à coucher   la salle de séjour

B. Now look again at the floor plan for the new apartment. Circle on the checklist all the items that appear on the floor plan that have not yet arrived.

C. Listen as Éliane tells the movers what to do with certain items that were *not* on her floor plan. Draw an X on the spot where she wants each item to go. Label each of these items by writing its name in the margin and drawing a line to the spot where it goes. Then cross it off on the checklist.

Copyright © Houghton Mifflin Company. All rights reserved.

Activité 3: Autour de la table

A. Put the letter of the correct meaning of the following kitchen accessories in the space to the left.

_____ 1. un bol   a. bowl

_____ 2. une casserole   b. burner, flame

_____ 3. une cuisinière   c. frying pan

_____ 4. le feu   d. pot, pan

_____ 5. un plat   e. platter

_____ 6. une poêle   f. stove

 B. Study the following list of cooking activities, then listen to the questions and circle the answer that is most logical.

battre   *to beat*
bouillir   *to boil*
faire cuire   *to cook*
peler   *to peel*
plier   *to fold*
rissoler   *to brown*
saler   *to salt*

1. a. des carottes

   b. des œufs

   c. du vin

2. a. de la viande

   b. de la glace

   c. du lait

3. a. des poires (*pears*)

   b. des carottes

   c. des œufs

4. a. de l'eau

   b. une sauce

   c. a et b

5. a. du sel

   b. une omelette

   c. 40 grammes de beurre

6. a. une poire

   b. du sucre

   c. des œufs

7. a. une pomme

   b. de la farine (*flour*)

   c. une tranche de jambon

 Copyright © Houghton Mifflin Company. All rights reserved.

Activité 4: Une émission de «La cuisine pour tous»

Metric conversion tables

When you know:	Multiply by:	To find:
Volume and capacity (liquid)		
fluid ounces (fl. oz.)	30	milliliters
pints (pt.)	0.47	liters
quarts (qt.)	0.95	liters
gallons (gal.)	3.8	liters
millileters (ml)	0.034	fluid ounces
liters (l)	2.1	pints
liters (l)	1.06	quarts
centiliters (cl)	0.0026	cups
Weight and mass		
ounces (oz.)	28	grams
pounds (lb.)	0.45	kilograms
short tons	0.9	metric tons
grams (g)	0.035	ounces
kilograms (kg)	2.2	pounds
metric tons (t)	1.1	short tons

 A. You are taking a television cooking class. In preparation for this week's program, read over the list of ingredients you will need to purchase, then answer the questions that follow.

Liste de provisions à acheter avant la leçon

Poires au vin
4 petites poires
30 cl de vin rouge
60 g de sucre
une pincée de cannelle (*cinnamon*)
un clou de girofle (*clove*)

Omelette au jambon:
3 œufs
60 g de jambon, coupé en dés (*diced*)
20 g de beurre
une demi-pincée de sel
une prise de poivre

Copyright © Houghton Mifflin Company. All rights reserved.

Carottes à la crème
750 g de carottes, coupées en rondelles
de l'eau salée
15 g de beurre

Pour la sauce béchamel:
2 cuillers à café de farine
40 g de beurre
1/4 d'un litre de lait
1/2 cuiller à café de sel

1. À votre avis, quel ingrédient coûtera le plus cher?

   _____

2. Quel(s) ingrédient(s) achetez-vous rarement? _____

   _____

3. Quel plat avez-vous envie de préparer? Pourquoi?

   _____

B.   Now listen to this week's lesson. As you listen, number the steps in each recipe in the order in which they occur. The first step of each recipe has been identified for you.

Poires au vin

_____ Laissez refroidir les poires.

_____ Mettez la casserole au feu et faites bouillir.

_____ Mettez les poires au réfrigérateur.

_____ Laissez cuire les poires à petit feu.

__1__ Mettez le vin, le sucre, la cannelle et le clou de girofle dans une casserole.

_____ Pelez les poires et mettez-les dans le sirop.

Omelette au jambon

_____ Augmentez le feu et faites cuire les œufs.

_____ Faites rissoler le jambon.

_____ Versez les œufs dans la poêle.

__1__ Coupez le jambon en dés.

_____ Laissez prendre les œufs.

_____ Pliez l'omelette.

_____ Battez les œufs. Salez et poivrez.

_____ Renverser l'omelette sur un plat et servez-la bien chaude.

_____ Mettez le beurre dans une poêle et faites-le chauffer.

Carottes à la crème

_____ Faites cuire les carottes à l'eau salée.

_____ Faites sauter les carottes au beurre.

_____ Coupez les carottes en rondelles ou en quartiers.

___1___ Préparez la sauce béchamel.

_____ Couvrez les carottes avec la sauce béchamel.

_____ Posez les carottes sur un plat.

Copyright © Houghton Mifflin Company. All rights reserved.

Chapitre 14

Activité 1: La radio libre vous écoute

Answer the following questions according to your personal experience.

	vrai	*faux*
1. J'écoute quelquefois à la radio les programmes où on discute des problèmes personnels.	_____	_____
2. Je prends souvent le parti de (*agree with*) la personne qui discute de ses difficultés.	_____	_____
3. J'ai déjà téléphoné à un de ces programmes.	_____	_____

Activité 2: Racontez-nous vos problèmes

A. You may have listened to radio programs where listeners call in and discuss their personal problems. Here is this week's installment of the program "Racontez-nous vos problèmes." Listen to the talk show host's introduction, then stop the tape and answer the questions. You may find the following list of expressions useful.

Mots utiles

les auditeurs *listeners*
bienvenu(e)(s) à *welcome to*
un épisode *episode*

1. Les gens téléphonent au programme «Racontez-nous vos problèmes» pour ...

   _____ a. demander comment réparer leurs voitures.

   _____ b. demander des conseils sur leurs problèmes.

   _____ c. a et b

2. Quel est le problème de François?

   _____ a. Il ne s'entend pas bien avec son père.

   _____ b. Son père ne s'entend bien avec sa mère.

   _____ c. a et b

 Copyright © Houghton Mifflin Company. All rights reserved. **219**

B. Now listen to François explain his problem to the talk-show host, then stop the tape and answer the questions.

Mots utiles

un camionneur   *truck driver*
un ingénieur   *engineer*
content   *happy, satisfied*

1. Comment François se décrit-il?

   _____ a. Il dit qu'il est camionneur.

   _____ b. Il dit qu'il n'est pas aussi intelligent que la plupart des gens.

   _____ c. a et b

2. Pourquoi, pensez-vous, est-ce que le père n'aime pas le travail de son fils?

   _____ a. Parce qu'il faut travailler le week-end et le soir.

   _____ b. Parce que ce travail n'est bien rémunéré (*paid*).

   _____ c. ni a ni b

C. Now listen to the remainder of the conversation between François and the talk-show host.

Mots utiles

un client   *customer*
livrer du stock   *to deliver merchandise*
pas mal de   *quite a bit*

1. Pourquoi François a-t-il gagné le prix de la Route?

   _____ a. Parce que c'est le meilleur camionneur et parce qu'il n'est jamais en retard.

   _____ b. Parce que les clients demandent qu'il livre leur stock.

   _____ c. a et b

2. Comment sait-on que François gagne bien sa vie?

   _____ a. Il gagne des milliers de (*thousands of*) francs par semaine.

   _____ b. Il a une nouvelle maison.

   _____ c. a et b

220   Copyright © Houghton Mifflin Company. All rights reserved.

D. Now listen to find out what listeners advise François to do.

Mots utiles

coincé(e) au milieu   *stuck in the middle*
fier/fière   *proud*
malgré   *in spite of*
faites-nous savoir   *let us know*
résoudre   *to resolve*

1. La première personne qui appelle ...

   _____ a. est la mère de Sophie.

   _____ b. a aussi un problème de famille.

   _____ c. a et b

2. Le frère de Jacques réussit dans la vie ...

   _____ a. malgré son père.

   _____ b. avec l'aide de son frère.

   _____ c. a et b

Activité 3: C'est à vous maintenant!

 Answer the following questions.

1. Après le programme, qu'est-ce que François fera, à votre avis?

   _____

   _____

2. Imaginez que vous êtes le père de François et que vous avez entendu le programme. Que feriez-vous?

   _____

   _____

 Copyright © Houghton Mifflin Company. All rights reserved. **221**

Chapitre 15

Activité 1: Si j'avais le choix ...

What do you think would be most likely to happen in each of these situations? Check your first choice.

1. _____ J'inventerais un nouveau dessert pour mon restaurant.

   _____ Je le donnerais aux sans-abri (homeless).

   _____ Je le mangerais moi-même en une semaine.

2. _____ Nous rapporterions le drapeau (flag) américain que les astronautes américains y ont laissé en 1970.

   _____ Nous rapporterions un échantillon (sample) du fromage vert que nous y trouverions.

   _____ Nous rapporterions des cailloux (pebbles) et de la poussière (dust).

3. _____ Elle laisserait un mot (would leave a note) pour le conducteur de l'autre voiture.

   _____ Elle partirait à toute vitesse sans rien dire.

   _____ Elle chercherait un agent de police.

Activité 2: Mais c'était le comble! (last straw)

A. Listen to the following story of a jealous husband. The first time you hear the story, try to get a general idea of what happens; don't worry if you don't understand all the details. Take notes of the conversation in the space provided.

_____

_____

_____

_____

B. Listen to the conversation again. What evidence is there that Jean is a jealous husband?

_____

_____

_____

_____

Copyright © Houghton Mifflin Company. All rights reserved.
223

C. Read through the following list of events, then listen to the conversation a third time. Cross out the three events that did not actually happen in the story.

_____ Jean attendait Diane quand elle a fini sa classe.

_____ Il l'a appelée où elle travaille.

_____ La mère de Diane pense que les possessions sont plus importantes qu'une femme pour Jean.

_____ Diane était au lit quand Jean lui a téléphoné.

_____ Diane a quitté son bureau pour aller au restaurant avec des amis.

_____ Jean a acheté un 38-automatique pour protéger Diane.

_____ Diane a téléphoné à la police.

_____ Diane a demandé à Jean de ne plus téléphoner chez elle.

_____ Diane a changé les serrures (*locks*) parce qu'elle avait très peur de Jean.

_____ Jean a dit qu'il l'aimait toujours.

D. Listen to the story one more time. Place numbers to the left of the seven remaining sentences in Activity C to indicate their correct order in the story.

Copyright © Houghton Mifflin Company. All rights reserved.

Vignettes

Vignettes

Chapitre 1

Homme: Bonjour, _____.

Femme: Bonjour, _____.

Homme: _____ Madame Cardin?

Femme: Non, _____. Je _____ Cardin.

Je _____ Madame Leclair.

Homme: Mais _____?

Femme: Non, _____. Je _____.

J'_____ Montréal. Et vous, _____?

Homme: Non, _____.

_____.

_____ Thomas Johnson.

Chapitre 2

Homme: Vous _____?

Femme: Non, je _____.

Homme: Eh bien, allons-y.

Femme: J'_____.

Homme: Vous _____.

Femme: _____?

Homme: _____ oui, _____.

Chapitre 3

Femme #1: Tiens! _____ Valérie. _____.

Femme #2: _____.

Femme #1: Est-ce que c'est _____?

   Copyright © Houghton Mifflin Company. All rights reserved.

Femme #2: Non, _____. Elle _____ Jeanne et

_____.

Femme #1: _____ sœurs?

Femme #2: Elle a _____.

Femme #1: Et _____?

Femme #2: Michelle.

Femme #1: Ah, _____ qui s'appelle Michelle _____.

Chapitre 4

Homme #1: Bonjour, _____. Vous _____ lettre _____?

Homme #2: Comment _____?

Homme #1: Jean-Pierre Schloenhoffen.

Homme #2: Comment _____?

Homme #1: _____ . _____ . _____ . ...

Homme #2: Non, non, _____. _____ nom de famille,

_____.

Homme #1: S.C.H.L.O.E.N.H.O.F.F.E.N.

Homme #2: Schloenhoffen. Ah, _____.

_____.

Chapitre 5

Femme: Alors, _____?

Homme: Je _____ France.

Femme: Quand _____ tu _____?

Homme: Dans _____.

Femme: Et _____ France?

Homme: Je _____ et je _____

_____.

Femme: Où _____?

Homme: À Gray.

Femme: _____ ça _____, Gray?

Homme: C'_____ Dijon.

Femme: Eh bien, bon voyage!

Copyright © Houghton Mifflin Company. All rights reserved.

Chapitre 6

Homme #1: Tu _____, hein?

Homme #2: Oui, _____.

Homme #1: Qu'_____ fait?

Homme #2: J'_____. Ce matin _____

mon jardin et _____. Puis

_____ et _____ mangé. Ensuite

_____.

Homme #1: Mon dieu! Tu _____.

Homme #2: Oui, mais _____ et

demain je _____.

Chapitre 7

Femme #1: _____, Monique!

Femme #2: _____, Sophie. _____?

Femme #1: Je _____ homme charmant.

Femme #2: Non?! Où _____?

Femme #1: Dans _____ chinois.

J'_____ chinoise.

Femme #2: Et qui _____ charmant?

Femme #1: C'est _____ frère. Nous _____ déjà

_____ il y a _____.

Femme #2: Alors, ça _____?

Femme #1: Je _____.

Chapitre 8

Père: Qu'est-ce _____, ma fille?

Fille: Un _____.

Père: Qu'est-ce _____?!

Fille: _____ moutarde.

Père: Qu'est-ce _____?!

Fille: _____, papa?

Père: Bien, et _____ aussi?

 Copyright © Houghton Mifflin Company. All rights reserved.

Fille: Un _____, s'il te plaît.

Père: _____? Une _____!! Mais tu _____!

Fille: Alors, un _____.

Père: D'accord, cherie. _____.

Chapitre 9

En France, _____

journaux. Aux _____ on _____ acheter des journaux

_____. Si _____ timbres

_____ France, ou si _____

_____ journal ou _____,

il faut _____. On _____ aussi

_____ mais _____ médicaments.

Chapitre 10

Mère: Tu _____?

Fils: Pas _____. Parce _____ quand

_____.

Mère: _____ apprendre si

_____?

Fils: _____. Je _____.

Mais _____.

Mère: Moi? _____.

Fils: Maman! _____! Je _____.

Chapitre 11

Homme #1: Tu n'es _____ midi.

Homme #2: Non, je _____. Il _____ et

il _____. Comme _____ le

_____, j'ai _____.

Homme #1: Ce _____?

Homme #2: Si, mais que veux-tu? _____ télé.

Homme #1: Et samedi _____.

Homme #2: _____ sortir mais _____.

Homme #1: Quel bonnet de nuit!

Copyright © Houghton Mifflin Company. All rights reserved.

Chapitre 12

Homme: Allô, _____ Rivières.

Femme: _____. Est-il possible _____

_____ midi?

Homme: _____ réserver,

_____?

Femme: _____, si c'est possible.

Homme: _____! _____ personnes

_____?

Femme: Nous _____ personnes.

Homme: _____!

Femme: Oui, _____. Ce _____ cinquantième

_____ et _____

leurs maris, _____ femmes, nos

_____ tous les petits _____.

Homme: Je _____, _____ pourrez pas

_____.

Femme: C'est dommage, _____. Je _____ à un autre

_____. _____.

Homme: _____, Madame. _____.

Chapitre 13

Homme #1: Vous _____ match _____?

Homme #2: _____, _____ assez _____.

Homme #1: Pourquoi? _____?

Homme #2: Non, _____ nous perdons

_____.

Homme #1: Ha! Et après le match, _____?

Homme #2: Non, avec _____ bistro.

Homme #1: Est-ce _____?

Homme #2: Je _____.

Ils _____ Jérôme et Monique Dufour.

_____ mois.

Copyright © Houghton Mifflin Company. All rights reserved.

Chapitre 14

Homme #1: J'en _____ feuilletons _____
télévision.

Homme #2: _____?

Homme #1: Mais tous! _____.

Homme #2: Ah oui, _____?

Homme #1: Ils parlent toujours _____ couples _____. Ils se disent qu'ils
_____; ils _____, mais
_____ se séparent _____.

Homme #2: Oui, pas très original.

Homme #1: Bon, _____. Dis _____ de
ma part.

Homme #2: Ma _____? Mais _____ mois.

Chapitre 15

Femme #1: Mon _____; hier, par exemple,
_____, et il _____ annoncé
que _____.

Femme #2: Et quelle _____ ta réaction?

Femme #1: Au début j'_____,
mais non, _____.

Femme #2: C'est dommage _____,
mon _____, pour _____.

Femme #1: Oui, ce _____ ensemble.

Femme #2: Alors, _____,
ce _____.

Copyright © Houghton Mifflin Company. All rights reserved.

PAS DE PROBLÈME!
VIDEO WORKBOOK

Rick Altman

INTRODUCTION

Welcome to *Pas de problème!*—a new kind of video that encourages you to understand and solve problems regularly encountered in French-speaking cultures. The *Pas de problème!* video and workbook were created to work together as a single unit.

Each of the twelve modules of the *Pas de problème!* video has three parts: the **Main Narrative,** the **Gros Plan,** and the **Problème!** When each module opens, the number and title appear on the screen and the narrator gives a brief description **(Mise en scène)** of the setting and circumstances of the module. Then the **Main Narrative** begins. In this section, the characters encounter and resolve problems commonly encountered by people in Paris or the French provinces. When directions in the Video Workbook say to watch the first part of the video only, this refers to the **Main Narrative.** You'll know the **Main Narrative** is over when the **Gros Plan** begins, signaled by the appearance of a small title flag on the bottom of the screen. Through a montage of scenes, the **Gros Plan** offers a close-up of some aspect of the module theme. Next comes the **Problème!,** where the characters encounter a problem for which they haven't found a solution (but which you will eventually be able to solve with the help of workbook activities).

The *Pas de problème!* workbook will help you learn to use your French to solve everyday problems. For each of the video sections **(Main Narrative, Gros Plan, Problème!)** you will find a sequence of activities that will familiarize you with life in a French-speaking country and give you a chance to practice French in a real-world situation. **Préparation** activities introduce you to the theme and help you practice the vocabulary and structures necessary to work with the video. These should be done before viewing. The **Visionnement** activities should be done while watching the video (in class or in the language lab), with the sound on or off as indicated by the following symbols:

 IMAGE, NO SOUND

 SOUND AND IMAGE TOGETHER

 PAUSE

You may pause or replay the video as often as necessary to complete the activities. The **Application** activities are designed to expand on the vocabulary, structures, and cultural concerns covered in the module, and to reinforce issues you've covered in your textbook. At the end of each module is a **Supplément** section, providing further opportunities for exploration of the topics covered in the module. Many of the activities are meant to be done with a partner, as indicated by the following symbol:

Pas de problème! has been carefully designed to create an atmosphere very much like the one you might find if you took a trip to France. The situations and locations are real; the problems are the same ones that students regularly encounter abroad. The documents you will work with in the WORKBOOK are authentic. And, of course, the language used is the language you would hear in France. Don't worry if you don't understand every word—you're not supposed to! Life isn't a grammar book with vocabulary arranged in alphabetical order; neither is this video. Instead of concentrating on comprehending every word, use your knowledge of life and video to predict what the characters are probably doing and saying. This is the kind of skill you will need for survival in a French-speaking country; it is also the kind of skill that will help you ultimately, with the help of the workbook's carefully targeted activities, to understand both what is being communicated in the video and how you yourself can achieve maximum communication.

Enjoy watching the video and doing the activities in the workbook. Take full advantage of this exposure to the culture and the language of the French-speaking world. *Amusez-vous bien!*

R.A.

MODULE I   AU TENNIS

> Suggestion: Review Chapters 2 & 3 of **Entre amis** before completing this module.

MISE EN SCÈNE

Jean-François est québécois; il est à Paris depuis *(since)* quelques jours seulement *(only)*. Cet après-midi, il joue au tennis avec son ami René. Il passe chez lui *(He drops by his apartment)* pour chercher ses affaires de tennis. Il retrouve René au tennis du bois de Vincennes.

PRÉPARATION

A.   L'agenda de Jean-François.   Here is Jean-François' schedule for the day. Read this schedule and answer the following questions accordingly.

9 h	petit déjeuner *(breakfast)* avec Claude
10 h	Louvre, visite de la Pyramide
12 h 30	chez Madeleine, déjeuner *(lunch)* avec M. Rigal
14 h	bibliothèque de la Sorbonne, devoir de maths
15 h 15	la maison, affaires de tennis
16 h	bois de Vincennes, tennis avec René
19 h 30	dîner
21 h	café, travail jusqu'à *(until)* 23 heures

1. Est-ce que Jean-François joue au tennis à deux heures?

   _____

2. Jean-François visite-t-il le Louvre à dix heures du matin?

   _____

3. Est-ce que Jean-François prend *(eat)* le petit déjeuner à neuf heures du soir?

   _____

4. Où est Jean-François à deux heures et quart?

   _____

5. À quelle heure Jean-François rentre-t-il à la maison?

   _____

6. Est-ce que Jean-François dîne à midi et demi?

   _____

7. À quelle heure Jean-François travaille-t-il au café?

   _____

8. Est-ce que Jean-François dîne avec M. Rigal?

   _____

B.   Présentations et salutations.   Introduce three of the following people to a classmate. Your classmate should greet each person appropriately. Then switch roles while your classmate introduces the other three to you. Follow the models.

my neighbor *(mon voisin)* M. Antoine
                           VOUS: *Je te présente mon voisin, Monsieur Antoine.*
        VOTRE PARTENAIRE: *Bonjour, Monsieur.*

my brother *(mon frère)* Luc
                           VOUS: *Je te présente mon frère, Luc.*
        VOTRE PARTENAIRE: *Salut!*

1. my friend *(mon ami)* Jacques
2. my sister *(ma sœur)* Anne
3. my neighbor *(ma voisine)* Madame Labelle
4. my teacher *(mon professeur)* ...
5. my classmate *(mon/ma camarade de classe)* ...
6. my cousin *(mon cousin)* Vincent

C.   C'est qui?   Circle the subject of each underlined verb in the following sentences.

1. —Où est-il? Que cherche-t-il?
   —Il passe chez lui pour chercher ses affaires de tennis.
2. —On joue jusqu'à quelle heure?
   —Nous rentrons à midi.
3. —Vous travaillez à l'université?
   —Oui, ce soir nous étudions à la bibliothèque.
4. —Marc, je te présente ma cousine.
   —Je suis enchanté *(delighted)*, Nathalie.
5. —Est-ce qu'Isabelle est libre?
   —Je ne pense pas.

VISIONNEMENT

D.   Qu'est-ce qui se passe?   *(What's going on?)* Often the image provides extremely useful clues for understanding the dialogue. First read the following questions. Then watch the segment without the sound and circle the best response to each question.

1. Qui prend *(takes)* le métro?
   a. Marie-Christine   c. Yves
   b. Alissa   d. Jean-François

2. Où est-ce que Jean-François retrouve son ami René?
   a. dans le métro   c. au tennis
   b. chez lui   d. au cinéma

3. Qui sert *(serves)* le premier?
   a. Jean-François
   b. René

4. À votre avis *(In your opinion)* qui est la jeune fille?
   a. une amie de Jean-François   c. la mère de René
   b. la cousine de Jean-François   d. la cousine de René

236

Copyright © Houghton Mifflin Company. All rights reserved.

5. À votre avis, qu'est-ce que René dit *(say)* à la fille?
   a. Je te présente Jean-François. c. Je travaille à l'université ce soir.
   b. Mon ami joue très bien. d. Je suis très fatigué.

6. À votre avis, que dit la fille à la fin *(end)*?
   a. Pas du tout! c. Formidable!
   b. Je suis malade! d. Sûrement pas!

 E. Où sont-ils? Que font-ils? Watch the segment again, this time with the sound on. Circle the correct response for each question.

1. Où est Jean-François au début *(at the beginning)*?
   a. devant Notre-Dame de Paris
   b. au centre Pompidou
   c. à la place de la Concorde
   d. au bois de Vincennes

2. Où est-ce que Jean-François retrouve son ami René?
   a. au bois de Boulogne c. au bois de Vincennes
   b. à la Tour Eiffel d. à la pyramide du Louvre

3. Jusqu'à *(until)* quelle heure René et Jean-François jouent-ils?
   a. deux heures
   b. trois heures
   c. quatre heures
   d. cinq heures

4. Qui travaille à l'université ce soir?
   a. René
   b. Jean-François

5. Qui va *(is going)* au cinéma ce soir?
   a. René
   b. Jean-François

6. Jean-François est
   a. français.
   b. parisien.
   c. canadien.
   d. suisse.

7. Qui est-ce que Jean-François regarde souvent?
   a. Nathalie
   b. son cousin
   c. René
   d. Marie-Christine

8. Qui est Marie-Christine?
   a. l'amie de Jean-François c. la cousine de Jean-François
   b. l'amie de René d. la cousine de René

9. Qui est l'amie de Marie-Christine?
   a. Nathalie c. René
   b. Jean-François d. Renée

10. Qu'est-ce que Jean-François fait *(is doing)* ce soir?
    a. Il travaille à l'université. c. Il va au cinéma.
    b. Il joue au tennis. d. Il reste chez lui *(is staying at home)*.

 Copyright © Houghton Mifflin Company. All rights reserved. **237**

PRÉPARATION

F.   En quelle saison?   Look at the following list of sports that are popular in France. Which sports are played in winter (*en hiver*), in spring (*au printemps*), in summer (*en été*), in fall (*en automne*)? Fill in the chart by checking the appropriate season(s) for each sport.

	HIVER	PRINTEMPS	ÉTÉ	AUTOMNE
le tennis				
la voile				
le hockey sur glace				
l'équitation				
le saut à ski				
le vélo				
la natation				
le ski alpin				
le kayak				
le football				

G.   Un centre sportif au Québec.   Read this ad for a Sports Center in Québec and circle the best response for each of the following questions. More than one correct answer may be possible.

1. Où est la Rivière Rouge?
   a. au Canada
   b. à une heure de Montréal
   c. à une heure d'Ottawa
   d. au Québec
2. Quels sports est-ce qu'on peut pratiquer sur la Rivière Rouge?
   a. l'équitation   c. le rafting
   b. le football   d. le kayak
3. Qu'est-ce qu'une journée de rafting inclut?
   a. une présentation vidéo
   b. l'équipement
   c. les services d'un guide
   d. le voyage en car *(bus)*
4. Pour vingt dollars peut-on passer une journée au meilleur centre d'aventures au Québec?
   a. oui
   b. non
5. Pour soixante-neuf dollars est-il possible de faire du rafting sur la Rivière Rouge?
   a. oui
   b. non
6. Est-il possible de déjeuner au meilleur centre d'aventures au Québec?
   a. oui
   b. non

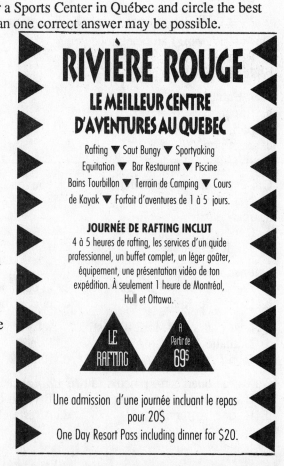

RIVIÈRE ROUGE
LE MEILLEUR CENTRE D'AVENTURES AU QUEBEC

Rafting ▼ Saut Bungy ▼ Sportyaking
Equitation ▼ Bar Restaurant ▼ Piscine
Bains Tourbillon ▼ Terrain de Camping ▼ Cours
de Kayak ▼ Forfait d'aventures de 1 à 5 jours.

JOURNÉE DE RAFTING INCLUT
4 à 5 heures de rafting, les services d'un guide professionnel, un buffet complet, un léger goûter, équipement, une présentation vidéo de ton expédition. À seulement 1 heure de Montréal, Hull et Ottawa.

LE RAFTING   A Partir de 69$

Une admission d'une journée incluant le repas pour 20$
One Day Resort Pass including dinner for $20.

238   Copyright © Houghton Mifflin Company. All rights reserved.

VISIONNEMENT

H. Que voyez-vous? Review the list of sports in exercise F, then view the segment without the sound and check off the names of sports from the following list that you see in the **Gros Plan**.

_____ l'équitation _____ le judo

_____ le tennis _____ le baseball

_____ le golf _____ la pétanque*

_____ le ski alpin _____ le jogging

_____ le vélo _____ le tennis de table

_____ le kayak _____ la voile

_____ le football américain _____ le football

_____ le rugby _____ le basketball

* *Pétanque*, or *boules*, is a popular French game (especially in the South of France) played by two teams of two to four players who compete by trying to throw their hard metal balls *(boules)* as close as possible to a small wooden ball *(cochonnet)* tossed at random some 15-30 feet away.

I. Les Français et les sports. View the segment again, this time with the sound on. Check off the words you hear in the left column.

_____ les rivières _____ _____ l'air _____

_____ le ski _____ _____ descendre _____

_____ le vélo _____ _____ un bon effort _____

_____ la mer _____ _____ la terre _____

_____ le tennis _____ _____ le football _____

_____ la pétanque _____ _____ la montagne _____

_____ l'équitation _____ _____ la forêt _____

_____ monter _____ _____ courir _____

_____ les lacs _____ _____ une bonne fatigue _____

_____ les sports _____

J. Un peu d'ordre. Now listen again and, in the right column of exercise I, number the words and expressions you checked off according to the order in which you heard them.

 Copyright © Houghton Mifflin Company. All rights reserved.

PROBLÈME!   AU CINÉMA

PRÉPARATION

K.   Que faire?   With a partner play the roles of two friends who will be spending a Saturday together. One likes sports, the other prefers calm activities. Use the vocabulary provided.

faire du jogging	nager	danser
écouter la radio	skier	jouer au tennis
chanter	manger une pizza	patiner
étudier	regarder la télévision	travailler

> VOUS: *Désires-tu faire du jogging?*
> VOTRE PARTENAIRE: *Moi, je préfère regarder la télé.*
> VOUS: *Mais, aimes-tu danser?*
> VOTRE PARTENAIRE: *Non, je préfère ...*

L.   Pas possible!   With a partner, play the roles of a ticket agent and a client. Each time the client requests a ticket for a specific time and date, the agent says that it's not available. Choose from the following list of activities displayed in the agent's window.

> CLIENT(E):   *Un billet (ticket) pour* Carmen *le sept juin, s'il vous plaît.*
> L'AGENT(E):   *Je regrette, mais* Carmen *finit le deux juin.*
> CLIENT(E):   *Alors, un billet pour* Fantasia.
> L'AGENT(E):   *...*

TICKETS

OPERAS:	**Manon Lescaut** (Opéra de la Bastille)	*du 10 au 19 mai*
	Carmen (Opéra Comique)	*jusqu'au 2 juin*
MUSIQUE:	**Johnny Hallyday** (Bercy)	*12 mai seulement*
	Charles Trenet (Châtelet)	*16 mai seulement*
	Orchestre de Paris (Champs-Elysées)	*aujourd'hui seulement*
VISITES:	**Bateau-mouche sur la Seine** (dîner possible)	*tous les jours*
	Versailles la nuit	*le week-end seulement*
FILMS:	**Napoléon d'Abel Gance** (avec musique spéciale)	*en semaine*
	Un homme et une femme (nouvelle version)	*tous les jours à 20h et 22h30*
	Fantasia (en stéréo Dolby)	*tous les jours à 20h30*

VISIONNEMENT

M.   Le corps parle.   View the segment without the sound, paying close attention to the body language of Marie-Christine and Jean-François. Then answer the following questions.

1. How does Marie-Christine greet Jean-François?

_____

2. What else do Marie-Christine and Jean-François do that Americans don't typically do?

_____

Copyright © Houghton Mifflin Company. All rights reserved.

N. Au cinéma.   Now watch the segment with the sound. Then answer the following questions.

1. Où est Jean-François? _____

2. Où est Nathalie? _____

3. Quelle sorte de films Jean-François aime-t-il? _____
_____

4. Pour quelle sorte de film Jean-François demande-t-il deux billets? _____
_____

5. Pourquoi y a-t-il un problème? _____
_____

APPLICATIONS

 O. Qu'est-ce qu'on va faire?   What would you do if you were in the same situation as Marie-Christine and Jean-François? Column A contains a list of the types of films you like and column B lists the types of films your partner likes. Study these lists, then look at the film schedule that follows. Discuss the films now playing with your partner and decide on a film that you both will enjoy.

A	**B**
les films d'aventure	les comédies
le fantastique	les mélodrames
les films violents	les comédies musicales
les films policiers	les films classiques

VOUS: *Désires-tu voir* La Belle et la Bête?

VOTRE PARTENAIRE: *Non, pas vraiment. Je n'aime pas beaucoup les films comme ça. Je préfère voir* L'Amant. *J'adore les mélodrames. D'accord?*

VOUS: *En réalité, je n'aime pas beaucoup les mélodrames. Je préfère voir un film d'aventure.*

VOTRE PARTENAIRE: *Peut-être un film classique qui est aussi un film d'aventure? etc.*

CINEMA

GAUMONT OPERA, 31 bd des Italiens, 2e arrondissement, métro Opéra, 40F **La Belle Histoire** (aventures), 19h, 21h20 **La Belle et la Bête** (fantastique classique) 18h30, 20h30, 22h30 **L'Amant** (mélodrame intime) 19h20, 21h40

CINE BEAUBOURG, 50 rue Rambuteau, 3e arrondissement, métro Rambuteau, 41 F **Une femme sous influence** (mélodrame), 20h, 22h **Tirez sur le pianiste** (policier classique), 19h30, 21h50 **Blanche Neige** (fantastique pour enfants), 18h, 19h40, 21h20

ACTION ECOLES, 23 rue des Écoles, 5e, métro Cluny-la Sorbonne, 38F **Festival James Bond** (aventures), 18h, 20h, 22h **Cérémonie secrète** (mélodrame), 18h30, 20h30, 22h30

ACTION RIVE GAUCHE, 5 rue des Écoles, 5e, métro Cardinal Lemoine, 38F **Chantons sous la pluie** (comédie musicale), 19h, 20h45, 22h30 **Indochine** (mélodrame/aventures), 19h30, 21h45 **La soupe au canard** (comédie), 18h40, 20h20, 22h

Copyright © Houghton Mifflin Company. All rights reserved.

SUPPLÉMENT

P. Soirées parisiennes. Read the following excerpt from a letter written by Jean-François, then answer the following questions.

Chère Gisèle,

    J'aime bien Paris. Il y a toujours beaucoup de choses à faire. Souvent je passe la soirée *(evening)* au café avec des amis. Nous jouons aux cartes, ou nous étudions, ou nous parlons politique, ou nous mangeons quelque chose. Quelquefois, je vais à la bibliothèque ou au musée. De temps en temps, j'étudie un peu. Quand je suis fatigué ou malade, je regarde la télévision ou j'écoute la radio ou la stéréo. Quand j'ai de l'argent *(money)*, je vais au cinéma *(go to the movies)* avec Claude. Claude aime beaucoup les comédies musicales et les mélodrames. Moi j'aime beaucoup la science-fiction et les films d'aventure.

                                Amitiés,

Jean-François

---

1. Que fait Jean-François *(What does Jean-François do)* quand il est sans *(without)* argent?

_____

2. Que fait-il quand il a de l'argent?

_____

3. Que fait-il quand il est malade?

_____

4. Quand il va au café, qu'est-ce qu'il fait?

_____

5. Qu'est-ce qu'il fait avec Claude?

_____

6. Quelle sorte de films est-ce qu'il aime?

_____

Copyright © Houghton Mifflin Company. All rights reserved.

NOM _____ DATE _____

MODULE II   LE COUP DE FIL

> Suggestion: Review Chapters 4 & 5 of **Entre amis** before completing this module.

MISE EN SCÈNE

Aujourd'hui Jean-François retrouve Marie-Christine pour faire des courses ensemble. Marie-Christine habite Rive gauche *(on the Left Bank)*, dans le 6ème arrondissement. C'est le quartier *(neighborhood)* des étudiants, des librairies, des cafés et des universités.

PRÉPARATION

A.   La rive gauche.   Read the following paragraph about the Left Bank of Paris. Then, complete the sentences that follow.

La rive gauche de Paris est un endroit très vivant *(lively)*, surtout dans son centre historique (les 5ème, 6ème et 7ème arrondissements *(districts)*). C'est d'abord le quartier des universités (avec la Sorbonne, la première université de Paris). Il y a donc beaucoup de librairies et il y a des étudiants partout *(everywhere)*. On trouve aussi beaucoup de cafés rive gauche, et beaucoup de boutiques qui sont peut-être *(perhaps)* petites mais qui sont souvent très chics. Tout le monde connaît *(knows)* les églises de la rive gauche: Saint-Germain-des-Prés, Saint-Séverin, Saint-Sulpice. Mais la rive gauche est aussi le quartier du gouvernement. Dans le Palais du Luxembourg siège *(meets)* une partie importante du gouvernement de la République, le Sénat.

1. La première université de Paris s'appelle _____.

2. Près des universités on trouve beaucoup de _____.

3. Les boutiques de la rive gauche sont souvent _____.

4. Le Sénat siège dans _____.

5. Le _____ arrondissement est un arrondissement de la rive gauche.

6. La rive gauche se trouve au _____ de la Seine (nord/sud).

B.   Et votre université?   Pourquoi votre université est-elle spéciale? Expliquez à un ami français deux ou trois choses intéressantes à propos de *(about)* votre université ou de votre ville.

_____

_____

_____

    Copyright © Houghton Mifflin Company. All rights reserved.

C. Le plan. Study this map of part of the Left Bank of Paris. Then answer the questions, using the expressions provided.

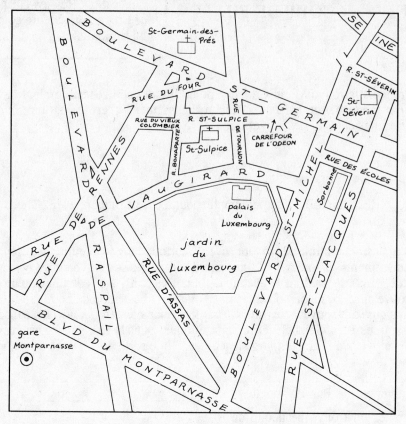

prends/prenez (la rue)	*take (the street)*	à gauche	*left*
tourne/tournez (dans la rue)	*turn*	tout droit	*straight*
traverse/traversez	*cross*	à droite	*right*

1. Vous êtes sur le boulevard Saint-Michel et une femme vous demande: «S'il vous plaît, où est Saint-Germain-des-Prés?» _____

   _____

2. Vous sortez *(You are leaving)* de la gare Montparnasse et un jeune homme demande: «L'église Saint-Sulpice, s'il vous plaît.» _____

   _____

3. Vous êtes dans la rue du Four, et quelqu'un vous demande le chemin pour *(way to)* la gare Montparnasse. Quelle est votre réponse? _____

   _____

4. Vous habitez la rue de Rennes, près du boulevard Montparnasse. Un autre étudiant qui étudie à la bibliothèque de la Sorbonne va vous rendre visite ce soir. Expliquez-lui le chemin pour aller chez vous. _____

   _____

5. Vous habitez près de Saint-Séverin, votre amie est à Saint-Sulpice. Elle téléphone et demande le chemin pour venir chez vous. Que dites-vous *(do you say)*? _____

   _____

 Copyright © Houghton Mifflin Company. All rights reserved.

VISIONNEMENT

D. Que voyez-vous?   Now view the dialogue («Le Coup de fil») without the sound. Make a list of the aspects you see that are typical of the Left Bank according to the description in exercise A.

Monuments   Autres choses

_____   _____

_____   _____

_____   _____

_____   _____

E. Les yeux travaillent.   Often the image provides extremely useful clues for understanding the dialogue. Watch the segment without the sound and guess what is happening in the following situations. You may answer these questions in English.

1. What's written on the paper Jean-François is holding?

_____

2. Where is he going?

_____

3. What does he say to the woman in the street?

_____

4. What does he say to the woman in the phone booth?

_____

5. What does he ask the man next to the phone booth?

_____

6. Whom does Jean-François call?

_____

7. What does he ask?

_____

F. Les mots-clés *(key words)*.   Based on your answers to exercise E, what words do you expect to hear in this segment? Circle the words in the following list that you expect to hear.

comment	autoroute	hors-d'œuvre
porte d'entrée	croissant	urgent
allô	fermée *(closed)*	grande
code	cher	rue
beaucoup	rouge	numéro

G. Les mots du dialogue.   Now watch the segment with the sound and cross out the words in exercise F that you hear in the dialogue.

H. Le sens du dialogue.   View the segment again with the sound. Did you guess right? This time answer the questions in French.

1. Qu'est-ce qui est écrit sur le papier de Jean-François? _____

_____

2. Où va-t-il? _____

3. Que dit Jean-François à la dame dans la rue? _____

_____

4. Que dit Jean-François à la dame dans la cabine téléphonique? _____

_____

5. Que dit Jean-François au monsieur près de la cabine téléphonique? _____

_____

6. À qui Jean-François téléphone-t-il? _____

7. Qu'est-ce qu'il demande? _____

 I. Les réponses.   During this segment Jean-François finds out about two things he needs. The lady in the street tells him about one, while the man near the phone booth tells him about the other. List the two items and describe what Jean-François needs each for.

1. _____

_____

2. _____

_____

J. Le chemin de Jean-François.   Now view the dialogue one last time. Mark the route taken by Jean-François on this map.

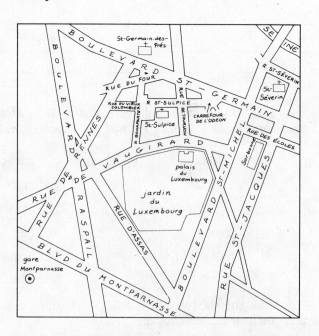

246

Copyright © Houghton Mifflin Company. All rights reserved.

GROS PLAN   LA TÉLÉCARTE

PRÉPARATION

K.   Au téléphone.   Imagine that you are an exchange student in France trying to place an overseas call. With a partner, play the roles of operator and student. Use expressions from the list provided.

Allô.	*Hello.*
Je voudrais téléphoner à ...	*I want to call (a person) ...*
Je voudrais appeler le ...	*I want to call (a number) ...*
Quel numéro demandez-vous?	*What number are you calling?*
Ne quittez pas!	*Don't hang up!*
Mettez votre carte dans la fente.	*Put your card in the slot.*
Composez le numéro.	*Dial the number.*
Il faut une autre carte.	*You need another card.*

VISIONNEMENT

L.   Le bon ordre.   View the segment without the sound. Then put the following activities in the order in which they appear. Circle the activity that doesn't take place during this segment. The first one has been done as a model.

____ raccrocher	____ patienter	____ enlever la carte
____ parler à l'opérateur	____ composer le numéro	____ introduire la carte
____ décrocher	_1_ entrer dans la cabine	

M.   Comment téléphoner.   Now view the segment with the sound and answer the following questions.

1. Qu'est-ce qui est nécessaire pour téléphoner dans les nouvelles cabines «téléphoniques»?

_____

2. Qu'est-ce qu'on peut acheter *(can buy)* dans toutes les agences de France Télécom?

_____

3. Qu'est-ce qu'on peut acheter dans tous les bureaux de tabac?

_____

4. Quelle est la première chose qu'il faut faire pour téléphoner?

_____

5. Qu'est-ce qu'on apprend *(learns)* dans le message digital?

_____

6. Qu'est-ce qu'il faut faire ensuite?

_____

7. Qu'est-ce qu'il faut faire à la fin de la communication?

_____

8. Qu'est-ce qu'il faut employer pour entrer dans le nouveau monde des communications?

_____

Module II: VIDEO WORKBOOK   Copyright © Houghton Mifflin Company. All rights reserved.   **247**

APPLICATIONS

N. L'écran digital. Here are some sample instructions that might appear on the screen of a French telephone booth. Read each instruction, then circle the letter of the action that you should carry out.

INTRODUISEZ VOTRE CARTE
a. Achetez une autre carte.
b. Mettez (*Put*) votre télécarte dans la fente.
c. Tapez le nom de votre carte.
d. Il n'y a plus d'unités.

PATIENTEZ, SVP
a. Ne faites rien.
b. Votre carte n'est pas bonne.
c. Composez votre numéro.
d. Mettez votre télécarte dans la fente.

CRÉDIT: 19 UNITÉS, NUMÉROTEZ
a. Votre carte est bonne, attendez.
b. Votre communication coûte 19 francs.
c. Vous avez déjà demandé trop de crédit.
d. Votre carte est bonne, composez votre numéro.

CRÉDIT ÉPUISÉ, RACCROCHEZ SVP
a. Votre carte est bonne, attendez.
b. Votre carte est bonne, composez votre numéro.
c. Votre carte est mauvaise, attendez.
d. Votre carte est mauvaise, posez le téléphone.

NUMÉRO APPELÉ: 37522908
a. Appelez (*call*) le numéro affiché.
b. Le numéro de ce téléphone est 37522908.
c. Le numéro 37522908 appelle cette cabine téléphonique.
d. Vous avez appelé le numéro affiché.

REPRENEZ VOTRE CARTE
a. La communication est terminée; la machine garde votre carte.
b. Achetez une autre carte.
c. Il faut une autre carte, celle-ci n'est plus bonne.
d. La communication est terminée; retirez votre carte.

O. Les instructions. Look carefully at the drawing of a French phone booth on the facing page. Then provide the following information.

1. 43 26 32 68 est le numéro de quoi?

_____

2. Qui répond quand on compose le 18?

_____

3. Quel numéro faut-il composer pour avoir les renseignements?

_____

4. Quel est l'indicatif pour les États-Unis?

_____

5. Quel numéro faut-il composer pour avoir les renseignements aux États-Unis?

_____

6. Que faut-il faire si l'appareil est en panne (*out of order*)?

_____

 Copyright © Houghton Mifflin Company. All rights reserved.

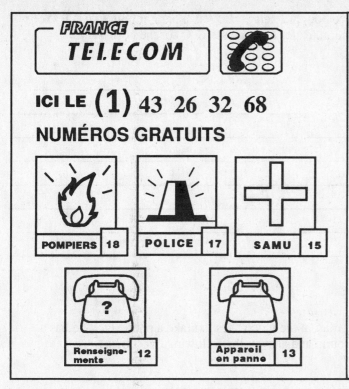

FRANCE
TELECOM

ICI LE **(1)** 43 26 32 68
NUMÉROS GRATUITS

POMPIERS 18   POLICE 17   SAMU 15

Renseigne-ments 12   Appareil en panne 13

POUR COMPOSER LE NUMÉRO

NATIONAL

Région Parisienne 8 Chiffres	Province 16 ~ + 8 Chiffres

INTERNATIONAL - DOM -TOM
19 ~ + indicatif pays + numéro
19 ~ + country code + number

C.E.E - E.E.C.

Allemagne	49	Irlande du Nord	44
Belgique	32	Irlande (Rép. d')	353
Danemark	45	Italie	39
Espagne	34	Luxembourg	352
Grande-Bretagne	44	Pays-Bas	31
Grèce	30	Portugal	351

Algérie	213	Japon	81
Canada	1	Maroc	212
États-Unis	1	Suisse	41
Israël	972	Tunisie	216

Renseignements: 19 ~ + 33 +12 + indicatif pays
Informations: 19 ~ + 33 + 12 + country code

PROBLÈME!   PLUS D'UNITÉS

PRÉPARATION

P.   Acheter une télécarte.   In this segment, Jean-François has to go to a **tabac** *(tobacco shop)* to buy a **télécarte** in order to make a phone call. Imagine the conversation between Jean-François and the salesperson from whom he buys the **télécarte**. Don't forget that Jean-François doesn't know anything about **télécartes** (the price, the number of **unités** on the card, whether there are different kinds of cards, etc.). Add to the following conversation at least three more exchanges between Jean-François and the salesperson.

LE VENDEUR (LA VENDEUSE):   *Bonjour, Monsieur. Vous désirez?*
JEAN-FRANÇOIS: *Je désire quelque chose pour téléphoner.*
LE VENDEUR: *Qu'est-ce que vous désirez exactement?*

_____

_____

_____

_____

_____

_____

_____

_____

Q. Comment ça marche? You have bought a **télécarte.** Ask a partner how to use it. Your partner provides the necessary explanation. Refer to exercises K-O for the necessary expressions.

_____
_____
_____
_____
_____
_____
_____
_____

VISIONNEMENT

R. Plus d'unités. When the young man in the video tries to make a phone call, he has a problem. View this segment with the sound and answer the following questions.

1. Qu'est-ce que le jeune homme dans la vidéo veut faire _(wants to do)_? _____

_____

2. Quel problème a-t-il? _____

_____

3. Que peut-il _(can he)_ faire maintenant s'il a une autre carte dans la poche _(his pocket)_?

_____

4. Que peut-il faire maintenant s'il a de l'argent dans son portefeuille _(wallet)_?_____

_____

5. Que peut-il faire s'il n'a ni _(neither)_ carte ni _(nor)_ argent? _____

_____

APPLICATIONS

S. Comment on téléphone avec la télécarte. On the next page, you will see a technical explanation of the electronic **puce** (literally, _flea,_ because of its small size and shape) at the heart of the **télécarte** and French public telephones. First read the explanation. (Don't worry if you can't understand every word.) Then answer the questions.

1. Combien de publiphones y a-t-il en France? _____

_____

2. Quand on introduit la carte dans le publiphone, qu'est-ce qui se passe _(what happens)_? _____

_____

3. Où se trouve la puce? _____

_____

Copyright © Houghton Mifflin Company. All rights reserved.

4. Qu'est-ce qui *(what)* est contenu dans le réseau de microfils *(microwire network)*? _____

_____

5. Qu'est-ce qu'il y a à chaque *(each)* carrefour *(crossing)* dans le réseau de microfils? _____

_____

6. Qu'est-ce qui se passe aux fusibles *(fuses)* de la puce au fur et à mesure des communications *(with each phone call)*? _____

_____

COMMENT ON TELEPHONE AVEC LA TELECARTE

LA TELECARTE
La puce minuscule (moins de 2 mm de côté), comporte une mémoire en deux parties. D'une part, le numéro d'identification de la télécarte (comme pour un billet de banque). D'autre part le stock d'unités: il s'agit d'un réseau de microfils qui comprend autant de carrefours que d'unités; chaque carrefour est muni d'un fusible, qui sera grillé au fur et à mesure de la communication.

PUBLIPHONE
On en compte 66000 sur l'ensemble du territoire. Quand on introduit la carte dans le publiphone, un lecteur transmet les données stockées dans la puce à l'Unité de raccordement publiphone (URP).

Copyright © Houghton Mifflin Company. All rights reserved.

SUPPLÉMENT

➡️⬅️ **T. Plus ça change, plus c'est la même chose.** With a partner, imagine the conversations between a student in Paris during the time of the old black telephone and a local operator who shares his or her problems with callers. You may give the phone number in French style (437 = **quatre cent trente-sept**) or in Canadian style (437 = **quatre-trois-sept**). The operator will tell you about the problems of his/her daughter, his/her little boy, or his/her neighbor Rosalie. You, of course, will try to show interest in these problems. Here are the people you call. Follow the model.

◼ **Votre sœur Françoise à New York (212/288-4237)**

L'ÉTUDIANT(E): *Allô. Je voudrais téléphoner à ma sœur à New York, s'il vous plaît. Deux cent douze, deux cent quatre-vingt-huit, quarante-deux, trente-sept.*

LE/LA STANDARDISTE: *Ah oui, comment va votre sœur maintenant? Est-elle toujours malade?*

L'ÉTUDIANT(E): *Heureusement, non. Elle n'est plus (no longer) malade.*

LE/LA STANDARDISTE: *C'est bien. Ma voisine (neighbor) Rosalie est malade depuis deux semaines.*

C'est difficile. J'ai préparé de la soupe pour son dîner.

L'ÉTUDIANT(E): *Ah bon! ...*

2. Votre frère Victor à Chicago (312/376-8997)
3. Vos parents qui voyagent en France (33/1-42.69.17.26)
4. Votre amie Germaine qui habite près de chez vous (37.52.36.95)
5. Votre copain (*friend, pal*) Bruno en Suisse (41/84.72.98.67)

U. Le dialogue écrit. When you have finished the oral interchange of the preceding exercise, choose your best dialogue and write it out.

_____
_____
_____
_____
_____
_____
_____

 Copyright © Houghton Mifflin Company. All rights reserved.

MODULE III   LE MÉTRO

> Suggestion: Review Chapter 6 of
> **Entre amis** before completing this
> module.

MISE EN SCÈNE

Paris est une grande ville, mais les transports en commun *(public transportation)* sont faciles *(easy)* à employer et pas chers. Aujourd'hui, Marie-Christine et Jean-François traversent *(cross)* la ville pour visiter un grand magasin *(department store)*.

PRÉPARATION

A.   Le métro en France.   Read the following paragraph and answer the questions.

Cinq villes françaises ont un chemin de fer *(railroad)* métropolitain, ou *métro*: Bordeaux, Lille, Lyon, Marseille et, bien sûr, Paris. Inauguré en 1900, le métro de Paris a aujourd'hui un réseau *(network)* long de plus de trois cents kilomètres. C'est le troisième métro du monde en longueur, après les métros de Londres et New York. Dans les 368 stations il y a soixante kilomètres de quais *(platforms)*. Les stations les plus fréquentées sont les grandes gares: Gare Saint-Lazare, Gare du Nord, Gare Montparnasse, Gare de l'Est, Gare de Lyon, Gare d'Austerlitz. En tout, six milliards *(billion)* de voyageurs par an, avec quatre cent millions de voyageurs supplémentaires sur le Réseau Express Régional *(Regional Express Network)*, ou RER, qui sert *(serves)* la banlieue *(suburbs)* parisienne. Depuis *(Since)* août 1991, il n'y a qu'une seule *(there's only one)* classe dans le métro, toute la journée. Mais attention, le RER garde encore les deux classes traditionnelles, première et seconde, sur la totalité de ses 358 kilomètres.

1. Paris n'a pas le seul métro en France. Combien d'autres villes françaises ont un métro?

    _____

2. Le métro de Paris a quel âge? _____

3. Combien de métros sont plus longs que le métro de Paris?

    _____

4. Combien y a-t-il de stations dans le métro parisien?

    _____

5. Quelles sont les stations les plus fréquentées? _____

    _____

6. Combien de voyageurs y a-t-il chaque année sur le métro de Paris?

    _____

7. Combien de voyageurs y a-t-il tous les ans sur le RER?

    _____

8. Est-ce que le métro a deux classes? Et le RER? _____

    _____

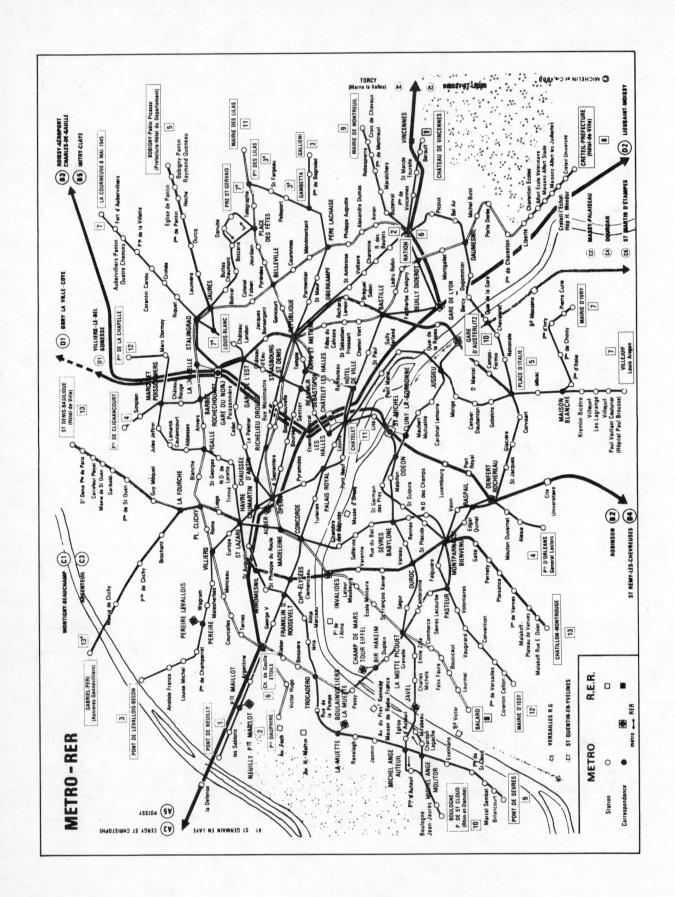

METRO - RER

Copyright © Houghton Mifflin Company. All rights reserved.

B. Comment y aller? Look at the Paris métro map on the preceding page and decide whether the following statements are true (**Vrai**) or false (**Faux**). Circle the appropriate letter.

V   F   1. Marie-Christine et Jean-François sont à la station Sèvres-Babylone. Pour aller à l'Opéra en métro, ils passent par la station Place de la Concorde et la station Gare Saint-Lazare.

V   F   2. Si la ligne numéro huit (Balard–Créteil) est fermée, on peut prendre (*can take*) la direction Nation et on doit changer à la Bastille.

V   F   3. Si la ligne numéro douze (Mairie d'Issy–Porte de la Chapelle) est fermée, on peut prendre la ligne numéro dix et changer à Odéon et à Réaumur-Sébastopol.

V   F   4. Si, après leur visite à l'Opéra, Marie-Christine et Jean-François désirent aller au cinéma Action Rive Gauche (Métro Cardinal Lemoine), ils peuvent (*can*) prendre la ligne numéro sept et changer à Place d'Italie.

V   F   5. Si après le cinéma Marie-Christine et Jean-François désirent visiter l'Arc de Triomphe (Métro Charles de Gaulle–Etoile), ils peuvent prendre la ligne numéro huit et changer à Place de la Concorde.

VISIONNEMENT

C. Qu'est-ce qu'il faut faire? Watch the segment with the sound on and answer the following questions.

1. Marie-Christine et Jean-François sont devant quelle station de métro?
   a. Opéra   c. Saint-Sulpice
   b. Porte de la Chapelle   d. Sèvres-Babylone

2. Selon (*According to*) Marie-Christine, quelle direction faut-il prendre pour aller aux Galeries Lafayette?
   a. Porte de la Chapelle   c. Créteil
   b. Porte d'Orléans   d. Porte de Clignancourt

3. Toujours selon Marie-Christine, quelle ligne de métro faut-il prendre?
   a. ligne deux   c. ligne dix
   b. ligne douze   d. ligne dix-huit

4. Selon Jean-François, où faut-il changer de ligne de métro?
   a. Opéra   c. Madeleine
   b. Créteil   d. Porte de Clignancourt

5. Toujours selon Jean-François, à quelle station faut-il descendre (*get off*)?
   a. Madeleine   c. Créteil
   b. Opéra   d. Porte d'Orléans

6. Que suggère le passant (*passerby*)?
   a. Il suggère de prendre l'autobus.   c. Il suggère de prendre le batobus.
   b. Il suggère de prendre un taxi.   d. Il suggère de prendre une autre ligne.

7. Que demande Marie-Christine?
   a. C'est quel autobus?   c. Où se trouve l'entrée du métro?
   b. Où est le taxi?   d. Où est l'arrêt?

8. Que demande Jean-François?
   a. Où est ma carte orange?   c. Est-ce que je peux utiliser ma carte orange?
   b. Où est mon ticket?   d. Où est-ce qu'on achète un ticket?

     Copyright © Houghton Mifflin Company. All rights reserved.

GROS PLAN   LE TRANSPORT EN COMMUN

VISIONNEMENT

D. Que voyez-vous? Watch the **Gros Plan** of Module III: **Le transport en commun** with the sound off. Check off any of the following modes of transportation that you see in the **Gros Plan.** Then watch the beginning of the Module III dialogue **Le Métro** and circle the names of all the modes of transportation that you see there.

_____	la moto	_____	la mobylette
_____	le taxi	_____	l'autobus
_____	le bateau *(boat)*	_____	la bicyclette
_____	le métro	_____	l'avion *(airplane)*
_____	la voiture	_____	le funiculaire *(funicular railway)*
_____	le camion *(truck)*		

E. Les moyens de transport. Watch the **Gros Plan** again and complete the following sentences by drawing a line to match each mode of transportation to the appropriate description.

La voiture   est à Montmartre.

Le taxi   a un chauffeur qui s'arrête *(stops)* où on veut *(wants)*.

L'autobus   ferme à une heure du matin.

Le funiculaire   porte le nom d'un chanteur et acteur français.

Le batobus   est difficile à conduire *(to drive)* à Paris parce qu'il y a beaucoup de circulation *(traffic)*.

Le métro   est toujours vert.

POUR UN OU QUELQUES VOYAGES

LE TICKET

Vous pouvez acheter des tickets à l'unité ou par carnets de 10.

Ils sont valables pour un seul trajet :

Dans le **métro**, le tarif est indépendant du parcours à effectuer et un seul ticket permet la libre correspondance entre les lignes.

Pour le **RER**, le tarif dépend de la classe choisie (1re ou 2ème classe) et du trajet.

Cependant sur la section urbaine du RER (gares RER de Paris et gare de Gentilly), la tarification est indépendante du trajet et permet la libre correspondance entre les lignes de métro et du RER. Au-delà de cette section urbaine, le prix des tickets dépend du parcours.

Pour le **bus**, chaque ligne est divisée en plusieurs sections. Un ticket n'est valable que pour un trajet compris dans une ou deux sections. Pour 3 sections ou plus, il faut utiliser 2 tickets pour les bus de Paris (numéros de lignes inférieurs à 100 et Montmartrobus) et de 2 à 6 tickets pour les bus de banlieue (numéros de lignes supérieurs à 100), pour le bus PC, Balabus et Orlybus. Un tarif spécial est appliqué sur les Noctambus, lignes de bus de nuit dans Paris.

Pour le **funiculaire** de Montmartre, un ticket permet d'effectuer un aller simple (montée ou descente).

Pour Orlyval, entre Antony et l'aéroport d'Orly, une tarification spéciale est appliquée.

Tickets	2e classe	1re classe (1)
Ticket métro-autobus à l'unité	5,50 F	8,50 F
Carnets de 10 tickets		
• plein tarif	34,50 F	52,00 F
Tickets RER pour trajets Paris-Banlieue	jusqu'à	jusqu'à
• plein tarif	18,00 F	28,00 F
Orlybus	6 tickets ou 1 billet spécial à 21,00 F	
Noctambus		
• trajet simple : 3 tickets		
• 2 trajets consécutifs avec correspondance à Châtelet : 4 tickets		
Orlyval (+ RER via Antony)		
• trajet Orly <—> Paris : 55,00 F		
• autres trajets : de 46,00 F à 85,00 F		

(1) 1re classe uniquement sur le RER.

                                    Copyright © Houghton Mifflin Company. All rights reserved.

APPLICATIONS

F. Le ticket. Read the information on the previous page about the Paris transportation system. You may not understand every word, but you should be able to find the answers to these questions.

1. Combien de tickets y a-t-il dans un carnet *(pack)*?

_____

2. Combien coûte *(cost)* un carnet?

_____

3. Combien de tickets faut-il *(are necessary)* pour prendre le métro?

_____

4. Combien de tickets faut-il pour un trajet *(trip)* en autobus de cinq sections?

_____

5. Combien de tickets faut-il pour monter *(go up)* à Montmartre par le funiculaire et pour redescendre *(come back down again)*? _____

_____

6. Si vous désirez prendre l'autobus la nuit, combien de tickets faut-il?

_____

G. Les endroits. Decide where each person is going based on what each is going to do. Then complete the sentences. Choose from the following list. Use the correct form of **aller** and don't forget to make contractions (à + le = au, à + les = aux).

la piscine	la banque	la pharmacie	le centre commercial
l'aéroport	le cinéma	la boulangerie	la pâtisserie

◼ J'aime manger les gâteaux.
Je vais à la pâtisserie.

1. Jean-François finit son séjour en France. Il retourne au Canada cet après-midi.

_____

2. Marie-Christine veut acheter une nouvelle robe pour la boum.

_____

3. Moustafa a mal à la tête *(headache)*.

_____

4. Nathalie a envie de nager.

_____

5. Nous préférons regarder un film.

_____

6. Tu désires acheter une baguette *(loaf of bread)*.

_____

 Copyright © Houghton Mifflin Company. All rights reserved.

PRÉPARATION

H. La Carte Orange.   Following is a description of how a monthly public transportation pass works in Paris. Answer the questions based on the passage.

POUR UNE SEMAINE OU POUR UN MOIS : LA CARTE ORANGE
(Coupon Jaune ou Coupon Orange)

La carte orange se compose d'une carte nominative (avec une photo) accompagnée:
■ d'un **coupon jaune** hebdomadaire : valable du lundi au dimanche inclus,
■ d'un **coupon orange** mensuel : valable du premier au dernier jour du mois,
sur l'ensemble des lignes de métro, bus, RER, trains SNCF Ile-de-France, bus APTR ou ADATRIF, sur le funiculaire de Montmartre et sur le Balabus, le Montmartrobus, les Noctambus, Orlybus, Orlyrail et Roissyrail dans la limite des zones choisies.

Carte Orange	Coupon jaune (hebdomadaire)		Coupon orange (mensuel)	
	2ᵉ cl.	1ʳᵉ cl.(1)	2ᵉ cl.	1ʳᵉ cl.(1)
Zones 1-2	54 F	81 F	190 F	285 F
Zones 1-2-3	71 F	115 F	247 F	399 F
Zones 1-2-3-4	98 F	169 F	342 F	589 F
Zones 1-2-3-4-5	119 F	211 F	416 F	737 F
Zones 1-2-3-4-5-6	123 F	219 F	429 F	763 F
Zones 1-2-3-4-5-6-7	137 F	247 F	481 F	867 F
Zones 1-2-3-4-5-6-7-8	153 F	279 F	534 F	973 F

Les coupons mensuels sont en vente à partir du 20 du mois pour le mois suivant.

Emploi de la Carte Orange

Dans le métro, on introduit le coupon de Carte Orange dans la machine de contrôle, comme un ticket de métro. Par contre *(on the other hand)* dans l'autobus il ne faut pas *(one must not)* introduire le coupon de Carte Orange dans la petite machine de contrôle qui sert *(is used)* pour les tickets parce que cela détruit *(destroys)* les informations conservées sur la bande magnétique du coupon; il suffit *(it's enough)* d'avoir toujours en sa possession une Carte Orange et un coupon valable. En cas de démagnétisation de votre coupon, adressez-vous au guichet *(ticket window)* d'une station de métro ou d'une gare. Il vous sera remis *(You will be given)* un nouveau coupon.

1. La Carte Orange est composée de deux parties. L'une est un coupon orange mensuel *(monthly)*. Quelle est l'autre partie? _____

2. Le coupon orange mensuel est valable de quel jour à quel jour?

_____

3. Voici une liste de transports parisiens. Soulignez *(Underline)* les transports où on peut *(can)* employer une Carte Orange.

le métro	les taxis	le RER
l'autobus	le batobus	Orlybus
le funiculaire de Montmartre	les bateaux-mouche	les Noctambus

4. Combien coûte une Carte Orange en deuxième classe pour les zones un et deux (Paris et les environs immédiats)? _____

5. Combien coûte une Carte Orange pour les zones un à huit (toute la région parisienne, jusqu'à cinquante kilomètres de Paris)? _____

6. Quand les coupons mensuels sont-ils mis en vente *(put on sale)*?

_____

7. Vous êtes dans une station de métro le 26 mars et vous voulez acheter un coupon mensuel de Carte Orange pour les zones un, deux, trois et quatre. Que dites-vous *(say)* pour acheter votre coupon?

_____

_____

8. Quelle est la réponse de l'employé(e) *(employee)*? _____

_____

258   Copyright © Houghton Mifflin Company. All rights reserved.

VISIONNEMENT

 I. Qu'est-ce qui se passe? Watch the **Problème** section with the sound on and answer the following questions.

1. Qui prend (*takes*) le métro? _____

2. Qui prend l'autobus? _____

3. Quel est le problème de Jean-François? _____

_____

4. Qu'est-ce que Marie-Christine demande à Jean-François? _____

_____

5. Qu'est-ce qui a causé le problème de Jean-François? _____

_____

APPLICATIONS

 J. Problèmes/solutions. Write a short dialogue with a classmate. (Refer to Activity H for the necessary vocabulary.) Imagine that you both put your **Cartes Oranges** in the bus machine and now they won't work in the métro. You'll need to address the following issues:

1. Où êtes-vous? _____

2. Où allez-vous? _____

3. Comment est-ce que vous y allez? _____

_____

4. Avez-vous de l'argent? (Combien d'argent faut-il? Combien d'argent avez-vous?)

_____

5. Avez-vous des amis qui habitent dans le quartier?

_____

 Copyright © Houghton Mifflin Company. All rights reserved.

SUPPLÉMENT

K. Suivez le guide. Imagine you are visiting Paris with a friend and you are staying at a hotel near the Arc de Triomphe. Study the list of well-known tourist sights and locate them on the métro map. Then give your partner directions to go to three different sights from the hotel. Can he/she find them by tracing the route on the map according to your directions? Begin at métro station Charles de Gaulle–Étoile and use the expressions from the model.

Code on map	Tourist sight	Métro stop
A.	Arc de Triomphe	Charles de Gaulle–Étoile
B.	Musée Rodin	Invalides
C.	Notre-Dame	Cité
D.	Centre Pompidou	Châtelet–Les Halles
E.	La Sorbonne	Cluny-La Sorbonne
F.	Opéra de la Bastille	Bastille
G.	Madeleine	Madeleine

■ *Trouve* (Find) *la station* **Charles de Gaulle–Étoile.**
Prends (Take) *la direction* **Château de Vincennes.**
  (Remember: the direction of a métro line refers to the name of the stops on either end of the line.
  For example, line # 1 can be taken in the direction of Pont de Neuilly or Château de Vincennes.)
Change (Get off) *à la station* **Châtelet.**
Prends la correspondance et prends la ligne numéro **4,** *direction* **Porte d'Orléans.**
Descends à la station **Cité.** *Quel monument vas-tu visiter?*

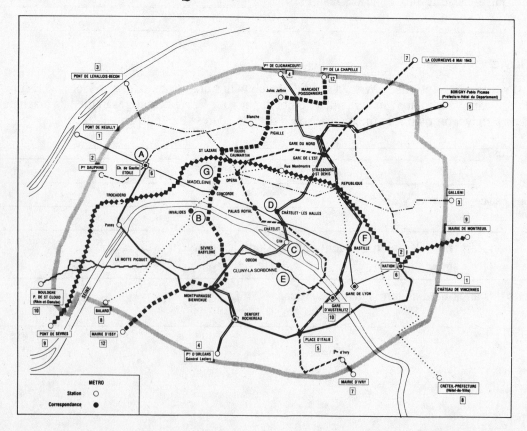

Copyright © Houghton Mifflin Company. All rights reserved.

MODULE IV   LA BOULANGERIE

Suggestion: Review Chapters 7 of **Entre amis** before completing this module.

MISE EN SCÈNE

Ce matin, Jean-François et Marie-Christine doivent retrouver des amis au café, mais Jean-François trouve que le petit déjeuner au café est trop cher. Pas de problème. Marie-Christine lui suggère d'acheter des croissants dans une boulangerie. Pendant ce temps, elle fait du café.

PRÉPARATION

A.   À la boulangerie.   Here are some of the expressions you will need to understand the problem that Jean-François has run into today. Match each expression with its definition by writing the appropriate number in front of each definition.

1. la boulangerie   _____ petite pâtisserie en forme de quart de lune *(moon)*

2. le boulanger   _____ aliment *(food)* sucré cuit *(cooked)* au four *(in the oven)* et
                                souvent mangé en dessert

3. le four   _____ aliment oval employé dans la pâtisserie

4. le blé   _____ C'est lui qui fait le pain.

5. la farine   _____ aliment fabriqué avec de la farine *(flour)* et cuit au four

6. le pain   _____ On y fabrique et vend le pain.

7. les œufs   _____ On y cuit le pain.

8. le croissant   _____ petit pain rond et plat, légèrement sucré, couvert de raisins secs

9. le pain aux raisins   _____ céréale utilisée dans la fabrication du pain

10. la pâtisserie   _____ poudre faite avec une céréale (du blé *(wheat)*, par exemple)
                                employée dans la fabrication du pain

B. Comment est-ce qu'on y va?   Do this exercise with a partner. First, one of you asks the other for directions to get from your French class to each of the places mentioned. Work together to write the instructions down in the space provided. Use the vocabulary provided and follow the **Modèle**.

traverse	ensuite	à côté de	derrière
tourne	puis	loin de	devant
prends (take)		près de	à droite
continue	la rue (street)	entre	à gauche

❚ Votre maison

VOUS: *Comment est-ce qu'on va à votre maison?*

VOTRE PARTENAIRE: *Prends la rue du Lac à gauche et traverse le pont. Ensuite tourne à droite dans la première rue et c'est la maison verte à gauche.*

1. votre maison

_____

_____

2. votre restaurant préféré (favorite)

_____

_____

_____

3. un supermarché

_____

_____

_____

4. une banque

_____

_____

_____

VISIONNEMENT

C. Regardez bien!   View the first part of Module IV without the sound. Make a list of any object or building that you see for which you know the French word.

OBJETS

_____

_____

_____

_____

_____

BÂTIMENTS

_____

_____

_____

_____

_____

Copyright © Houghton Mifflin Company. All rights reserved.

D. Écoutez bien!   Now view the first part of Module IV with the sound, then answer the questions.

1. Que cherche Jean-François?

_____

2. Où a-t-il déjà cherché?

_____

3. Qu'est-ce qu'il demande à l'artiste?

_____

4. Que dessine *(draws)* l'artiste?

_____

5. Quelle heure est-il quand Jean-François quitte l'artiste la première fois?

_____

6. Quelle jour de la semaine est-ce?

_____

APPLICATIONS

E.   Enfin une boulangerie ouverte!   Complete the following paragraph by providing the **passé composé** of the verbs in parentheses. You must choose whether to use **avoir** or **être** as the auxiliary verb. Remember to make the past participle agree when appropriate. Make all other necessary changes (**Je → J'**, etc.).

Je _____ (aller) à Montmartre ce matin. Je _____ (chercher) une

boulangerie ouverte partout. D'abord je _____ (monter) en haut de *(to the top of)* la rue

des Abbesses, mais je _____ (ne pas trouver) de boulangerie. Je

_____ (demander) à un artiste qui me _____ (indiquer) une

autre boulangerie, mais encore une fois je le _____ (trouver) fermée. Ensuite je

_____ (retourner) voir l'artiste, qui me _____ (donner) une

autre indication. Je _____ (descendre) tout en bas de *(to the very bottom of)* la

rue Lepic où je _____ (tomber) enfin sur une boulangerie ouverte. Je

_____ (entrer) dans la boulangerie et je _____ (demander)

deux croissants.

   Copyright © Houghton Mifflin Company. All rights reserved.

F. Le pain. Try to match each French expression with its English equivalent by writing the appropriate number in the blank provided. (The answers for activities F and G are provided at the end of the module.)

1. le pain bénit   ____ (our) daily bread

2. le pain complet   ____ spice bread (gingerbread)

3. le pain d'épices   ____ cake of soap

4. le pain de mie   ____ sandwich bread

5. le pain de campagne   ____ toast

6. le pain noir   ____ country-style bread

7. le pain rassis   ____ roll

8. le petit pain   ____ consecrated bread (for Holy Communion)

9. le pain perdu   ____ French toast

10. le pain quotidien   ____ whole-grain bread

11. le pain de savon   ____ black bread

12. le pain grillé   ____ stale bread

G. Encore du pain. Now do the same thing with the following phrases using the word **pain**.

1. avoir du pain sur la planche *(cutting board)*   ____ to sell like hotcakes

2. acheter pour une bouchée *(mouthful)* de pain   ____ good-hearted

3. bon comme du bon pain   ____ to begin with the dessert

4. gagner *(to earn)* son pain   ____ as long as a month of Sundays

5. manger son pain blanc le premier   ____ to have no stomach for it

6. retirer *(to pull out)* le pain de la bouche *(mouth)* de quelqu'un   ____ to have your work cut out for you

7. long comme un jour sans pain   ____ to bump someone off

8. ne pas manger de ce pain-là   ____ to buy for a mere song

9. ôter *(take away)* le goût *(taste)* du pain à quelqu'un   ____ to earn one's living

10. se vendre comme des petits pains   ____ to deprive someone of basic necessities

264

Copyright © Houghton Mifflin Company. All rights reserved.

GROS PLAN   LA BOULANGERIE

PRÉPARATION

H.   Seriez-vous un bon boulanger ou une bonne boulangère?   Following is a synopsis of the bread-making process, but many of the important words are left out. Fill in the missing words choosing from the list provided. Some words will be used more than once. You will not always use the article.

la tartine	*buttered bread*
la farine	*flour*
le blé	*wheat*
l'eau (*f.*)	*water*
le pain	*bread*
la pâte	*dough*
le sandwich	*sandwich*
le four	*oven*
la boulangerie	*bakery*
le pain grillé	*toast*

1. Au début, avec du bon _____, on fait de la bonne _____.

2. On livre *(delivers)* _____ à la boulangerie.

3. Le boulanger mélange _____ avec de _____ et de la levure *(yeast)*.

4. Le boulanger pétrit ce mélange, qui devient une _____ épaisse *(thick)*.

5. Quand il a pesé *(weighed)* la _____ il la laisse lever *(rise)*.

6. Quand la pâte a levé, il la met au _____.

7. Quand la _____ est cuite, on l'appelle du _____.

8. Le _____ est ensuite vendu dans une _____.

9. Avec le _____ on peut faire des _____, des

_____ ou du _____.

VISIONNEMENT

I.   Est-ce vrai?   View the **Gros Plan** and decide if the following statements are true (**Vrai**) or false (**Faux**). Circle the appropriate letter.

V	F	1. Le boulanger s'appelle Jacques.
V	F	2. Il commence à préparer le pain à quatre heures.
V	F	3. Il chauffe *(heats)* son four à l'électricité.
V	F	4. Son four est en métal.
V	F	5. Le boulanger prépare le pain à l'aide d'une machine électrique.
V	F	6. Le pâtissier emploie un rouleau à main *(rolling pin)* pour étaler *(roll out)* sa pâte.
V	F	7. Le boulanger pèse le pain à la main.
V	F	8. Le pâtissier casse *(breaks)* les œufs *(eggs)* à la main.
V	F	9. Le boulanger travaille sur une vieille planche en bois *(old wooden breadboard)*.
V	F	10. Le boulanger fait aussi de la pâtisserie *(pastry)*.

    Copyright © Houghton Mifflin Company. All rights reserved.

J. Avez-vous faim? At the end of this **Gros Plan** you see a display of bakery goods. Complete the following list by filling in the missing prices. Then give a brief description of each item.

PRODUIT	PRIX	DESCRIPTION
croissant		
petit pain		
pain aux raisins		
pain au chocolat		
pain au lait		
chausson aux pommes		

APPLICATIONS

K. L'alimentation des Français. Look carefully at the following table, then answer the questions.

L'ALIMENTATION DES FRANÇAIS		(en kilogrammes par personne par an)			
	Pain	Graisses (Fat)	Sucre	Viande (Meat)	Pommes de terre (Potatoes)
1880	219	18	1	20	201
1910	182	22	5	35	189
1936	128	30	22	47	143
1970	81	35	20	84	96
1982	69	40	14	110	70

1. Les Français ont sans arrêt (constantly) augmenté (increased) leur consommation (consumption) de certains aliments. Lesquels? _____

2. De quels aliments les Français ont-ils diminué (decreased) sans arrêt la consommation?

_____

3. De quel aliment est-ce que les Français ont commencé assez récemment à diminuer la consommation? _____

4. En quelle année est-ce que la consommation de pain et la consommation de viande en France étaient (were) presque égales (equal)?

_____

5. Comment expliquez-vous ces changements dans la nourriture (food) des Français?

_____

6. À votre avis, quelles sont les différences entre les statistiques d'alimentation pour la France et pour les États-Unis? _____

Copyright © Houghton Mifflin Company. All rights reserved.

PROBLÈME!   IL N'Y A PLUS DE CROISSANTS!

VISIONNEMENT

L.   Les mots employés.   Watch the **Problème** of Module IV with the sound on. Pay special attention to the characters' choice of vocabulary. Then provide the following words used in the video.

1. un synonyme de «tout à fait» _____

2. un synonyme de «absolument» _____

3. le contraire de «les premières» _____

4. les ingrédients employés dans les croissants _____

5. le mot employé pour exprimer la qualité des croissants _____

6. un synonyme de «je regrette» _____

M.   Des solutions.   At the end of this **Problème**, Jean-François says **«Oh non, qu'est-ce que je vais faire maintenant?»** Watch the **Problème** again, with the sound on. Then, suggest four possible solutions to Jean-François' dilemma.

1. _____

2. _____

3. _____

4. _____

APPLICATIONS

N.   À votre tour.   Now formulate the sentences you would use to carry out each of the four suggestions you made in exercise M.

1. _____

_____

_____

_____

2. _____

_____

_____

_____

3. _____

_____

_____

_____

4. _____

_____

_____

_____

     Copyright © Houghton Mifflin Company. All rights reserved.

O. Que demandez-vous?   In the accompanying drawing you can see many of the products typically sold in a French bakery. For each of the suggested situations, what would you say to the bakery clerk to order the items you need? Follow the **Modèle**.

▮ Vous habitez seul(e) et vous n'avez rien à manger pour votre petit déjeuner (*breakfast*).
 VOUS: *Un croissant, s'il vous plaît.*

1. Vous habitez seul(e) et vous n'avez rien à manger pour votre petit déjeuner.

 VOUS: _____

2. Vous habitez avec un(e) ami(e) et vous attendez deux ami(e)s pour le petit déjeuner.

 VOUS: _____

3. Vous devez faire des sandwichs pour vous et un(e) collègue.

 VOUS: _____

4. Votre famille (père, mère, deux sœurs, et un frère) a besoin de pain pour un souper (*supper*) en semaine.

 VOUS: _____

5. Votre famille (la même (*same*) que dans la question précédente) attend la visite de deux oncles et de deux tantes pour un repas de fête, le dimanche à midi.

 VOUS: _____

6. Vous n'avez que (*only have*) cinq francs, mais vous avez faim.

 VOUS: _____

Copyright © Houghton Mifflin Company. All rights reserved.

SUPPLÉMENT

 P.   À la boulangerie.   With a partner, play the roles of client and clerk at a bakery. Act out each of the cases mentioned in exercise O to its logical conclusion. Follow the **Modèle**.

VOUS:	*Un croissant, s'il vous plaît.*
VOTRE PARTENAIRE:	*Au beurre?*
VOUS:	*Ah oui, bien sûr.*
VOTRE PARTENAIRE:	*Ça fait quatre francs.*
VOUS:	*Voici cinq francs.*
VOTRE PARTENAIRE:	*Et voici votre monnaie* (change).
VOUS:	*Merci beaucoup. Au revoir, Madame.*
VOTRE PARTENAIRE:	*Je vous en prie. Au revoir et bonne journée.*

La vente du pain

 Copyright © Houghton Mifflin Company. All rights reserved.

Answers to Activity F, p. 354: 10, 3, 11, 4, 12, 5, 8, 1, 9, 2, 6, 7
Answers to Activity G, p. 354: 10, 3, 5, 7, 8, 1, 9, 2, 4, 6

     Copyright © Houghton Mifflin Company. All rights reserved.

MODULE V   AU CAFÉ

Suggestion: Review Chapter 8 of **Entre amis** before completing this module.

MISE EN SCÈNE

Pas loin de l'Opéra de la Bastille, Bruno et Alissa attendent *(are waiting)* au café l'arrivée de leur amie Marie-Christine et de Jean-François, qu'ils ne connaissent pas encore *(don't know yet)*.

PRÉPARATION

A. Quelques endroits francophones.   Lisez soigneusement *(carefully)* les informations qui suivent au sujet de quatre endroits francophones de cultures différentes. Ensuite répondez aux questions.

	Réunion	Sénégal	Québec	Maroc
statut légal	DOM[1]	république indépendante	province canadienne	royaume indépendant
habitants	Réunionnais	Sénégalais	Québécois	Marocains
capitale	Saint-Denis	Dakar	Québec	Rabat
superficie	2.510 km^2	196.722 km^2	1.540.680 km^2	446.550 km^2
population	600.000	7.500.000	6.811.800	26.200.000
religion	catholique	musulmane	catholique	musulmane
industries	sucre, rhum, tourisme	huile d'arachide,[2] poissons en boîte[3]	pêche,[4] bois,[5] minéraux, hydroélectricité	poissons en boîte, textiles, agrumes[6]

1. Quel endroit est le plus grand? _____

2. Quel endroit a la population la plus nombreuse *(large)*? _____

3. Comment est-ce qu'on appelle les habitants de ces quatre endroits? _____
   _____

4. De quel pays les habitants de la Réunion sont-ils citoyens? _____

5. De quel pays les habitants du Québec sont-ils citoyens? _____

6. Est-ce que le Sénégal ou le Québec a plus d'habitants? _____

7. Où la pêche est-elle une industrie importante? _____

8. Où les fruits sont-ils un produit important? _____

Maintenant écrivez deux autres questions au sujet de ces informations que vous allez poser à votre camarade de classe.

9. _____

10. _____

1. département d'Outre-mer *(a part of France)*;   2. peanut oil;   3. canned fish;   4. fishing;   5. wood;   6. citrus fruits.

        Copyright © Houghton Mifflin Company. All rights reserved.

B. Comprenez-vous? Regardez la première partie du Module V sans le son et répondez aux questions suivantes. (Si vous voulez, vous pouvez répondre en anglais aux questions 3 et 6.)

1. Où cette scène se passe-t-elle *(take place)*?

_____

2. À votre avis *(In your opinion)*, quels personnages se connaissent *(know each other)* déjà? Quels personnages ne se connaissent pas encore? _____

_____

3. Sur quoi est-ce que votre jugement est basé?

_____

4. À votre avis, qu'est-ce que le garçon de café demande?

_____

5. À votre avis, à quel moment de la journée cette scène se passe-t-elle?

_____

6. Sur quoi est-ce que votre jugement est basé?

_____

C. Qui le fait? Maintenant regardez la vidéo avec le son et identifiez les personnages (Marie-Christine, Jean-François, Alissa ou Bruno) qui font les actions suivantes. Faites un «X» dans la colonne convenable.

M-C	J-F	A	B	
___	___	___	___	1. Le personnage qui dit qu'il ne connaît pas beaucoup de Français.
___	___	___	___	2. Le personnage qui dit qu'il est sénégalais.
___	___	___	___	3. Le personnage qui dit que la France lui plaît.
___	___	___	___	4. Le personnage qui commande un café noir.
___	___	___	___	5. Le personnage qui commande un café crème.
___	___	___	___	6. Les deux personnages qui commandent un chocolat chaud.
___	___	___	___	7. Le personnage qui ne veut pas qu'un voyage coûte trop cher.
___	___	___	___	8. Le personnage qui suggère un voyage à Trouville.
___	___	___	___	9. Le personnage qui suggère un voyage en Bourgogne.
___	___	___	___	10. Le personnage qui suggère un voyage en Normandie.
___	___	___	___	11. Les personnages qui décident de rester à Paris.
___	___	___	___	12. Les personnages qui décident de partir en Normandie.

 Copyright © Houghton Mifflin Company. All rights reserved.

APPLICATIONS

D. Quelque chose à boire? Posez les questions suivantes à votre partenaire. Il/Elle doit répondre avec des phrases complètes. Ensuite changez de rôles et votre partenaire vous posera les mêmes questions. N'oubliez pas de faire les contractions nécessaires avec **de** et, à la forme négative, d'utiliser **pas de** ou **pas d'**.

1. Que bois-tu quand tu as très soif?

2. Que bois-tu avec un très bon dîner de poisson? et avec du rosbif?

3. Que bois-tu le matin?

4. Bois-tu jamais *(ever)* de la bière? Préfères-tu boire de la bière américaine ou étrangère?

5. Préfères-tu boire du Coca ou de la limonade *(lemon-lime soda)*?

E. Au café. Faites cet exercice avec un(e) partenaire. L'un joue le rôle d'un(e) touriste, l'autre joue le rôle d'un garçon (d'une serveuse) de café. Lisez d'abord la liste des consommations d'un café parisien. Ensuite jouez les situations suivantes. Suivez le modèle.

1. C'est l'après-midi et le (la) touriste désire boire du vin.

2. Le (La) touriste désire commander quelque chose pour son enfant.

3. Le (la) touriste commande une bière.

4. C'est le matin, et le (la) touriste désire boire du café.

▮ C'est l'après-midi et le touriste désire boire du vin.

GARÇON:	*Que désirez-vous?*
TOURISTE:	*Je voudrais un verre de vin, s'il vous plaît.*
GARÇON:	*Du vin rouge ou du vin blanc?*
TOURISTE:	*Du vin blanc.*
GARÇON:	*Nous avons un vin blanc sec (dry) et un vin blanc doux qui est plus sucré (sweet).*
TOURISTE:	*Je préfère le vin blanc doux, s'il vous plaît.*
GARÇON:	*Voilà votre vin, monsieur.*
TOURISTE:	*Ça fait combien?*
GARÇON:	*C'est 10 F, Monsieur.*
TOURISTE:	*Voilà 20 F.*
GARÇON:	*Et votre monnaie, 10 F.*
TOURISTE:	*Merci, Monsieur.*

Café de la Bastille

café express 8,00F
café au lait 10,00F
chocolat chaud 10,00F
thé 9,00F
bière pression 9,00F
bière en bouteilles: française 12,00F
     étrangère 16,00F
vin rouge 8,00F
vin blanc sec 8,00F
vin blanc doux 10,00F
Coca-cola 12,00F
Orangina 12,00F

Service (15%) compris

 Copyright © Houghton Mifflin Company. All rights reserved.

GROS PLAN   LE TEMPS LIBRE

PRÉPARATION

F. Divertissements.   Étudiez cette liste d'activités et répondez aux questions.

	cinéma	musée	opéra	concert	château	cathédrale	mer	lac	montagne
Trouville	X			X			X		
Annecy	X	X		X	X	X		X	X
Vichy	X	X		X					
Aix-en-Provence	X	X		X		X			
Strasbourg	X	X	X	X		X			
Chinon	X	X		X	X				

1. De toutes ces activités quelle est votre activité préférée?

_____

2. Quelle activité préférez-vous parmi les activités offertes à Aix-en-Provence?

_____

3. Si vous aimez l'opéra, où faut-il aller?

_____

4. Où est-il possible de visiter un château?

_____

5. Quelle ville offre la possibilité de faire de la voile *(to go sailing)* sur un lac *(lake)*?

_____

6. Vous aimez les vieilles cathédrales, votre ami(e) préfère les vieux châteaux. Où pouvez-vous aller ensemble?

_____

7. Si vous aimez la mer, quelle ville faut-il préférer?

_____

8. Dans quelle ville désirez-vous passer des vacances? Pourquoi?

_____

_____

   Copyright © Houghton Mifflin Company. All rights reserved.

VISIONNEMENT

G. Que voyez-vous?   Regardez le **Gros Plan** du Module V «Le Temps Libre» sans le son et indiquez avec un «X» dans la colonne de gauche les éléments que vous voyez (*see*) dans la vidéo.

_____ le château _____

_____ le cinéma _____

_____ les patins à roulettes (*roller skates*) _____

_____ le concert _____

_____ le parc d'attractions (*amusement park*) _____

_____ la mer (*sea*) _____

_____ le musée _____

_____ l'opéra _____

_____ le vélo

_____ la cathédrale _____

_____ le bateau _____

H. Mettez les mots dans l'ordre!   Maintenant regardez encore une fois (*once more*) la vidéo. Dans la colonne de droite dans l'activité G, mettez le numéro qui correspond à la place de l'attraction dans la vidéo.

APPLICATIONS

I. Un week-end spécial.   Imaginez que vous lisez la phrase suivante dans une brochure: «En fonction de (*Depending on*) vos préférences, vous pouvez passer un week-end de rêve en Normandie, en Bourgogne, en Alsace ou sur la Côte d'Azur.» Vous allez tout de suite dans une agence de voyage et l'agent vous pose les questions suivantes. Comment répondez-vous?

1. Où est-ce que vous voulez aller?

_____

2. Quand voulez-vous partir?

_____

3. Voulez-vous partir en train, en avion ou avec une voiture de location?

_____

4. Quelle classe d'hôtel préférez-vous? un hôtel à une, deux, trois ou quatre étoiles ou une auberge de jeunesse (*youth hostel*)?

_____

5. Désirez-vous une chambre qui donne sur la rue (*street*) ou sur la cour (*courtyard*)?

_____

6. Que préférez-vous, une baignoire (*bathtub*) ou une douche (*shower*)?

_____

   Copyright © Houghton Mifflin Company. All rights reserved.   **275**

J. **Les hôtels à Chartres.** Avec un ami, vous avez décidé de passer un week-end à Chartres. Il vous a demandé de vous renseigner sur *(find out about)* les hôtels. Consultez cette liste d'hôtels et suivez les instructions.

		1 ETOILE		*2 ETOILES*		*3 ETOILES*	
		HOTEL DE L'ECU CHARTRES	HOTEL SAINT JEAN CHARTRES	HOTEL DE LA POSTE CHARTRES	HOTEL DES SPORTS CHARTRES	LE GRAND MONARQUE CHARTRES	NOVOTEL CHARTRES
1 PERS	SIMPLE	100 F	90 F /Tel	160 F /Tv+Tel	125 F /Tel	-	-
	SIMPLE - WC	-	-	160 F /Tv+Tel	-	-	-
	DOUCHE	160 F	-	195 F /Tv+Tel	135 F /Tel	-	-
	DOUCHE - WC	180 F	-	215 F /Tv+Tel	150 F /Tel	312 F /Tv+Tel	-
	CABINET TOILETTE	100 F	-	-	-	-	-
	BAIN	160 F	-	-	-	-	-
	BAIN - WC	180 F	-	260 F Tv+Tel	160 F Tel	420/530 F Tv+Tel	390 F Tv+Tel
2 PERS	SIMPLE	110 F	100 F /Tel	160 F /TV+Tel	125 F /Tel	-	-
	SIMPLE - WC				-	-	-
	DOUCHE	160 F	130 F /Tel	200 F /Tv+Tel	175 F /Tel	-	-
	DOUCHE - WC	180 F /Tv	165 F /Tel	220 F /Tv+Tel	150 F /Tel	355 F /Tv+Tel	-
	CABINET TOILETTE	110 F	105 F /Tel	-	-	-	-
	BAIN	200 F /Tv	130 F /Tel	-	-	-	-
	BAIN - WC	220 /Tv		270 F Tv+Tel	210 F Tel	525/625 F Tv+Tel	470 F Tv+Tel
	PETIT DEJEUNER	23F	20 F	35,50 F	25 F	45 F	47 F

Décrivez à un(e) partenaire, qui joue le rôle de votre ami au téléphone, les chambres et les prix des hôtels chartrains (à Chartres). Votre partenaire exprime ses préférences, mais vous n'êtes pas toujours d'accord. Décidez ensemble quel genre de chambre et d'hôtel vous préférez. Suivez le modèle.

> VOUS: *Je suggère Le Grand Monarque.*
> VOTRE PARTENAIRE: *Combien coûtent les chambres?*
> VOUS: *Elles sont assez chères.*
> VOTRE PARTENAIRE: *Ah, non! Est-ce qu'il y a un hôtel moins cher?*
> VOUS: *Bien sûr, si tu veux. Il y a ...*

PROBLÈME!   LE TRAIN NE CIRCULE QUE LES DIMANCHES ET FÊTES

PRÉPARATION

K. **L'horaire des trains.** Voici une partie de la fiche horaire *(schedule)* pour les trains allant *(that go)* de Paris au Mans. Étudiez cet horaire et répondez aux questions qui suivent.

1. De quelle gare parisienne ces trains partent-ils?

   _____

2. Si on prend le train à Paris le dimanche à sept heures, à quelle heure arrive-t-on à Nogent-le-Rotrou?

   _____

3. Si on prend le train à Paris le lundi à sept heures, est-ce qu'on s'arrête *(stop)* à Bretoncelles?

   _____

4. Quelle est la durée *(length)* du trajet *(trip)* de Paris au Mans par TGV?

   _____

     Copyright © Houghton Mifflin Company. All rights reserved.

5. C'est dimanche et vous êtes à Condé-sur-Huisne. Quel est le premier train de la journée pour aller au Mans?

_____

6. Un lundi matin vous êtes à Paris à neuf heures. Est-il possible d'arriver à La Loupe avant onze heures? Comment?

_____

7. Jeudi matin. Vous arrivez à la Gare Montparnasse à huit heures et demie. Vous êtes très pressé(e) *(in a hurry)* d'arriver au Mans. Quel train faut-il prendre?

_____

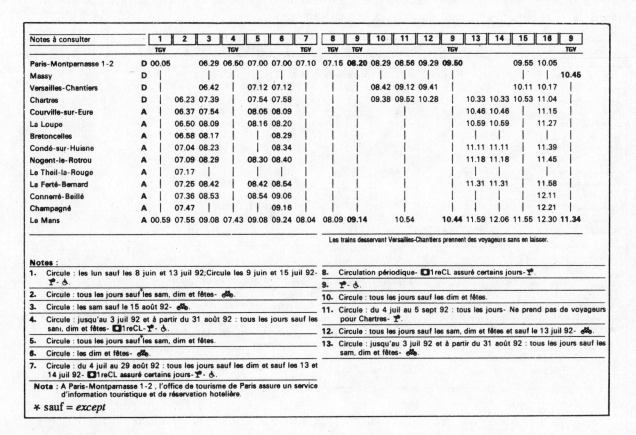

Notes à consulter		1 TGV	2	3	4 TGV	5	6	7 TGV	8 TGV	9 TGV	10	11	12	9 TGV	13	14	15	16	9 TGV
Paris-Montparnasse 1-2	D	00.05		06.29	06.50	07.00	07.00	07.10	07.15	08.20	08.29	08.56	09.29	09.50			09.55	10.05	
Massy	D																		10.45
Versailles-Chantiers	D			06.42		07.12	07.12				08.42	09.12	09.41				10.11	10.17	
Chartres	D		06.23	07.39		07.54	07.58				09.38	09.52	10.28		10.33	10.33	10.53	11.04	
Courville-sur-Eure	A		06.37	07.54		08.05	08.09								10.46	10.46		11.15	
La Loupe	A		06.50	08.09		08.16	08.20								10.59	10.59		11.27	
Bretoncelles	A		06.58	08.17			08.29												
Condé-sur-Huisne	A		07.04	08.23			08.34								11.11	11.11		11.39	
Nogent-le-Rotrou	A		07.09	08.29		08.30	08.40								11.18	11.18		11.45	
Le Theil-la-Rouge	A		07.17																
La Ferté-Bernard	A		07.25	08.42		08.42	08.54								11.31	11.31		11.58	
Connerré-Beillé	A		07.36	08.53		08.54	09.06											12.11	
Champagné	A		07.47				09.16											12.21	
Le Mans	A	00.59	07.55	09.08	07.43	09.08	09.24	08.04	08.09	09.14	10.54			10.44	11.59	12.06	11.55	12.30	11.34

Les trains desservant Versailles-Chantiers prennent des voyageurs sans en laisser.

Notes :

1. Circule : les lun sauf les 8 juin et 13 juil 92;Circule les 9 juin et 15 juil 92- ℙ- ♿.
2. Circule : tous les jours sauf les sam, dim et fêtes- 🚲.
3. Circule : les sam sauf le 15 août 92- 🚲.
4. Circule : jusqu'au 3 juil 92 et à partir du 31 août 92 : tous les jours sauf les sam, dim et fêtes- ◼1reCL- ℙ- ♿.
5. Circule : tous les jours sauf les sam et fêtes.
6. Circule : les dim et fêtes- 🚲.
7. Circule : du 4 juil au 29 août 92 : tous les jours sauf les dim et sauf les 13 et 14 juil 92- ◼1reCL assuré certains jours- ℙ- ♿.

8. Circulation périodique- ◼1reCL assuré certains jours- ℙ.
9. ℙ- ♿.
10. Circule : tous les jours sauf les dim et fêtes.
11. Circule : du 4 juil au 5 sept 92 : tous les jours- Ne prend pas de voyageurs pour Chartres- ℙ.
12. Circule : tous les jours sauf les sam, dim et fêtes et sauf le 13 juil 92- 🚲.
13. Circule : jusqu'au 3 juil 92 et à partir du 31 août 92 : tous les jours sauf les sam, dim et fêtes- 🚲.

Nota : A Paris-Montparnasse 1-2 , l'office de tourisme de Paris assure un service d'information touristique et de réservation hotelière.

✳ sauf = *except*

VISIONNEMENT

L. Que devinez-vous? Regardez le **Problème** du Module V. Ensuite répondez aux questions suivantes.

1. Où sont Alissa et Bruno?
   a. au marché   c. devant une gare
   b. dans un train   d. dans le métro

2. Qu'est-ce qu'Alissa est partie faire?
   a. acheter des sandwichs   c. demander l'heure
   b. acheter des billets   d. téléphoner à son ami Noël

 Copyright © Houghton Mifflin Company. All rights reserved.

3. Selon Alissa, quel train faut-il prendre? À quelle heure?
   a. le train 3376   c. le train 3016
   b. le train 33176   d. le train 13717

4. Pourquoi Bruno n'est-il pas d'accord?
   a. Ce train ne circule que les dimanches et fêtes.
   b. Il est trop tard pour prendre ce train.
   c. Ce train n'a que (*only*) la première classe.
   d. Bruno est trop fatigué.

APPLICATIONS

M. La fiche horaire.   Voici la fiche horaire que Bruno regarde dans le **Problème** du Module V. Étudiez la fiche horaire et répondez aux questions suivantes.

Notes à consulter		17	18	19	20	10	21	22	23	9	24	25	26	27	27	28
			TGV		TGV		TGV		TGV	TGV						
Paris-Montparnasse 1-2	D	11.14	11.25	11.28	12.20	12.59	13.00	13.40	13.50	14.20	14.30	15.02	15.05	15.05	16.03	16.19
Massy	D															
Versailles-Chantiers	D	11.26				13.11					14.42		15.18	15.18	16.16	
Chartres	D	12.27				13.51					15.32	15.54	16.06	16.06	17.16	17.10
Courville-sur-Eure	A	12.42				14.01					15.43		16.17	16.17		
La Loupe	A	12.56				14.13					15.55		16.29	16.28		
Bretoncelles	A	13.05														
Condé-sur-Huisne	A	13.10												16.40		
Nogent-le-Rotrou	A	13.16				14.26					16.10		16.43	16.46		
Le Theil-la-Rouge	A	13.25									16.18		16.53	16.54		
La Ferté-Bernard	A	13.32				14.39					16.26		17.02	17.02		
Connerré-Beillé	A	13.47				14.51					16.41		17.17	17.17		
Champagné	A	14.01									16.55		17.32	17.31		
Le Mans	A	14.09	12.19	13.11	13.14	15.05	13.54	15.23	14.44	15.14	17.04	16.55	17.40	17.40		18.10

15. Circule : du 4 juil au 29 août 92 : tous les jours- Ne prend pas de voyageurs pour Chartres- 🍽-♿.	**22.** Circule : du 10 juil au 28 août 92 : les ven.
	23. 🍽.
16. Circule : les sam sauf le 15 août 92.	**24.** Circule : les dim et fêtes.
17. 🚲.	**25.** Circule : les ven-🛏.
18. ◻1reCL assuré certains jours-🍽-♿.	**26.** Circule : tous les jours sauf les ven, dim et fêtes.
19. 🛏-♿.	**27.** Circule : les ven.
20. ◻1reCL assuré certains jours-🍽.	**28.** Circule : les ven-🍽.
21. Circule : les ven- 🍽-♿.	

1. C'est jeudi et Alissa veut prendre le train de deux heures et demie. Quel est le problème?

_____

2. Quel autre train Alissa et Bruno peuvent-ils prendre cet après-midi pour aller à Nogent-le-Rotrou?

_____

3. Avec ce train, à quelle heure arrivent-ils à Nogent-le-Rotrou?

_____

4. Expliquez à Bruno et Alissa ce qu'ils doivent faire.

_____

5. Jouez le rôle d'Alissa. Que dites-vous pour acheter les billets (*buy the tickets*)?

_____

  Copyright © Houghton Mifflin Company. All rights reserved.

N. Un renseignement *(information)*, **s'il vous plaît.** Faites cette activité avec un(e) partenaire, qui joue le rôle d'un(e) employé(e). Demandez les informations suivantes à votre partenaire, qui consulte les fiches horaires et vous donne les renseignements demandés. Vous êtes à Paris.

Il est six heures vingt, lundi. Vous voulez le prochain train pour Nogent-le-Rotrou.
> VOUS: *À quelle heure le premier train pour Nogent-le-Rotrou part-il?*
> VOTRE PARTENAIRE: *Il part à sept heures.*

1. Jeudi après-midi. Vous voulez arriver au Mans demain avant onze heures.

2. Il est quatorze heures quarante, vendredi. Vous voulez arriver à Condé-sur-Huisne avant dix-huit heures.

3. Vous voulez savoir *(to know)* quand part le premier train de la journée, pour Nogent-le-Rotrou, samedi.

SUPPLÉMENT

O. La lettre. Alissa écrit une lettre à sa tante à la Réunion pour raconter sa journée—la discussion au café, les problèmes à la gare, et puis le voyage jusqu'à Nogent-le-Rotrou. À la page suivante, écrivez cette lettre pour elle. Utilisez le **passé composé** et les expressions utiles. Commencez par «Chère Tante» et finissez avec «Je t'embrasse». N'oubliez pas que vous jouez le rôle d'Alissa.

POUR RACONTER LA SÉQUENCE D'UNE HISTOIRE

d'abord
puis
ensuite
après
enfin

POUR PARLER DU PASSÉ

Je suis allée ...
J'ai rencontré ...
Nous avons parlé ...
Nous avons bu ... / J'ai bu ...
Nous avons décidé de ...
Nous sommes allés ...
Nous avons eu ...

 Copyright © Houghton Mifflin Company. All rights reserved.

Chère tante,

_____

_____

_____

_____

_____

_____

_____

Je t'embrasse,

_____

 Copyright © Houghton Mifflin Company. All rights reserved.

MODULE VI   LE CHÂTEAU SAINT-JEAN

> Suggestion: Review Chapter 9 of **Entre amis** before completing this module.

MISE EN SCÈNE

Bruno et Alissa ont finalement décidé de prendre le train de 15 h 05, qui passe par Chartres. En attendant, ils ont appelé *(called)* leur ami Noël. Noël a promis *(promised)* de venir les chercher à la gare et de les amener *(take)* au Château Saint-Jean.

PRÉPARATION

A.   Formules de politesse.   Lisez le texte suivant, en faisant bien *(paying close)* attention aux différences entre les nombreuses façons *(ways)* de saluer *(greet)* quelqu'un. Ensuite décidez comment il faut saluer les personnes mentionées.

Comment est-ce qu'on salue les gens *(people)*? En France il y a beaucoup de conventions à ce propos. Avec les gens qu'on ne connaît pas très bien (les gens à qui on dit «vous»), on se serre *(shakes)* la main et on emploie une formule de politesse comme «Bonjour, Monsieur Goudet, comment allez-vous?» ou «Bonsoir, Madame Maupoix, vous allez bien?». Avec les gens qu'on connaît bien (les gens à qui on dit «tu»), on emploie plutôt *(instead)* la bise, c'est-à-dire qu'on touche alternativement les deux joues *(cheeks)* de l'autre personne avec sa propre joue (mais les hommes, même *(even)* quand ils se connaissent bien, se serrent souvent la main plutôt que de faire la bise).

Combien de bises faut-il? Ça dépend où on est! À Paris la bise est double (c'est à dire, on touche d'abord la joue gauche et ensuite la joue droite, ou vice versa), mais en Bourgogne elle est triple (trois fois plutôt que deux); dans le Perche (et dans beaucoup d'autres régions agricoles) on fait la bise quatre fois. Il y a même des endroits où on fait la bise cinq fois!

Quelle formule de politesse faut-il employer? En faisant la bise on emploie une formule plus familière. Chez les adultes on dit souvent «Bonjour (Bonsoir) Ludovic, ça va bien (ou comment vas-tu)?» ou encore, plus familièrement, «Bonjour Roger, ça va la petite famille (ou, ton œil ne te fait pas trop mal)?» Chez les jeunes, on a plutôt tendance à dire «Salut Ludo» (ou autre terme familier, comme «gars», «fiston» ou «pote»). Entre eux, les jeunes emploient même parfois des expressions populaires, comme «Salut Michel, ça boume?» (=«ça va bien?»). Notez qu'une formule comme «Bonjour» ou «Bonsoir» est rarement employée sans le titre Monsieur, Madame, Mademoiselle ou le nom de la personne à qui on parle.

Donnez la formule de politesse que vous allez employer pour saluer chacune *(each)* des personnes suivantes. Écrivez (1) si vous serrez la main à la personne ou si vous faites la bise (et combien de bises vous faites) et (2) ce que vous dites à chaque personne.

1. Votre professeur

   _____

   _____

2. Le président de votre université

   _____

   _____

3. Votre copine (friend) Micheline

_____

_____

4. Un étudiant qu'un ami vient de vous présenter, qui s'appelle Georges Strasser

_____

_____

5. Votre voisine dans le Perche, Odile Odin

_____

_____

6. Le père de votre voisin parisien, Gérard Dorchêne

_____

_____

7. Une étudiante que vous connaissez depuis plus d'un an

_____

_____

8. Votre ami Jean-Loup, que vous connaissez depuis toujours

_____

_____

VISIONNEMENT

B. Descriptions. Regardez la première partie du Module VI sans le son et essayez de deviner (guess) quel adjectif de la liste ci-dessous décrit chaque nom.

1. la _____ cheminée   a. belle
2. le _____ château   b. bonne
3. la construction _____   c. beaux
4. les _____ merles (blackbirds) d. beau
5. la _____ chaleur (heat)   e. solide
6. la vue _____   f. spectaculaire

C. Avez-vous bien deviné? Maintenant, regardez la vidéo encore une fois, mais cette fois avec le son, et corrigez votre travail dans l'Activité B.

282

Copyright © Houghton Mifflin Company. All rights reserved.

NOM _____ DATE _____

![icon] **D. Noms et adjectifs.** Regardez toute la première partie du **Module VI «Le Château Saint-Jean»** et indiquez le chiffre (1-12) qui correspond à l'ordre dans lequel vous entendez les mots suivants. Ensuite, regardez la vidéo une autre fois et fournissez les adjectifs qui modifient les noms. Certains noms n'ont pas d'adjectif.

____ les merles   _____   ____ les soldats   _____

____ le chauffage   _____   ____ le moyen âge   _____

____ la salle   _____   ____ la cheminée   _____

____ le bois   _____   ____ les remparts   _____

____ la chaleur   _____   ____ les tours   _____

____ la vallée   _____   ____ l'Huisne   _____

APPLICATIONS

![icon] **E. Salutations.** Regardez le début seulement *(only)* du **Module VI,** jusqu'au *(until the)* moment où la voiture de Noël quitte *(leaves)* la gare de Nogent-le-Rotrou. Notez bien la façon *(the way)* dont Alissa, Bruno, et Noël se saluent. Après, choisissez un(e) partenaire et dites comment vous vous saluez quand vous jouez les rôles suivants. Changez souvent de partenaires pendant cet exercice (et inventez des noms intéressants!). Suivez les formules dans le texte de l'activité A.

FORMEL   **FAMILIER**

Bonjour/Bonsoir ...   **Salut ...**
Monsieur/Madame/   **Ça va?**
  Mademoiselle **Tu vas bien?**
Comment allez-vous?   **Ça boume?**

1. deux ami(e)s qui se connaissent depuis toujours
2. deux étudiant(e)s qui ne se connaissent pas très bien, et qui vont jouer aux échecs pour la première fois
3. un(e) étudiant(e) et son professeur
4. un(e) étudiant(e) et la mère d'un(e) ami(e)
5. un(e) étudiant(e) et un(e) ami(e) de Bourgogne
6. un(e) étudiant(e) et un(e) garagiste

F. Le château Saint-Jean. Lisez le prospectus et répondez aux questions suivantes avec des phrases complètes.

1. Pendant quels siècles (*centuries*) le château Saint-Jean a-t-il été construit? _____

   _____

   _____

2. Quelles sont les heures d'ouverture du château l'hiver? l'été? _____

   _____

   _____

3. Est-ce que le château Saint-Jean est fermé le dimanche? un autre jour de la semaine? _____

   _____

   _____

4. Combien coûte l'entrée pour une famille de deux
   adultes et trois enfants? _____

   _____

   _____

NOGENT-LE-ROTROU
France - Centre - Val de Loire

CHÂTEAU SAINT-JEAN
XIe – XIIIe – XVe siècles
Classé monument historique en 1950

Musée municipal : Histoire locale, Ethnographie, Beaux-Arts
• HORAIRES :
  – Du 1er mai au 31 octobre : de 10 h à 12 h et de 14 h à 18 h
  – Du 1er novembre au 30 avril : de 10 h à 12 h et de 14 h à 17 h
  – Fermeture hebdomadaire le mardi.
• TARIFS :
  – Adultes : 8,50 F, Enfants : 3,50 F
  – Tarifs réduits pour les groupes à partir de 12 personnes (4,50 F et 2,20 F)
• ACCÈS :
  SNCF : Paris-Montparnasse 1 h 30
  Route : RN 23 1 h 40 – A11 1 h 30 sortie Luigny

  Parking autos et autocars sur le site

28400 Nogent-le-Rotrou – Tél. 37 52 18 02
ou Office de Tourisme – Tél. 37 52 16 22

5. Combien coûte l'entrée pour une classe de quinze
   enfants, une institutrice et une accompagnatrice?

   _____

   _____

6. Quelle gare parisienne faut-il emprunter (*use*) pour
   aller à Nogent-le-Rotrou?

   _____

   _____

7. Combien de temps dure le trajet (*trip*) en train? en
   voiture? _____

   _____

8. Pour voir les châteaux de la Loire, quelle direction
   faut-il prendre, en quittant Nogent-le-Rotrou?

   _____

   _____

   Copyright © Houghton Mifflin Company. All rights reserved.

G. Quelques renseignements. Lisez le texte suivant. Puis répondez aux questions.

> Dominant la ville la fière silhouette du Château Saint-Jean est un témoignage unique de l'architecture du Moyen-Âge et du glorieux passé de Nogent-le-Rotrou. Le donjon rectangulaire de 30 mètres de haut surplombe de 60 mètres la vallée de l'Huisne. Sa construction commence dans les premières années du XIe siècle sous le règne de ROTROU I, premier seigneur de Nogent. C'est à GEOFFROY IV, premier Comte du Perche vers 1079, que l'on doit la fortification du donjon. Elle est suivie à la fin du XIIe siècle et au XIIIe siècle par la construction de l'enceinte circulaire : sept tours renforcent la défense de l'édifice.
>
> Parmi les nombreux sièges subis, celui de 1428, mené par le Comte de SALISBU-RY, fut particulièrement violent. L'incendie du donjon anéantit l'intérieur de la construction. C'est aux demoiselles D'ARMAGNAC, propriétaires au tout début du XVIe siècle, que l'on doit l'aspect actuel du Château Saint-Jean : un logis de deux étages fut construit au dessus de la voûte d'entrée et les tours surélevées.
>
> De SULLY, qui devint propriétaire en 1624, date le charmant petit pavillon de style Louis XIII adossé au rempart Nord.
>
> Les salles du château, entièrement restaurées depuis les années 60, abritent un musée d'ethnographie et d'histoire locale (objets et témoignages de la vie rurale du Perche, de l'histoire du château et de la ville) et des expositions temporaires.

1. Quelle est la hauteur du donjon *(dungeon)*?

_____

_____

2. Quelle est sa forme *(shape)*?

_____

_____

3. Qui est Rotrou I?

_____

_____

4. Quand est-ce que le donjon a été fortifié?

_____

_____

5. Quand est-ce que le donjon a brûlé *(burn)*?

_____

_____

6. Vers quelle année est-ce que la famille d'Armagnac a entrepris *(undertake)* la restauration du château?

_____

_____

 Copyright © Houghton Mifflin Company. All rights reserved.

GROS PLAN   LE CHÂTEAU

PRÉPARATION

H.   Un peu de recherche.   Voici une liste de châteaux français particulièrement connus *(well-known)*. Avec l'aide d'une encyclopédie ou d'un dictionnaire encyclopédique, précisez si ces châteaux ont été construits au moyen âge (avant le 15ème siècle), à l'époque de la Renaissance (15ème et 16ème siècles), à l'époque classique (17ème et 18ème siècles) ou plus récemment—en France, tous les bâtiments construits depuis la révolution de 1789 sont considérés comme récents. Ensuite, avec l'aide d'un atlas ou d'une carte de France, situez les châteaux sur la carte suivante. Remarquez que deux de ces châteaux se trouvent à Paris.

Bâtiment	ÉPOQUE			
	Moyen âge	Renaissance	Classique	Moderne
le château d'Amboise				
le château d'Angers				
le château de Carcassonne				
le château de Chambord				
le château de Chinon				
le château de Fontainebleau				
le Louvre				
le palais du Luxembourg				
le château de Versailles				

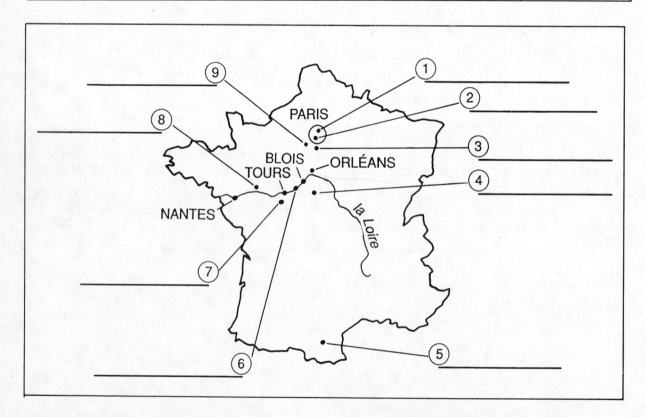

Copyright © Houghton Mifflin Company. All rights reserved.

VISIONNEMENT

 I. L'époque des châteaux. Regardez le **Gros Plan** du Module VI **«Le Château»** et notez l'époque de construction citée dans la vidéo.

Nom de l'endroit	Époque des châteaux
En Alsace	
Le long de la Seine	
Dans le Midi	
Dans la région de Bordeaux	
Dans la vallée de la Loire	
Près de Paris	
À Nogent-le-Rotrou	

 J. Châteaux de France. Regardez encore une fois le **Gros Plan** et faites particulièrement attention aux caractéristiques des châteaux. Ensuite, répondez aux questions suivantes.

1. Qu'est-ce que tous les châteaux ont en commun?

_____

_____

2. Qu'est-ce que beaucoup de châteaux du moyen âge ont en commun?

_____

_____

3. Qu'est-ce que les châteaux de la Renaissance et de l'époque classique ont en commun?

_____

_____

4. Décrivez le château Saint-Jean à Nogent-le-Rotrou.

_____

_____

5. Qui a fait construire le petit pavillon (la petite maison) contre les remparts (*fortified walls*) du château Saint-Jean?

_____

_____

6. Quel genre de château préférez-vous? Pourquoi?

_____

_____

 Copyright © Houghton Mifflin Company. All rights reserved.

PROBLÈME!   PLUS DE PELLICULE

PRÉPARATION

K.   Formidable!   Les Français ont une grande variété de mots pour dire qu'ils aiment beaucoup quelque chose, par exemple,

superbe, formidable, extraordinaire, exquis.

Ou, sur un ton plus familier (surtout chez les jeunes),

chouette, sympa, extra, super.

Employez un de ces mots dans une phrase complète pour répondre à chacune des questions suivantes. Imaginez que vous êtes avec des amis au centre commercial. Ils demandent votre opinion sur les vêtements qu'ils essaient *(try on)*.

◼ VOTRE AMI(E): *Comment trouves-tu cette veste?*
         VOUS: *Elle est chouette!*

1. Comment tu trouves ce pull?
   VOUS: _____

2. Que pensez-vous de cette chemise?
   VOUS: _____

3. Tu aimes ces chaussures?
   VOUS: _____

4. Comment est-ce que vous trouvez cette jupe?
   VOUS: _____

5. Est-ce que cette cravate vous plaît?
   VOUS: _____

VISIONNEMENT

L.   Quelques détails.   Regardez le **Problème** du Module VI et choisissez la meilleure réponse à chacune des questions suivantes.

1. Où se trouvent les personnages?
   a. dans le donjon
   b. dans une tour
   c. sur les remparts
   d. dans la salle des gardes

2. Quand Bruno appelle *(calls)* son ami Noël «gars», c'est quel niveau *(level)* de langue?
   a. littéraire
   b. familier
   c. sénégalais
   d. régional

3. Quand Alissa demande à Bruno de lui donner «l'appareil» qu'est-ce qu'elle veut?
   a. la caméra
   b. la pellicule *(roll of film)*
   c. le film
   d. l'appareil-photo

                    Copyright © Houghton Mifflin Company. All rights reserved.

4. Alissa n'a plus de pellicule. Où est-ce qu'on met *(put)* une pellicule?
   a. dans sa caméra
   b. dans son appareil-photo
   c. à l'entrée
   d. dans ses cheveux

5. Noël dit «Ce n'est pas la peine!» Quel est le sens de cette expression?
   a. Ça me fait mal!
   b. Ça ne me cause pas de mal!
   c. Ne t'en fais pas *(don't be upset)*!
   d. Ce n'est pas utile!

6. Alissa dit «zut». Pourquoi?
   a. Elle n'est pas contente.
   b. Elle est ravie *(delighted)*.
   c. Elle n'a plus d'argent.
   d. Elle est heureuse.

APPLICATIONS

M. Le dimanche. Aujourd'hui vous visitez la capitale de votre état, mais vous n'avez plus de pellicule. Où pouvez-vous aller pour en acheter *(to buy some)*? Mentionnez plusieurs magasins différents parce que c'est dimanche et beaucoup de magasins sont fermés.

_____   _____

_____   _____

_____   _____

N. Les magasins. Tracez une ligne entre les achats et le nom du magasin convenable. Attention! N'essayez pas d'acheter des saucisses dans une pharmacie!

ACHATS

MAGASINS

une règle *(ruler)* et un cahier

des oranges et des pommes

des cachets *(tablets)* d'aspirine

du pâté et des côtelettes de porc

un camembert et un brie

le Guide Michelin de la Normandie

une épicerie

une pharmacie

une librairie

une papeterie

une crémerie

une charcuterie

O. Les achats. Faites cette activité avec un(e) partenaire. Jouez les rôles d'un(e) touriste et d'un(e) Français(e). Le (la) touriste demande où on peut acheter trois des choses mentionnées. Le (la) Français(e) répond. Ensuite, changez de rôles pour les trois autres choses.

■   TOURISTE: *Dis, où trouve-t-on de l'aspirine?*
       FRANÇAIS(E): *Dans une pharmacie, bien sûr!*

1. des escalopes de veau
2. un journal
3. un gâteau
4. du riz
5. un médicament
6. une lampe

 Copyright © Houghton Mifflin Company. All rights reserved.

SUPPLEMENT

 P.   À la pharmacie.   En France, beaucoup de gens demandent des conseils au pharmacien ou à la pharmacienne quand ils se sentent (*feel*) un peu mal. Avec un(e) partenaire jouez les rôles d'un(e) malade et du pharmacien (de la pharmacienne). Voici quelques exemples de problèmes et de remèdes.

Problèmes

J'éternue   (*I'm sneezing*).
J'ai mal au dos.
J'ai mal au pied.
J'ai mal à l'estomac.
J'ai 40 (degrés) de fièvre.

Remèdes

Buvez beaucoup de jus d'orange ou prenez des vitamines C.
Prenez deux cachets d'aspirine.
Restez au lit.
Faites plus d'exercice.
Couvrez-vous.
Prenez du sirop anti-toux (*cough syrup*).
Allez voir un spécialiste.
Consultez votre médecin.
Prenez beaucoup de liquides.
Mangez moins.

◧   CLIENT(E): *Je tousse beaucoup. Qu'est-ce que je dois faire?*
     PHARMACIEN(NE): *Ne parlez pas trop. Prenez du sirop anti-toux.*

290   Copyright © Houghton Mifflin Company. All rights reserved.

MODULE VII   LA POSTE

> Suggestion: Review Chapters 9 & 10 of **Entre amis** before completing this module.

MISE EN SCÈNE

Après leur visite au château Saint-Jean, Bruno et Alissa descendent en ville et vont chacun de son côté *(go their separate ways)*. Alissa part acheter une pellicule *(roll of film)* et Bruno va chercher des cartes postales.

PRÉPARATION

A.   Vive la différence!   Pour chacun des éléments de la liste suivante, quelles sont les différences entre Paris et une petite ville de province? Soyez aussi spécifique que possible.

1. les magasins

   PARIS: _____

   PROVINCE: _____

2. les rues

   PARIS: _____

   PROVINCE: _____

3. les divertissements *(entertainment)*

   PARIS: _____

   PROVINCE: _____

4. le bruit

   PARIS: _____

   PROVINCE: _____

5. la vie culturelle

   PARIS: _____

   PROVINCE: _____

6. les amitiés *(friendships)*

   PARIS: _____

   PROVINCE: _____

Est-ce qu'il y a les mêmes différences aux États-Unis entre une grande ville et une petite ville?

_____

_____

Que préférez-vous?

_____

_____

VISIONNEMENT

B. L'ambiance d'une petite ville. Regardez la vidéo **«La Poste»** sans le son et faites une liste de toutes les activités, tous les monuments, tous les magasins que vous voyez. N'hésitez pas à arrêter *(stop)* la vidéo autant *(as many)* de fois que vous voulez pour bien voir l'arrière-plan *(background)* de l'image.

ACTIVITÉS	MONUMENTS	MAGASINS
_____	_____	_____
_____	_____	_____
_____	_____	_____
_____	_____	_____
_____	_____	_____
_____	_____	_____

C. Qu'entendez-vous? Maintenant regardez **«La Poste»** avec le son. Bruno demande plusieurs fois des indications *(directions)* pour trouver la poste. Quelles sont les réponses des différentes personnes?

1. Alissa: _____

_____

2. Le jeune homme: _____

_____

3. Le groupe de femmes: _____

_____

4. Le couple: _____

_____

APPLICATIONS

D. Comment y va-t-on? Faites cette activité avec un(e) partenaire. Une personne est un(e) touriste qui veut faire le tour des monuments de Nogent-le-Rotrou. L'autre personne joue le rôle des différents passants qui habitent Nogent-le-Rotrou. Le (La) touriste demande le chemin *(route)* entre les monuments. Chaque fois, le (la) passant(e) répond à l'aide du plan ci-contre.

◼ Du point de départ (le coin de la rue Saint-Hilaire et la rue Villette-Gâté) à la poste:
TOURISTE: *Pouvez-vous m'indiquer le chemin de la poste, s'il vous plaît?*
PASSANT(E): *Prenez la rue Saint-Hilaire et tournez à gauche dans la rue Tochon. Ensuite, prenez la première à gauche et la poste est à droite.*

1. De la poste à l'église Saint-Hilaire
2. De l'église Saint-Hilaire à l'Hôtel de Ville
3. De l'Hôtel de Ville au château Saint-Jean

      Copyright © Houghton Mifflin Company. All rights reserved.

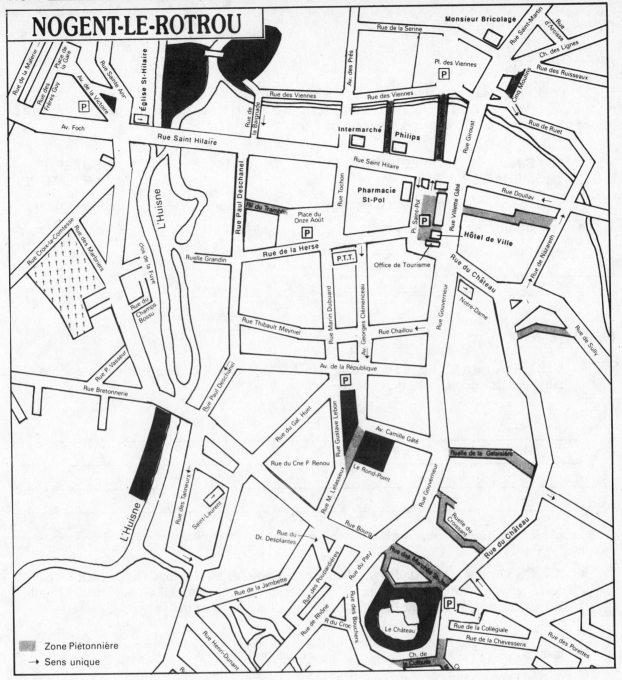

NOGENT-LE-ROTROU

Zone Piétonnière

→ Sens unique

E. En voiture. Cette fois-ci, le (la) touriste désire faire le tour de quelques magasins à Nogent-le-Rotrou, mais en voiture. Il (Elle) est avec Noël. Noël n'a pas envie de conduire; il a donc *(therefore)* passé le volant au (à la) touriste. Le (La) touriste demande le chemin et Noël répond.

■ du château Saint-Jean à la Pharmacie Saint-Pol:

TOURISTE: *Comment est-ce que je vais à la Pharmacie Saint-Pol?*

NOËL: *Prends la rue du Château. Ensuite, tourne à gauche dans la rue de Sully, puis à droite dans la place Saint-Pol. La pharmacie se trouve à gauche.*

1. De la Pharmacie Saint-Pol à la poste
2. De la poste à Intermarché
3. De l'Intermarché à Monsieur Bricolage
4. De Monsieur Bricolage au magasin d'électroménager *(appliances)* Philips

 Copyright © Houghton Mifflin Company. All rights reserved. **293**

PRÉPARATION

F.   Les achats (*Purchases*).   Vous allez visiter quatre magasins et vous avez une liste pour chaque magasin. Mais vous avez fait quelques erreurs! Sur chaque liste, encerclez l'achat (*the purchase*) qui n'est pas sur la bonne liste (*the right list*) et ajoutez-le où il faut.

MAGASIN D'ÉLECTROMÉNAGER	FLEURISTE	PHARMACIE	BIJOUTERIE (*JEWELRY STORE*)
une machine à laver	des cachets d'aspirine	de la vitamine C	une bague (*ring*)
un lave-vaisselle	des roses	un bouquet	une montre
un bracelet	des marguerites (*daisies*)	des médicaments	un Monsieur Café

_____   _____   _____   _____

VISIONNEMENT

G.   Les magasins.   Regardez le **Gros Plan** du **Module VII** «La Boutique» sans le son et faites une liste de cinq magasins que vous voyez.

1. _____

2. _____

3. _____

4. _____

5. _____

H.   Les vitrines (*Shop windows*).   Imaginez que vous êtes à Nogent-le-Rotrou et que vous devez acheter les articles mentionnés dans la liste suivante. Regardez le **Gros Plan** du **Module VII** avec le son et tracez une ligne entre le nom du magasin que vous voyez et les achats mentionnés.

1. des lunettes   Monoprix

2. du savon, du shampooing   Pharmacie

3. des bijoux   Bijouterie

4. un journal   Boucherie Moderne

5. de la viande   Maison de la Presse

6. des vêtements   Gitem/Philips

7. des articles pour tous les jours   Maxi Pulls

8. de la porcelaine pour les jours de fête   L'Art de la Table

9. de l'électroménager   Optique

                  Copyright © Houghton Mifflin Company. All rights reserved.

APPLICATIONS

I. Les banques. À Nogent-le-Rotrou il y a plusieurs banques. Presque toutes ces banques ont des guichets automatiques *(automatic teller machines)*. Lisez les informations suivantes sur les guichets automatiques de la Banque Nationale de Paris (BNP) et répondez aux questions.

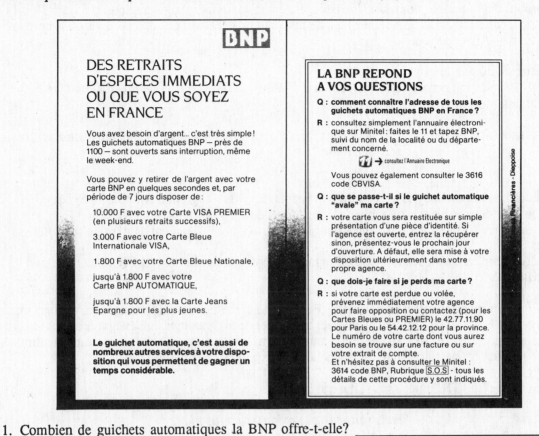

BNP

DES RETRAITS D'ESPECES IMMEDIATS OU QUE VOUS SOYEZ EN FRANCE

Vous avez besoin d'argent... c'est très simple ! Les guichets automatiques BNP — près de 1100 — sont ouverts sans interruption, même le week-end.

Vous pouvez y retirer de l'argent avec votre carte BNP en quelques secondes et, par période de 7 jours disposer de :

10.000 F avec votre Carte VISA PREMIER (en plusieurs retraits successifs),

3.000 F avec votre Carte Bleue Internationale VISA,

1.800 F avec votre Carte Bleue Nationale,

jusqu'à 1.800 F avec votre Carte BNP AUTOMATIQUE,

jusqu'à 1.800 F avec la Carte Jeans Epargne pour les plus jeunes.

Le guichet automatique, c'est aussi de nombreux autres services à votre disposition qui vous permettent de gagner un temps considérable.

LA BNP REPOND A VOS QUESTIONS

Q : comment connaître l'adresse de tous les guichets automatiques BNP en France ?

R : consultez simplement l'annuaire électronique sur Minitel : faites le 11 et tapez BNP, suivi du nom de la localité ou du département concerné.

→ consultez l'Annuaire Electronique

Vous pouvez également consulter le 3616 code CBVISA.

Q : que se passe-t-il si le guichet automatique "avale" ma carte ?

R : votre carte vous sera restituée sur simple présentation d'une pièce d'identité. Si l'agence est ouverte, entrez la récupérer sinon, présentez-vous le prochain jour d'ouverture. A défaut, elle sera mise à votre disposition ultérieurement dans votre propre agence.

Q : que dois-je faire si je perds ma carte ?

R : si votre carte est perdue ou volée, prévenez immédiatement votre agence pour faire opposition ou contactez (pour les Cartes Bleues ou PREMIER) le 42.77.11.90 pour Paris ou le 54.42.12.12 pour la province. Le numéro de votre carte dont vous aurez besoin se trouve sur une facture ou sur votre extrait de compte. Et n'hésitez pas à consulter le Minitel : 3614 code BNP, Rubrique [S.O.S] - tous les détails de cette procédure y sont indiqués.

Financières - Dieppoise

1. Combien de guichets automatiques la BNP offre-t-elle? _____

_____

2. Avec une Carte Bleue Internationale VISA combien de francs peut-on retirer par période de sept jours? _____

3. Qu'est-ce qu'il faut faire pour connaître l'adresse d'un guichet automatique? _____

_____

4. Qu'est-ce qui se passe si le guichet automatique avale *(swallows)* votre carte (c'est-à-dire si la machine ne vous rend pas votre carte)? _____

_____

5. Si vous perdez votre carte, que faut-il faire si vous habitez Paris? Et si vous habitez la province?

_____

_____

6. Qu'est-ce qu'on peut trouver sur le Minitel 3614 code BNP? _____

_____

Copyright © Houghton Mifflin Company. All rights reserved.
295

PROBLÈME! PAS ASSEZ D'ARGENT

PRÉPARATION

J. Ça fait combien? Faites cette activité avec un(e) partenaire. Inventez les conversations à propos des situations données. Une personne est le guichetier (la guichetière) qui travaille à la poste, et l'autre est le (la) client(e) qui demande le prix d'envoi des objets suivants. Employez la liste de tarifs ci-contre.

▯ une lettre de 20 grammes pour les USA

CLIENT(E): *Combien coûte une lettre de 20 grammes pour les États-Unis?*
GUICHETIER (GUICHETIÈRE): *Par avion?*
CLIENT(E): *Oui.*
GUICHETIER (GUICHETIÈRE): *Ça coûte trois francs quarante plus deux fois trente centimes. Quatre francs en tout.*

1. une lettre de 50 grammes pour la Côte-d'Ivoire
2. un paquet très important, pesant un kilo 600 grammes (= 1 600 grammes), pour la Suisse
3. un paquet de deux kilos pour l'anniversaire d'un neveu dans deux mois au Canada
4. un paquet d'un kilo huit cent grammes pour le Japon (mais le (la) client(e) n'a que *(only)* cent francs)
5. le 10 décembre, une vidéocassette de 450 grammes comme cadeau de Noël pour sa mère aux États-Unis

K. Comment envoyer ce paquet? Faites cette activité avec un(e) partenaire. Une personne travaille à la poste. L'autre veut envoyer un paquet de 50 grammes au Sénégal. Le (La) client(e) demande d'envoyer son paquet tour à tour *(in turn)* par chacun *(each)* des systèmes mentionnés. Le guichetier (La guichetière) doit répondre en expliquant le prix de l'envoi.

▯ Envoi comme LETTRE mais sans surtaxe avion

CLIENT(E): *Je voudrais envoyer ce paquet au Sénégal comme LETTRE mais sans surtaxe avion, s'il vous plaît.*
GUICHETIER (GUICHETIÈRE): *Ça fait six francs, s'il vous plaît.*

1. Envoi comme PETIT PAQUET
2. Envoi comme PETIT PAQUET avec service rapide
3. Envoi comme PETIT PAQUET en service économique

VISIONNEMENT

L. À la poste. Regardez le **Problème** du **Module VII** avec le son et répondez aux questions suivantes.

1. Qu'est-ce que Bruno veut envoyer?
   a. deux cartes postales et un colis *(package)*
   b. six cartes postales, un colis et une lettre
   c. deux lettres et un paquet
   d. trois cartes postales et un colis

2. Où est-ce qu'il veut les envoyer?
   a. à Saint-Etienne
   b. au Sénégal
   c. à Dakar
   d. à Paris

3. Ça coûte combien d'envoyer les cartes?
   a. sept francs
   b. cinq francs
   c. seize francs
   d. dix francs

Copyright © Houghton Mifflin Company. All rights reserved.

4. Combien pèse le paquet?
   a. neuf grammes
   b. neuf cents grammes
   c. neuf kilos
   d. neuf cents kilos

5. Combien coûte le paquet?
   a. soixante francs
   b. deux francs
   c. soixante-dix francs
   d. soixante-deux francs

6. Pourquoi est-ce que Bruno ne semble *(seem)* pas content?
   a. Il est fatigué.
   b. Il a perdu son portefeuille.
   c. Il n'a pas assez d'argent.
   d. Il n'a pas d'argent.

POUR VOS ENVOIS A L'ETRANGER

Pour vos envois de correspondances

En service rapide

AEROGRAMME :
Lettre préaffranchie à tarif unique quel que soit le pays de destination. Tarif : **4,50 F.**

LETTRES :
Les lettres sont transportées par avion vers la majorité des pays.

> Le tarif d'une lettre = tarif de base + surtaxe avion

TARIFS DE BASE : Mention LETTRE au-dessus de 20 g.

Poids \ Pays	20 g	50 g	100 g	250 g	500 g	1 000 g	2 000 g
CEE, Autriche Liechtenstein Suisse	2,50 F	4,20 F	6,40 F	20,00 F	32,00 F	53,00 F	75,00 F
Pays d'Afrique francophone	3,40 F	6,00 F	9,00 F	20,00 F	28,00 F	38,00 F	54,00 F
Autres pays	3,40 F	6,40 F	11,00 F	20,00 F	32,00 F	53,00 F	75,00 F

SURTAXES AVION : applicables dès le 1er gramme.

	par 10 g
Zone 1 CEE, Autriche, Liechtenstein, Suisse Autres pays d'Europe, Algérie, Maroc et Tunisie	0,00 F
Zone 2 Pays d'Afrique francophone, lettre jusqu'à 20 g pour les lettres de plus de 20 g Proche Orient, Canada, USA	0,00 F 0,30 F 0,30 F
Zone 3 Autres pays d'Amérique, d'Afrique et d'Asie	0,50 F
Zone 4 Océanie	0,70 F

Pour vos envois de colis

PETITS PAQUETS :
TARIFS DE BASE :

Poids jusqu'à	100 g	250 g	500 g	1 000 g	2 000 g	3 000 g
Tarifs	7,50 F	12,50 F	18,00 F	33,00 F	45,00 F	60,00 F

En service rapide

> Le tarif d'un petit paquet en service rapide par avion = tarif de base + surtaxe avion

SURTAXES AVION : applicables dès le 1er gramme.

	par 10 g
Zone 1 CEE, Autriche, Liechtenstein, Suisse Autres pays d'Europe, Algérie, Maroc et Tunisie	0,00 F 0,10 F
Zone 2 Pays d'Afrique francophone Proche Orient, USA, Canada	0,30 F
Zone 3 Autres pays d'Amérique, d'Afrique et d'Asie	0,50 F
Zone 4 Océanie	0,70 F

En service économique

> Le tarif d'un petit paquet par avion en service économique = tarif de base + surtaxe SAL
> (SAL : transport par avion avec priorité d'embarquement réduite)

SURTAXES SAL* : applicables dès le 1er gramme.

	par 10 g
Zone 1 Europe	0,00 F
Zone 2 Pays d'Afrique francophone Proche Orient, USA, Canada	0,10 F
Zone 3 Autres pays d'Amérique, d'Afrique et d'Asie	0,30 F
Zone 4 Océanie	0,40 F

 Copyright © Houghton Mifflin Company. All rights reserved.

APPLICATIONS

M. Qu'est-ce qu'on peut faire?   Avez-vous jamais *(ever)* eu le même problème que Bruno? Qu'est-ce qu'on peut faire dans ces circonstances? Faites une liste des solutions possibles.

1. _____

_____

2. _____

_____

3. _____

_____

4. _____

_____

     Copyright © Houghton Mifflin Company. All rights reserved.

SUPPLÉMENT

N.   Trouvez-vous l'erreur?   La guichetière dans le **Problème** du **Module VII** s'est trompée *(made a mistake)*. Savez-vous quelle était son erreur? Regardez la vidéo et comparez le prix qu'elle donne avec les informations données dans la liste des prix. Expliquez l'erreur.

O.   La Carte Bleue.   Bruno a eu des difficultés à la poste, mais pas vous, parce que vous avez un compte à la BNP et une Carte Bleue Internationale VISA. Consultez cette brochure et complétez le dialogue suivant. Vous devez demander à la guichetière le chemin de *(the route to)* la BNP. La guichetière doit vous indiquer le chemin de la BNP.

Vous: _____

_____

Guichetière: _____

_____

P. Au guichet automatique.   Lisez le message (ci-dessous) au guichet automatique et répondez aux questions suivantes.

1. Si vous allez à la BNP de Nogent-le-Rotrou lundi, est-ce que la banque est ouverte (*open*)? __

   _____

2. Si le guichet automatique de Nogent-le-Rotrou est fermé, où pouvez-vous aller? _____

   _____

3. Est-ce que vous pouvez retirer de l'argent quand la BNP de Nogent-le-Rotrou est fermée?

   Comment? _____

   _____

GUICHET AUTOMATIQUE HORS-SERVICE.

GUICHET AUTOMATIQUE BNP LE PLUS PROCHE:
PLACE DES EPARS 28000 CHARTRES.

GUICHET BNP 13, RUE VILLETTE GÂTÉ 28400 NOGENT-LE-ROTROU
OUVERTE MARDI–SAMEDI 9H–12H ET 14H–18H.

                                    Copyright © Houghton Mifflin Company. All rights reserved.

MODULE VIII   EN PANNE

Suggestion: Review Chapters 10 & 11 of **Entre amis** before completing this module.

MISE EN SCÈNE

Après leurs achats *(purchases)* à Nogent-le-Rotrou, Alissa et Bruno retrouvent Noël, qui les conduit chez lui, à travers *(through)* le beau paysage *(countryside)* percheron (du Perche), avec ses collines *(hills)*, ses champs *(fields)* et ses petites fermes *(farms)*.

PRÉPARATION

A. Un peu de géographie.   Inspectez la carte ci-dessous et répondez aux questions suivantes.

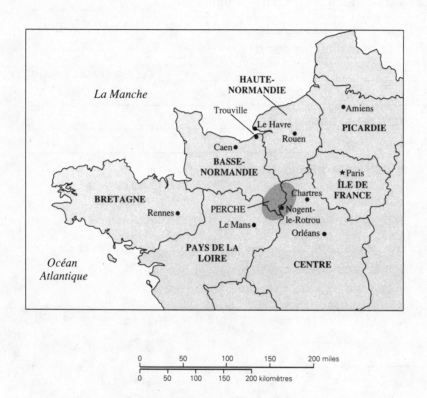

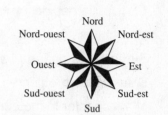

1. Dans quelle direction se trouve le Perche, par rapport à *(with respect to)* Paris? _____

    _____

2. À quelle distance? _____

3. Le Perche se trouve à cheval sur *(partially within)* quelles régions? _____

    _____

4. Nogent-le-Rotrou se trouve à mi-chemin *(halfway)* entre quelles villes? _____

    _____

5. Quelle ville se trouve entre le Perche et Paris? _____

    _____

6. Quelles sont les plus grandes villes de la Haute-Normandie?

    _____

B. Comment conduire? Voici quelques expressions très utiles pour les automobilistes. Complétez l'histoire de Jean-François en employant l'expression qui convient. N'oubliez pas de mettre le verbe à l'impératif quand c'est nécessaire.

allumer les phares	*to turn on the headlights*
tomber en panne	*to have a breakdown*
faire le plein	*to fill up the gas tank*
ouvrir le capot	*to open the hood*
crever	*to get a flat*
mettre la clé de contact	*to put the key in the ignition*
démarrer	*to start up*
donner un coup de freins	*to step on the brakes*

C'est mon père qui m'a appris à conduire. Il m'a dit: «Commence par _____.

Quand tu es prêt à partir, tourne la clé et _____. Si tu veux t'arrêter rapidement,

_____. La nuit, n'oublie pas d'_____.

Et n'oublie pas de _____ de temps en temps;

sinon tu es sûr de _____.

Surveille les pneus *(tires)*, parce que tu ne veux pas _____.

Si tu as des problèmes, n'hésite pas à _____

et à inspecter le moteur—tu as peut-être grillé le système électrique.»

VISIONNEMENT

C. La pompe à essence *(gas pump).* Voici une pause-sur-image que vous voyez dans cette séquence. Regardez bien la photo, puis répondez aux questions.

1. Quelle sorte d'essence est distribuée par cette

   pompe? _____

   _____

2. Quel est le prix du litre d'essence? _____

   _____

3. Ça fait à peu près combien de dollars par litre?

   ($1.00 = environ 5F.)_____

   _____

4. Ça fait à peu près combien de dollars pour un

   «gallon»? (Un «gallon» = 3,78 litres.)

   _____

5. Combien de litres ont été distribués au moment où cette photo a été prise *(taken)*?

   _____

6. Quel est le prix total à payer? _____

Copyright © Houghton Mifflin Company. All rights reserved.

D. Que devinez-vous? Regardez la première partie du **Module VIII** «**En Panne**» sans le son. Est-ce que vous pouvez deviner les actions et le dialogue de cette scène? Montrez que vous comprenez ce qui se passe *(is happening)* en répondant aux questions suivantes. N'oubliez pas que votre capacité de comprendre une langue étrangère *(foreign)* dépend souvent de votre capacité de comprendre «**à demi mot**», c'est-à-dire qu'il n'est pas toujours nécessaire de tout entendre pour comprendre.

1. À votre avis, quand la voiture traverse la campagne, que disent Bruno et Alissa? _____

   _____

2. À votre avis, quand la voiture s'arrête, qu'est-ce qui se passe? _____

   _____

   Que dit Alissa? _____

   Que dit Bruno? _____

   Que répond Noël? _____

3. À votre avis, quand la voiture arrive à la station-service, qu'est-ce qui se passe? _____

   _____

   Que dit Noël? _____

   Que dit le garagiste quelques instants après? _____

4. À votre avis, quand Noël sort *(takes out)* son porte-monnaie, qu'est-ce qui se passe? _____

   _____

   Que dit le garagiste? _____

   Que répond Noël? _____

5. Quand Noël et Alissa remontent *(get back in)* dans la voiture, qu'est-ce qui se passe à votre avis?

   _____

   Que dit Noël? _____

6. Quand Noël ressort *(gets back out)* de la voiture, qu'est-ce qui se passe à votre avis? _____

   _____

   Que dit Noël? _____

   Que répond le garagiste? _____

7. Quand le garagiste enlève *(lifts)* un fil brûlé *(burnt wire)* du moteur, qu'est-ce qui se passe à votre avis? _____

   _____

   Que dit le garagiste? _____

Module VIII: VIDEO WORKBOOK Copyright © Houghton Mifflin Company. All rights reserved. **303**

E. **Avez-vous bien deviné?** Maintenant regardez «En Panne» avec le son. Avec un(e) partenaire évaluez vos réponses à l'Activité D.

F. **Comprenez-vous la publicité?** Voici un autocollant *(self-adhesive sticker)* qui fait la publicité de Shell Superplus Sans Plomb 98. Expliquez chacune *(each)* des expressions de cet autocollant. Donnez autant d'informations que vous pouvez.

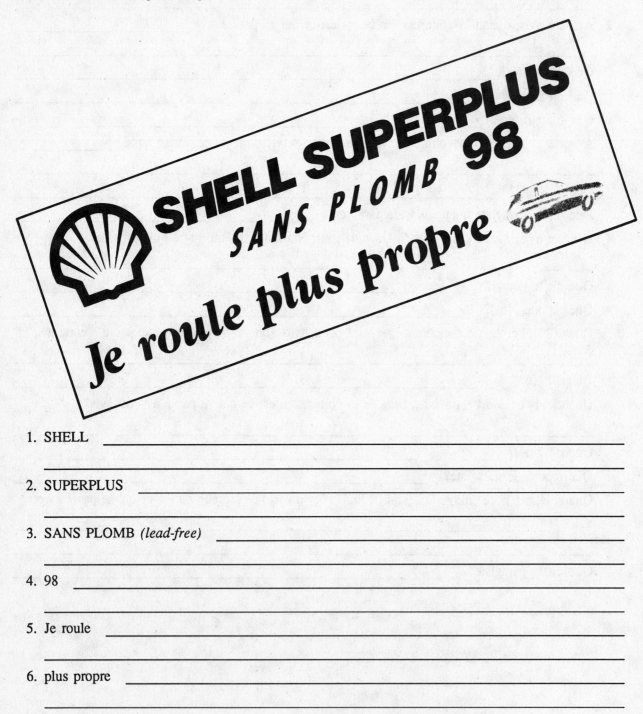

1. SHELL _____

_____

2. SUPERPLUS _____

3. SANS PLOMB *(lead-free)* _____

_____

4. 98 _____

_____

5. Je roule _____

_____

6. plus propre _____

_____

 Copyright © Houghton Mifflin Company. All rights reserved.

GROS PLAN   LA VOITURE

PRÉPARATION

G.   Une mauvaise influence.   Lisez le dialogue suivant entre un juge et une mère qui veut envoyer *(send)* son fils de dix-huit ans en prison. Ensuite, répondez aux questions.

Le Juge: Comment, Madame, vous voulez voir votre fils en prison?

Madame Chevrolet: Oui, Monsieur le juge. Je vais vous expliquer. Jusqu'à l'âge de dix-sept ans, mon Bernard était un enfant modèle. Il débarrassait *(cleared)* la table, il faisait la vaisselle, il rangeait *(straightened)* ses affaires, il faisait son lit. Jamais il ne disait un mot de travers *(unpleasant)*. Il était toujours gentil avec sa maman. Et puis un jour il a eu dix-huit ans. Tous les jours il me disait: «Maman, paie-moi l'auto-école. Je veux passer mon permis.»

Le Juge: Alors, évidemment, vous lui avez payé l'auto-école.

Madame Chevrolet: Bien sûr, Monsieur le juge. Vous pensez bien, un enfant si gentil! Mais l'auto-école ne lui a pas fait de bien. Le jour où il a passé son permis il m'a dit: «À tout à l'heure, maman.» Et il a pris les clés de ma deux-chevaux *(small Citroën car)* et il est parti. Je ne l'ai pas revu ce jour-là. Il est revenu le lendemain matin *(following morning)*, avec le visage changé. Maintenant il ne fait plus son lit, il ne range rien, il ne débarrasse rien, il ne fait même plus la vaisselle.

Le Juge: Et vous croyez *(believe)* que la solution est de le mettre en prison? Je vous suggère plutôt de vendre la deux-chevaux.

1. Quelle sorte d'enfant était Bernard avant de passer son permis de conduire? _____
   _____
   _____

2. Qu'est-ce qu'il faisait toujours à cette époque-là? _____
   _____
   _____

3. Quand est-ce qu'il a commencé à changer? _____
   _____
   _____

4. Quelle sorte de voiture Madame Chevrolet avait-elle à l'époque? _____
   _____
   _____

5. À votre avis, pourquoi est-ce que Bernard a changé? _____
   _____
   _____

6. Qu'est-ce que le juge a suggéré pour résoudre *(solve)* le problème? _____
   _____
   _____

   Copyright © Houghton Mifflin Company. All rights reserved.

H.   Le long de la route.   D'abord, lisez les questions suivantes. Ensuite, regardez le **Gros Plan** du Module VIII «**La Voiture**» sans le son et répondez aux questions.

1. Pourquoi certains panneaux de signalisation routière *(road signs)* sont-ils bleus et d'autres blancs? (Pensez aux panneaux américains.) _____

_____

2. Que fait l'homme debout *(standing up)* dans une station-service à côté d'une voiture blanche?

_____

3. Qu'est-ce qui est arrivé *(happened)* à la voiture de sport rouge?   _____

_____

4. Comment s'appelle la petite voiture rouge et noire immatriculée *(with license plate number)* 5899RJ28? _____

_____

5. À votre avis, dans quelle ville la voiture de sport rouge se trouve-t-elle? _____

_____

6. Dans quelle ville les dernières scènes de ce **Gros Plan** se passent-elles *(take place)?* _____

_____

I.   Comparez!   Maintenant regardez le **Gros Plan** avec le son et écrivez une phrase qui compare les choses mentionnées. Employez les adjectifs entre parenthèses et suivez le modèle. N'oubliez pas de faire l'accord entre le sujet et l'adjectif.

■ les voitures dans le petit village et sur l'autoroute (nombreux)
Les voitures sont moins nombreuses dans le petit village que sur l'autoroute.

1. la vitesse maximale sur l'autoroute et sur les routes nationales (élevé) _____

_____

2. le prix du super et de l'essence ordinaire (cher) _____

_____

3. les personnes devant le concessionnaire Peugeot *(Peugeot dealer)* et le musée Renault (nombreux)

_____

4. le prix de la petite voiture rouge et noire et la voiture de l'avenir (cher) _____

_____

5. la taille *(size)* d'un autobus et la taille d'une voiture (grand) _____

_____

   Copyright © Houghton Mifflin Company. All rights reserved.

PROBLÈME!   LE SYSTÈME ÉLECTRIQUE GRILLÉ

PRÉPARATION

J.   L'accident.   Dans ce rapport d'accident il manque *(are missing)* plusieurs mots ou expressions. En vous référant au diagramme, complétez avec les mots qui manquent.

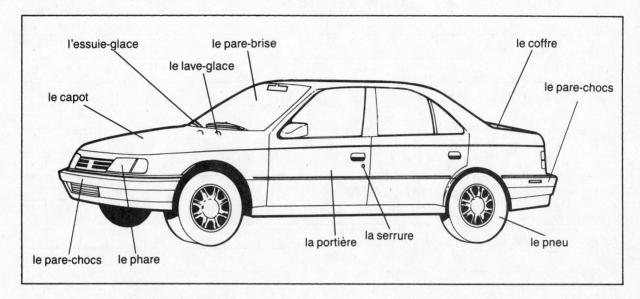

l'essuie-glace   le pare-brise   le coffre
le lave-glace   le pare-chocs
le capot
le pare-chocs   le phare   la portière   la serrure   le pneu

---

RAPPORT D'ACCIDENT nº _____719_____   **DATE** _____

VOITURE ACCIDENTÉE
   Marque: _____Peugeot_____   modèle: _____309 GTI_____
   année: _____1992_____   couleur: _____noir_____

AVANT: Le plastique protecteur du _____ gauche est cassé; le lave-glace ne marche plus parce que _____ a été plié en deux; _____ a été cassé en mille morceaux *(pieces)*.

CÔTÉ GAUCHE: _____ avant ne ferme plus. La vitre de la _____ arrière est cassée.

CÔTÉ DROIT: La clé ne rentre plus dans les deux _____; les deux _____ sont crevés *(flattened)*.

ARRIÈRE: _____ arrière a été endommagé par le pare-chocs de la voiture qui suivait *(followed)*; les articles dans _____ sont cassés.

NOM DE L'INSPECTEUR _____

VISIONNEMENT

K. Pauvre Noël!   Regardez le **Problème** du **Module VIII** avec le son et répondez aux questions suivantes.

1. Qui a découvert le problème de la voiture de Noël? _____

   _____

2. Quel est le problème? _____

   _____

3. Qu'est-ce que Noël demande au garagiste? _____

   _____

4. Le garagiste met la main près de l'oreille. Que veut dire ce geste? _____

   _____

5. Qu'est-ce que le garagiste propose à Noël? _____

   _____

6. Pourquoi Alissa n'est-elle pas contente? _____

   _____

APPLICATIONS

L. En panne *(Broken down)*.   Imaginez que votre voiture est en panne. Votre garagiste ne peut la réparer que demain, en fin de journée, et pourtant vous devez être à Paris demain matin. Qu'est-ce que vous faites? Dressez ici une liste des solutions possibles.

1. _____

   _____

2. _____

   _____

3. _____

   _____

4. _____

   _____

M. Au téléphone.   Avec un(e) partenaire, simulez le coup de fil entre Alissa et Yves, son ami parisien, qu'elle appelle pour lui expliquer la situation. Ensuite, expliquez à Yves ce que vous allez faire (en choisissant une des solutions de l'exercice précédent).

Allô. C'est ... à l'appareil.
Je regrette, mais ...
Qu'est-ce que vous pouvez (allez) faire?
Nous pouvons ... On peut ...
Nous allons ... On va ...

308

Copyright © Houghton Mifflin Company. All rights reserved.

N. Renseignez-vous. Voici le prix des locations *(rentals)* de voiture pour le week-end offertes par France-Cars, une grande agence de location de voitures. Votre voiture doit être réparée et vous avez besoin de louer *(rent)* une voiture pendant le temps de la réparation. Vous êtes le (la) client(e) et votre partenaire qui est le vendeur (la vendeuse) représente France-Cars. Demandez-lui tous les renseignements *(information)* nécessaires pour louer votre voiture.

Voici quelques questions possibles: Quelles sortes de voitures sont disponibles *(available)*? La voiture est-elle assez grande pour cinq personnes? Est-elle automatique? A-t-elle une galerie, un toit *(roof)* ouvrant? L'assurance *(insurance)* est-elle comprise? Quand est-ce qu'on peut prendre la voiture? Quand est-ce qu'il faut la rendre? Quel est le prix? Ce prix couvre-t-il un nombre de kilomètres illimité? La TVA (taxe sur la valeur ajoutée) est-elle incluse?, etc.

Votre partenaire trouve les réponses à ces questions dans le tableau reproduit ici.

France-Cars

UN WEEK-END EN FRANCE

(1) Le véhicule doit être pris le vendredi à partir de 14 H et restitué au plus tard le lundi suivant avant 10 H ou pris le samedi à partir de 14 H et restitué au plus tard le mardi suivant avant 10 H, à la station de départ, sinon le tarif de base jour et kilomètre sera appliqué.

(2) Le véhicule doit être pris le vendredi à partir de 14 H et restitué au plus tard le mardi suivant avant 10 H, à la station de départ, sinon le tarif de base jour et kilomètre sera appliqué.

• Les kilomètres supplémentaires sont facturés selon le tarif de base.
• Les modèles de voitures sont modifiables selon disponibilité.

	TARIF F. TTC Assurance rachat de franchise incluse	(1) Du vendredi 14 h au lundi 10 h/ou du samedi 14 h au mardi 10 h 1 000 km inclus	(2) Du vendredi 14 h au mardi 10 h 1 300 km inclus
Cat.	Modèles ou similaire.		
A	FORD FIESTA SUPER FESTIVAL RENAULT SUPER 5 FIVE PEUGEOT 205 JUNIOR UNO 45 FIRE OPEL CORSA GL	555	777
B	RENAULT SUPER 5 SL PEUGEOT 205 GL	595	840
C	FORD ESCORT 1,6 CL OPEL KADETT 1 200 PEUGEOT 309 GL PROFIL RENAULT 11 GTL	645	900
D	FORD SIERRA 1800 CL PEUGEOT 405 GR RENAULT 21 GTS BMW 316	730	1 020
E	FORD SCORPIO 2.0 GLI "ABS" RENAULT 25 GTS OPEL OMEGA 2.0 I GL	860	1 200
F	FORD ESCORT 1600 CL RENAULT 11 Ⓐ OPEL ASCONA	860	1 200
G	MERCEDES 190 E Ⓐ BMW 320 IA T.O.	1 285	1 800
H	MERCEDES 260 E Ⓐ	1 720	2 400
I	RENAULT ESPACE 2000 GTS T.O.	1 285	1 800
J	FORD TRANSIT (9 places)	1 120	1 560

TVA 28 %. ⁓ Galerie - TO : Toit ouvrant - Ⓐ Automatique.

O. La voiture de mes rêves. Décrivez la voiture de vos rêves avec autant de détails que possible. De quelle marque *(brand/type)* est-elle? Qu'est-ce qu'elle a comme extras *(options)*?, etc.

_____

_____

_____

_____

_____

P. À votre tour.   Voici une pause-sur-image du **Gros Plan.** Expliquez avec autant de détails que vous pouvez l'utilisation de cette voiture. Qui s'en sert *(Who uses it)*? Quand? Où? Pourquoi? Seul(e) ou avec quelqu'un d'autre? Gratuitement *(Free)*? Donnez tous les renseignements que vous pouvez.

_____

_____

_____

_____

_____

_____

_____

 Q. Le sens des numéros.   Regardez le **Module VIII** dans sa totalité. Décidez d'abord si les numéros suivants sont prononcés par les personnages ou le narrateur ou apparaissent sur l'image. Indiquez votre réponse avec un **x** dans la colonne convenable. Ensuite, regardez la vidéo une deuxième fois et expliquez le sens de ces numéros.

	PRONONCÉ	VU	SENS
3513RH61	____	x	plaque d'immatriculation *(license plate)*
98	____	____	_____
150	____	____	_____
2	____	____	_____
46	____	____	_____
130	____	____	_____
200	____	____	_____
13	____	____	_____
12	____	____	_____
90	____	____	_____
5.59	____	____	_____
400	____	____	_____
97	____	____	_____
9292ZT77	____	____	_____
37.52.70.87	____	____	_____

   Copyright © Houghton Mifflin Company. All rights reserved.

MODULE IX   AU CENTRE POMPIDOU

Suggestion: Review Chapters 11 & 12 of **Entre amis** before completing this module.

MISE EN SCÈNE

Yves et Moustafa, deux amis de Bruno et Alissa, arrivent au Centre Pompidou, pour faire des recherches à la bibliothèque publique.

PRÉPARATION

A.   Beaubourg.   Lisez la description suivante et décidez si les phrases qui suivent sont vraies ou fausses.

Conçu *(Conceived)* en 1969, mais ouvert seulement en 1977, le Centre Pompidou a toujours été un sujet de controverse, car il a été bâti *(built)* au centre du vieux Paris dans un style ultra-moderne. Néanmoins *(Nevertheless)*, le Centre Pompidou (que les Parisiens appellent souvent simplement Beaubourg, car *(for)* il se trouve sur le plateau Beaubourg attire *(attracts)* beaucoup de monde à sa Bibliothèque publique d'information (BPI), à son Musée national d'Art moderne et à plusieurs autres activités, y compris la musique constamment présente sur l'esplanade (= la place devant un grand monument).

V   F   1. Le Centre Pompidou a été construit dans un style ultra-moderne.

V   F   2. Le Centre Pompidou se trouve dans un quartier très moderne.

V   F   3. Les Parisiens appellent le Centre Pompidou «Beaubourg» parce que la rivière à côté s'appelle Beaubourg.

V   F   4. Il y a une bibliothèque et un musée dans le Centre Pompidou.

 Copyright © Houghton Mifflin Company. All rights reserved.

B. La BPI. Maintenant, lisez ces renseignements sur le catalogue de la Bibliothèque Publique d'Information et répondez aux questions.

1. Comment est-ce qu'on consulte le catalogue de la BPI?

   _____

   _____

2. Est-ce qu'il est nécessaire d'avoir une connaissance des ordinateurs pour consulter le catalogue?

   _____

   _____

3. Si on veut consulter un film, un journal, une revue ou un enregistrement (*recording*), que faut-il faire?

   _____

   _____

4. Pendant quelles heures la bibliothèque est-elle la plus fréquentée?

   _____

5. Quand est-elle la plus calme?

   _____

   _____

6. Pendant quelle saison de l'année est-elle particulièrement calme?

   _____

   _____

7. Quelles sortes de bibliothèques y a-t-il dans la région parisienne?

   _____

   _____

8. Quelles bibliothèques prêtent à domicile (*are lending libraries*)?

   _____

   _____

LE CATALOGUE DE LA BPI

Le catalogue de tous les documents de la BPI est consultable sur 60 écrans disposés sur les trois niveaux de la bibliothèque. Son mode d'emploi est décrit très précisément dans les premières pages des menus.

Ces systèmes peuvent être consultés sans aucune connaissance informatique.

Les recherches sont possibles à partir de l'auteur, du titre (ou des mots de ce titre), du libellé complet du sujet (ou de mots significatifs de ce sujet) des documents désirés.

Les films, les périodiques et les documents sonores parlés de langue française font l'objet de répertoires imprimés disponibles auprès des bureaux d'informations.

Evitez les périodes d'affluence :

H.	10	11	12	13	14	15	16	17	18	19	20	21	22
LUNDI													
FERMÉ LE MARDI													
MERCREDI													
JEUDI													
VENDREDI													
SAMEDI													
DIMANCHE													

■ très dense   ▨ dense   ☐ calme

De manière générale, évitez les périodes des vacances de la Toussaint, de février et de Pâques.

Meilleure période : du 15 juin au 15 septembre.

Nous vous rappelons qu'il existe aussi à Paris et dans la région parisienne :

• Les bibliothèques municipales, qui prêtent à domicile.

• Les bibliothèques universitaires, réservées aux étudiants.

• De nombreuses bibliothèques spécialisées dans tous les domaines (vous pouvez en consulter la liste dans les bureaux d'information de la BPI).

Copyright © Houghton Mifflin Company. All rights reserved.

VISIONNEMENT

   C. Que voyez-vous?   Regardez la première partie du **Module IX «Au Centre Pompidou»** sans le son et répondez aux questions suivantes.

1. Où se trouvent Yves et Moustafa?

   _____

2. Comment est-ce qu'ils montent au deuxième étage?

   _____

3. Dans quelle partie du bâtiment vont-ils?

   _____

4. À votre avis, Yves connaît-il déjà le jeune homme assis *(seated)* à côté de lui? Sur quoi basez-vous votre jugement?

   _____

   _____

5. À votre avis, pourquoi Moustafa est-il venu au Centre Pompidou?

   _____

6. À votre avis, pourquoi Moustafa est-il allé regarder une vidéo?

   _____

   D. Qu'entendez-vous?   Maintenant, regardez la vidéo avec le son. Écoutez bien le dialogue et complétez les expressions suivantes.

1. MOUSTAFA: ... Bruno et Alissa seront là dimanche pour la fête de _____

   _____

2. YVES: ... ils ont eu _____ _____ de voiture.

3. MOUSTAFA: C'est un truc *(project, thing)* _____ l'architecture.

4. YVES: ... Je commence à _____ tout de suite.

5. MOUSTAFA: Je vais _____ _____ dont j'ai

   besoin.

6. YVES: Il s'agit de *(It's about)* _____?

7. MOUSTAFA: ... un rapport sur la _____ _____.

8. YVES: ... je commence _____ _____ dans le dictionnaire.

9. MOUSTAFA: J'ai fait toute _____ _____ des projets récents _____

   _____.

10. YVES: Par exemple, la pyramide _____ _____.

11. MOUSTAFA: ... _____ _____ du Louvre a été construite en 1989.

12. MOUSTAFA: Yves, c'est _____! Tu ne _____ pas?

Copyright © Houghton Mifflin Company. All rights reserved.

E.   **Comment trouver un livre?**   Ces pages vous expliquent ce qu'il faut faire pour trouver un livre à la BPI. Lisez ces instructions, puis répondez aux questions.

1. À quel étage se trouvent les livres sur la
    peinture *(painting)* et l'architecture?

    _____

    _____

2. Quelle partie de la bibliothèque se trouve au
    deuxième étage?

    _____

    _____

3. Quelle est la cote *(call number)* des livres sur
    les relations internationales?

    _____

    _____

4. Où est-ce qu'on peut consulter le catalogue?

    _____

    _____

5. Si vous devez faire un rapport sur Napoléon 1er,
    à quel étage irez-vous?

    _____

    _____

6. Si vous voulez lire les œuvres *(works)* de
    Descartes, Voltaire ou Sartre, vous devrez aller à
    quel étage?

    _____

    _____

DES CHIFFRES ET DES LETTRES

Tous les documents de la Bibliothèque sont classés ensemble par discipline. Chaque discipline est représentée par un chiffre (ph. 1).

0 documentation générale, **2ᵉ étage**
1 philosophie, **1ᵉʳ étage**
2 religions, **1ᵉʳ étage**
3 sciences sociales, **3ᵉ étage**
5 sciences exactes, **3ᵉ étage**
6 techniques, **3ᵉ étage**
7 arts, sports, loisirs, tourisme, **1ᵉʳ étage**
8 langue et littérature, **1ᵉʳ étage**
9 histoire, géographie, **3ᵉ étage**

Ce classement va du général au particulier : le 1ᵉʳ chiffre indique la discipline dont fait partie le document, les chiffres suivants précisent son sujet (ph. 2 et 3).

3	Droit. Economie. Sciences sociales
3 2	Politique
32 7	Relations internationales
327 .2	Organisations internationales
327.2 1	O.N.U.

Donc, plus le sujet est précis, plus il y a de chiffres (ph. 3)

Plusieurs documents traitant d'un même sujet sont désignés par le même ensemble de chiffres et regroupés sur les rayons (ph. 4).

Sous les chiffres, il y a des lettres, en général les trois premières lettres du nom de l'auteur, ce qui permet de différencier les documents (ph. 4).

La combinaison de ces chiffres et de ces lettres constitue la cote, qui est inscrite aussi bien sur le document (ph.4) que sur les catalogues.

Le catalogue de tous les documents de la BPI est consultable sur 60 écrans disposés sur les trois niveaux de la bibliothèque.

Pour en savoir plus...
Des séances gratuites de formation — le jeudi soir — sont proposées au public.

Copyright © Houghton Mifflin Company. All rights reserved.

GROS PLAN   L'ARCHITECTURE À PARIS

PRÉPARATION

F.   Visitez Paris!   Regardez bien ce plan qui montre quelques monuments importants à Paris et la liste qui donne leurs dates de construction. Répondez aux questions.

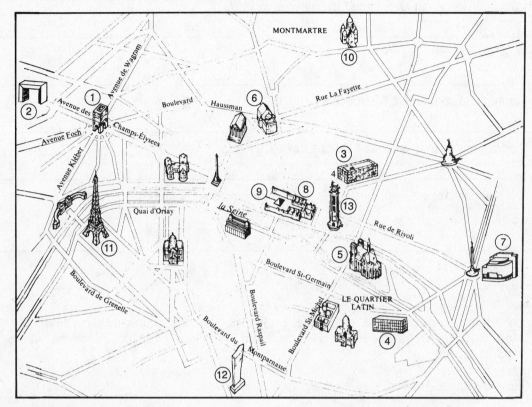

1. Arc de Triomphe (1806–1836)
2. Arche de la Défense (1983–1989)
3. Centre Pompidou (1977)
4. Institut du monde arabe (1987)
5. Notre-Dame de Paris (1163–1345)
6. Opéra de Paris (1862–1874)
7. Opéra de la Bastille (1989)

8. Palais du Louvre (1200-1870)
9. Pyramide du Louvre (1989)
10. Sacré-Cœur (1876-1912)
11. Tour Eiffel (1887-1889)
12. Tour Montparnasse (1972)
13. Tour Saint-Jacques (début du 16e siècle)

1. Quel monument a été commencé le premier?

_____

2. Quel monument a pris le plus de temps à achever?

_____

3. Quels sont les quatre monuments les plus récents?

_____

4. Quel monument a été construit pour le centenaire *(hundredth anniversary)* de la Révolution

française (1789)? _____

5. Quel monument a été construit sous le règne de Napoléon 1er (1804–1815)?

_____

6. Quel monument a été commencé sous le règne de Napoléon III (1848–1852)?

_____

   Copyright © Houghton Mifflin Company. All rights reserved.   **315**

G. Et quoi d'autre? Qu'est-ce que vous savez d'autre sur ces monuments? Essayez de répondre aux questions suivantes.

1. Quel édifice s'appelle aussi Beaubourg?

   _____

2. Dans quel édifice vivait Quasimodo le bossu *(hunchback)*?

   _____

3. Quel monument est le plus haut?

   _____

4. Quel monument se trouve à Montmartre?

   _____

5. Quel monument se trouve sur l'île de la Cité?

   _____

6. Quels monuments se trouvent sur la même ligne droite *(straight line)* que l'Arc de Triomphe et le Louvre?

   _____

VISIONNEMENT

H. Qu'est-ce qui se passe? Regardez seulement la première partie du **Gros Plan** du **Module IX «L'Architecture à Paris»** sans le son, et dites ce qui se passe dans chacun des endroits suivants.

1. dans les rues autour *(around)* du Centre Pompidou

   _____

2. sur l'esplanade du Centre Pompidou

   _____

3. au Musée national d'Art moderne

   _____

4. à la Bibliothèque publique d'information

   _____

316 Copyright © Houghton Mifflin Company. All rights reserved.

I. Les monuments de Paris. Regardez le reste du **Gros Plan** sans le son. Combien de monuments parisiens reconnaissez-vous (à part le Centre Pompidou)? Écrivez leurs noms ici.

1. _____   5. _____

2. _____   6. _____

3. _____   7. _____

4. _____   8. _____

J. Le Centre Pompidou. Lisez les questions suivantes. Puis, regardez le **Gros Plan** en entier avec le son. Ensuite, répondez aux questions.

1. Quand est-ce que le Centre Pompidou a été mis en service?

_____

2. Où se trouve le Centre Pompidou?

_____

3. Qui va au Musée national d'Art moderne?

_____

4. Est-ce que beaucoup de gens viennent à la bibliothèque du Centre Pompidou?

_____

5. Quel monument mentionné par le narrateur est visible de l'escalator du Centre Pompidou?

_____

6. Quel mélange *(mixture)* caractérise les monuments de Paris?

_____

PROBLÈME! FERMÉ LE MARDI

PRÉPARATION

K. Le Louvre. Lisez la brochure <u>Louvre: guide d'orientation</u>, puis répondez aux questions.

1. Si vous voulez écrire au Louvre (par exemple pour dire que vous avez oublié votre manteau), quelle adresse faut-il employer?

_____

2. En fin de matinée ou l'après-midi, il y a souvent beaucoup de visiteurs au Louvre. Si vous voulez être devant les portes du Louvre quand il ouvre afin de *(in order to)* pouvoir entrer avant la foule *(crowd)*, à quelle heure faut-il arriver?

_____

3. À quelle heure le musée ferme-t-il le lundi? le jeudi?

_____

4. Est-ce que le hall Napoléon (sous la pyramide du Louvre) a les mêmes heures d'ouverture que le musée?

_____

5. Les caisses *(cashiers)* ferment-elles en même temps que le musée et le hall? Sinon, précisez la différence.

_____

6. Qu'est-ce qu'il faut faire pour avoir des informations?

_____

7. Les visites guidées sont-elles possibles? Comment?

_____

8. Au Louvre on peut voir des œuvres d'art, bien entendu. Mais que peut-on faire d'autre?

_____

VISIONNEMENT

L. La déception *(disappointment)* de Moustafa. Regardez le **Problème** du **Module IX** avec le son. Ensuite, répondez à ces questions.

1. Qu'est-ce que Moustafa veut mettre *(put)* dans son rapport?

_____

2. Où est-ce qu'il a eu cette idée?

_____

3. Où se trouve l'entrée du musée?

_____

4. Pourquoi Yves et Moustafa n'entrent-ils pas au musée?

_____

 Copyright © Houghton Mifflin Company. All rights reserved.

LOUVRE
guide d'orientation

Musée du Louvre
34-36, quai du Louvre
75058 Paris Cedex 01

Informations
Tél. : 40 20 51 51 - 40 20 53 17

Entrée principale
Pyramide (cour Napoléon)

Autres entrées
• passage réservé aux Amis du Louvre et aux groupes (entre la place du Palais-Royal et la cour Napoléon)
• Porte Jaujard

Heures d'ouverture du musée
jeudi, vendredi, samedi et dimanche : **ouvert de 9 h à 18 h**. Fermeture des caisses : 17 h 15. Lundi et mercredi : **ouvert de 9 h à 21 h 45**. Fermeture des caisses : 21 h 15.
Le musée est fermé le mardi.

Heures d'ouverture du hall Napoléon
sont ouverts tous les jours de 9 h à 22 h - sauf le mardi : le restaurant le Grand Louvre, le Café du Louvre, la Librairie du musée (à partir de 9 h 30), l'Auditorium du Louvre, les salles de l'Histoire du Louvre, les fossés du Louvre médiéval et les expositions temporaires (de 12 h à 22 h).

Fermeture des caisses à 21 h 15 pour l'Auditorium du Louvre, les salles d'Histoire du Louvre, les fossés du Louvre médiéval et les expositions temporaires.

Informations des visiteurs
Au niveau accueil du hall Napoléon, les écrans vidéo des deux murs d'information indiquent chaque jour :
• **les programmes de l'Auditorium du Louvre, des visites-conférences et des activités en ateliers**
• **les expositions temporaires en cours et leur localisation**
• **les collections accessibles ce même jour**

Auditorium du Louvre
Conférences, colloques, films, concerts... Le programme du jour est indiqué sur les murs d'information au niveau d'accueil.
Réservations : 40 20 52 29
Informations : 40 20 52 99

Expositions temporaires
Elles sont organisées :
• dans le hall Napoléon
• au Pavillon de Flore, Denon 10, 2ᵉ étage, porte Jaujard
• exceptionnellement, dans d'autres salles du musée

Acoustiguides
Disponibles en 6 langues (50 minutes), hall Napoléon, niveau mezzanine.

Boutiques du musée du Louvre
Livres d'art, reproductions d'œuvres, objets-cadeaux sont disponibles à la Librairie du musée (hall Napoléon) ainsi qu'en divers points de vente dans le Louvre.
Informations : 40 20 52 06.
Chalcographie du Louvre, niveau accueil : consultation et vente de gravure.

Restaurants
Restaurant, café, cafétéria sont accessibles dans le hall Napoléon, niveau accueil et niveau mezzanine.

Amis du Louvre
La société des Amis du Louvre propose à ses adhérents des avantages et des services :
entrée gratuite par le passage réservé, information privilégiée...
Information et adhésion : hall Napoléon, niveau accueil.
Tél. : 40 20 53 34.

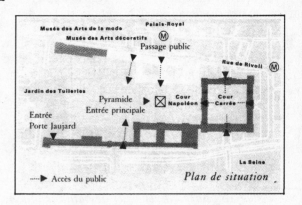

Plan de situation

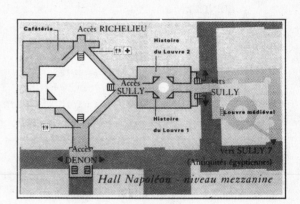

Hall Napoléon - niveau mezzanine

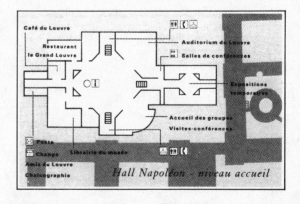

Hall Napoléon - niveau accueil

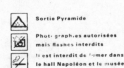

Sortie Pyramide

Photographies autorisées mais flashes interdits

Il est interdit de fumer dans le hall Napoléon et le musée

APPLICATION

M. À vous de jouer. Avec un(e) partenaire, jouez les rôles d'Yves et Moustafa. Considérez les diverses façons de résoudre *(ways to solve)* leur dilemme et décidez de ce que vous allez faire.

 Copyright © Houghton Mifflin Company. All rights reserved.

N. La colonie de vacances *(Summer camp)*. Vous êtes moniteur (monitrice) *(counselor)* dans une colonie de vacances. Vous voulez amener votre groupe au Musée national d'Art moderne ou au Louvre. Sur une autre feuille de papier, écrivez la lettre que vous envoyez au directeur du Musée pour demander un tarif réduit *(reduced rate)*. N'oubliez pas de donner tous les détails de la visite prévue *(planned)*.

O. Réservations. Faites cette activité avec un(e) partenaire. Une personne joue le rôle du (de la) réceptioniste au Select Hôtel; l'autre personne est le (la) client(e) au téléphone qui réserve une chambre et qui demande des renseignements sur les restaurants dans le quartier. Le (La) client(e) demande au (à la) réceptionniste de réserver une table à L'Ardelène ou au Paris-Dakar.

RÉCEPTIONNISTE:	*Allô, Select Hôtel, bonjour.*
CLIENT(E):	*Oui, bonjour. Je voudrais réserver une chambre, s'il vous plaît.*
RÉCEPTIONNISTE:	*Combien de personnes?*
CLIENT(E):	*Pour ... personnes.*
RÉCEPTIONNISTE:	*Avec salle de bains?* (**douche, grand lit,** etc.)
CLIENT(E):	*...*
RÉCEPTIONNISTE:	*Voulez-vous prendre le petit déjeuner?* (etc.)
CLIENT(E):	*...*
RÉCEPTIONNISTE:	*Votre nom, s'il vous plaît?*
CLIENT(E):	*... Y a-t-il de bons restaurants dans le quartier?*
RÉCEPTIONNISTE:	*Oui, il y a ...*
CLIENT(E):	*Voulez-vous bien réserver une table pour ... personnes à ...* (restaurant). *On voudrait dîner à 20 heures.*
RÉCEPTIONNISTE:	*D'accord. À ce soir, Monsieur (Madame).*
CLIENT(E):	*Merci, à ce soir.*

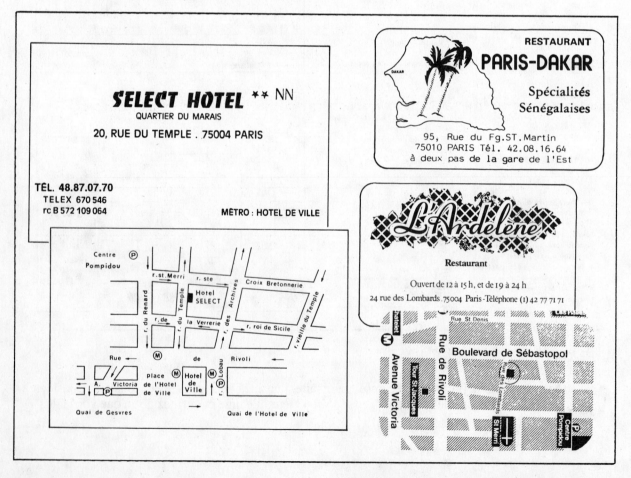

Copyright © Houghton Mifflin Company. All rights reserved.

MODULE X   AU MARCHÉ, RUE MOUFFETARD

Suggestion: Review Chapters 12 & 13 of **Entre amis** before completing this module.

MISE EN SCÈNE

C'est bientôt l'anniversaire d'Yves. Pour fêter *(To celebrate)* ses 21 ans, Yves a décidé de préparer un repas pour ses amis. Malgré *(Despite)* le mauvais temps, il se rend au marché de la rue Mouffetard, dans le cinquième arrondissement, pour faire ses courses.

PRÉPARATION

A.   Faisons le marché!   Regardez bien ce plan de l'Intermarché à Nogent-le-Rotrou et répondez aux questions suivantes.

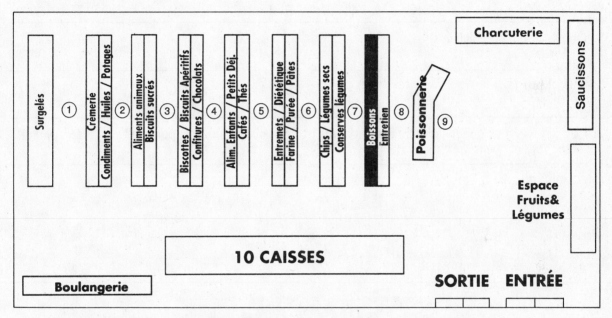

1. Dans quelle allée *(aisle)* le beurre se trouve-t-il?

   _____

2. Le café se trouve dans la même allée que quel autre produit?

   _____

3. Où trouve-t-on les saucisses?

   _____

4. Si on veut acheter du saumon, du thon *(tuna fish)* ou une truite, où faut-il aller?

   _____

5. À votre avis, où se trouve le riz?

   _____

6. Où trouve-t-on les gâteaux? (Attention! il y a plus d'une réponse.)

   _____

    Copyright © Houghton Mifflin Company. All rights reserved.

B. Que voyez-vous? Regardez la première partie du **Module X «Au Marché, rue Mouffetard»** sans le son. Ensuite, répondez aux questions suivantes.

1. Dans quel arrondissement est-ce qu'Yves fait ses courses aujourd'hui?

_____

2. Quel temps fait-il?

_____

3. À votre avis, que demande Yves à la poissonnière *(fish merchant)*?

_____

4. Qu'est-ce qu'elle lui propose, à votre avis?

_____

5. Qu'est-ce qu'Yves achète?

_____

6. À quel prix?

_____

7. Que pensez-vous que la poissonnière dit après avoir pesé *(weighed)* le poisson?

_____

   Copyright © Houghton Mifflin Company. All rights reserved.

C. Écoutez! Regardez encore une fois la première partie du **Module X,** cette fois-ci avec le son. Ensuite, répondez aux questions suivantes.

1. Pourquoi Yves veut-il préparer un repas pour ses amis?

   _____

2. Quelle sorte de recette *(recipe)* Yves cherche-t-il pour le poisson qu'il va acheter?

   _____

3. Comment la poissonnière propose-t-elle de préparer les différents poissons? Indiquez si c'est au four *(oven)*, au barbecue ou à la poêle *(frying pan)*.

   des truites: _____

   _____

   des tranches de thon: _____

   _____

   des filets de saumon: _____

   _____

4. Combien coûte le poisson qu'Yves a acheté?

   _____

D. Faisons la cuisine! Reconstituez ici la recette donnée par la poissonnière pour préparer le saumon. Mettez un cercle autour de chaque élément que vous entendez dans la vidéo.

Ingrédients

du vin	du sel	des filets
de l'ail	du poivre	des oignons

Ustensiles

un plat en terre *(earthenware)*
une poêle

Préparations à faire avant de mettre au four

salez *(salt)*	sucrez	poivrez	mélangez *(mix)*
mettez du vin blanc	mettez du vin rouge	ajoutez *(add)*	

Température de cuisson *(cooking)*

à four chaud	à four moyen *(medium)*	au gril

Temps de cuisson

dix minutes	douze minutes	deux minutes

 Copyright © Houghton Mifflin Company. All rights reserved.

E. La politesse. Même au marché, les Français sont toujours extrêmement polis. Ils disent «Bonjour, Madame» ou «Monsieur, bonjour» avant de commander. Quand ils ont fini, ils disent «Merci bien, bonne journée» ou «Merci beaucoup, à la semaine prochaine». Avec un(e) partenaire, imaginez que vous êtes au marché et que vous voulez faire les achats *(purchases)* suivants. L'un(e) joue le rôle du (de la) client(e); l'autre joue le rôle du (de la) marchand(e). N'oubliez pas les formules de politesse.

> une livre *(pound)* de fraises
> LE (LA) CLIENT(E): *Bonjour, Monsieur (Madame). Une livre de fraises, s'il vous plaît.*
> LE (LA) MARCHAND(E): *Voici. Ça fait dix francs.*
> LE (LA) CLIENT(E): *Voilà dix francs. Merci bien, bonne journée.*

1. quatre artichauts et un kilo de tomates
2. trois kilos de pommes de terre
3. deux truites et un litre de moules *(mussels)*
4. une tranche de pâté de campagne

 Copyright © Houghton Mifflin Company. All rights reserved.

F. Une recette spéciale. Avez-vous une recette préférée? Écrivez-la ici. Si vous n'avez pas de recette préférée, expliquez comment on prépare des œufs brouillés *(scrambled eggs)*.

MOTS UTILES

une poêle *frying pan*
une casserole *pot*
une cuillère en bois *wooden spoon*
une tasse *cup*
un bol *bowl*
mettez *put*
ajoutez *add*
mélangez *mix*
mettez au four *put in the oven*

RECETTE

_____ (plat)

TEMPÉRATURE: _____
(en dégrés Fahrenheit)

MODE DE CUISSON: _____

INGRÉDIENTS: _____
_____
_____
_____

USTENSILES: _____

INSTRUCTIONS À SUIVRE: _____
_____
_____
_____

PRÉSENTATION À TABLE: _____
_____

 Copyright © Houghton Mifflin Company. All rights reserved.

GROS PLAN

PRÉPARATION

G. Catégories. Mettez les aliments de la liste suivante dans la catégorie appropriée.

le fromage	la banane	la pomme de terre	la fraise
la pomme	le pâté	le beurre	la crème
la tomate	la carotte	le poulet	le rosbif

LÉGUMES	FRUITS	PRODUITS LAITIERS	CHARCUTERIE ET VIANDE
_____	_____	_____	_____
_____	_____	_____	_____
_____	_____	_____	_____

VISIONNEMENT

H. À table! Regardez les gens qui sont à table dans la première partie du **Module X** et répondez aux questions suivantes (en anglais si nécessaire).

1. Que voyez-vous de différent entre le couvert *(place setting)* que vous voyez dans la vidéo et un couvert américain?

_____

_____

2. Remarquez-vous quelque chose de différent entre la façon française et la façon américaine de tenir l'argenterie *(hold the silverware)*.

_____

_____

3. Dessinez ici le couvert que vous voyez dans la vidéo et écrivez le nom de chaque objet.

Copyright © Houghton Mifflin Company. All rights reserved.

I.   Avec les yeux ou avec les oreilles?   Regardez le **Gros Plan** du Module X «Le Marché» avec le son. Dans les listes suivantes de légumes, de fruits et d'autres aliments encerclez *(circle)* les noms de ceux que vous voyez. Ensuite, regardez le **Gros Plan** encore une fois et soulignez les noms des articles qui sont prononcés par la narratrice.

des artichauts	des pommes
des concombres	des fraises
des tomates	des bananes
des pommes de terre	des framboises *(raspberries)*
des carottes	des radis
le fromage	le pâté
le beurre	des saucisses
le lait	un poulet rôti
la crème	

 J.   D'un endroit à l'autre.   Dans ce **Gros Plan** comment s'appellent les divers endroits que vous voyez?

1. _____

2. _____

3. _____

4. _____

5. _____

6. _____

     Copyright © Houghton Mifflin Company. All rights reserved.

APPLICATION

K. Votre table est prête. Si Madame veut bien prendre place. Si Monsieur veut bien s'asseoir. Vous êtes dans un petit restaurant de quartier, dont voici le menu. Passez votre commande.

Menu à 55 francs

Salade de tomates ou œuf dur mayonnaise
ou pâté de campagne

Bifteck frites ou côtelette de porc à la crème
ou moules marinières

Fromage ou dessert

¼ vin ou eau minérale

bifteck frites = *steak with French fries*
côtelette de porc = *pork chop*
moules marinières = *mussels with wine sauce*
œuf dur = *hard-boiled egg*

PROBLÈME!   PAS DE RIZ

PRÉPARATION

L. Les achats. Un touriste qui ne connaît pas le système en France va dans les mauvais *(wrong)* magasins. Imaginez que vous êtes le vendeur (la vendeuse). Expliquez-lui que vous n'avez pas ce qu'il veut, et envoyez-le dans le bon magasin ou la bonne boutique.

■ (dans une crèmerie) CLIENT(E): *Je voudrais trois saucisses de Toulouse, s'il vous plaît.*
CRÉMIER/CRÉMIÈRE: *Je regrette, mais nous n'avons pas de saucisses. Il faut aller dans une charcuterie.*

1. (dans une boucherie) CLIENT(E): Donnez-moi s'il vous plaît un kilo de pêches *(peaches)*.

BOUCHER (BOUCHÈRE): _____

_____

2. (dans une épicerie) CLIENT(E): Est-ce que vous avez du bifteck haché *(chopped, ground)*?

ÉPICIER (ÉPICIÈRE): _____

_____

328   Copyright © Houghton Mifflin Company. All rights reserved.

3. (dans une charcuterie) CLIENT(E):   J'aimerais deux parts de gâteau au chocolat.

 CHARCUTIER (CHARCUTIÈRE): _____

 _____

4. (dans une pâtisserie) CLIENT(E):   Un kilo de riz, s'il vous plaît.

 PÂTISSIER (PÂTISSIÈRE): _____

 _____

5. (dans une pharmacie) CLIENT(E):   J'ai besoin de trois tranches de thon.

 PHARMACIEN (PHARMACIENNE): _____

 _____

VISIONNEMENT

M.   Que voyez-vous?   Regardez le **Problème** du **Module X** sans le son et répondez aux questions suivantes.

1. Quel temps fait-il?

 _____

2. Où est Yves?

 _____

3. Que vend le vendeur?

 _____

4. Qu'est-ce que le vendeur a dans la main?

 _____

5. Yves trouve-t-il ce qu'il cherche chez le vendeur?

 _____

6. Yves achète-t-il quelque chose?

 _____

N. Que disent-ils?   Regardez le **Problème** du **Module X** avec le son et complétez le dialogue.

YVES (à lui-même):   Bon. Avec le _____ il me faut du riz.

VENDEUR: _____

YVES: Bonjour, _____. Bon, ben, est-ce que _____

_____ du riz?

VENDEUR: Ah non. Je regrette. _____ ne faisons _____ le riz _____. Nous ne

_____ que _____ légumes.

YVES: Vous ne vendez _____ de _____?

VENDEUR: Non, nous ne faisons _____ les _____ seulement.

YVES (à la caméra):   Qu'est-ce que _____ _____ faire?

APPLICATION

O. Qu'est-ce qu'il va faire?   Voici l'agenda d'Yves pour aujourd'hui. Remplissez-le *(Fill it in)* avec toutes les activités montrées ou mentionnées dans le **Module X**. Ajoutez d'autres activités selon votre imagination.

8h	
9h	
10h	
11h	
12h	
13h	
14h	
15h	
16h	
17h	
18h	
19h	
20h	
21h	
22h	

   Copyright © Houghton Mifflin Company. All rights reserved.

SUPPLÉMENT

P.   Le menu.   Vous êtes propriétaire d'un restaurant. Ce matin vous êtes allé(e) au marché où vous avez acheté tout ce qu'il y a sur votre liste. Regardez la liste ci-dessous et formulez votre menu pour aujourd'hui. N'hésitez pas à utiliser toute votre imagination.

LISTE D'ACHATS

des tomates
des carottes
un chou *(cabbage)* rouge
de la salade *(lettuce)*
du pâté de campagne *(country pork pâté)*
des moules *(mussels)*
un thon
des truites *(tuna)*
du filet de bœuf
des saucisses de Morteau

des côtelettes d'agneau *(lamb chops)*
des œufs
de la crème
des fromages de chèvre
un brie
deux camemberts
des fraises
deux tartes
un gâteau aux framboises *(raspberries)*

Menu à 88 francs

Hors d'œuvre

_____ ou

_____ ou

_____

Entrées

_____ ou

_____ ou

_____

Fromages

_____ ou

_____ ou

_____

Desserts

_____ ou

_____ ou

_____

 Q.   Commandez *(Order)* votre repas.   Votre partenaire est client(e) dans votre restaurant. Il (Elle) commande son repas dans le menu ci-dessus. Ensuite, changez de rôle.

 Copyright © Houghton Mifflin Company. All rights reserved. **331**

MODULE XI   LE PAPILLON

Suggestion: Review Chapters 14 & 15 of **Entre amis** before completing this module.

MISE EN SCÈNE

Une voiture dans une grande ville n'est pas sans problèmes. D'abord, il faut chercher à se garer *(to park)*. Et si jamais *(ever)* on reste trop longtemps, on risque de trouver un papillon *(parking ticket)* sous son essuie-glace *(windshield wiper)*.

PRÉPARATION

A.   Connaissez-vous l'Europe?   Étudiez la carte de l'Europe de l'Ouest ci-dessous. D'abord, fournissez *(provide)* les informations qui manquent *(are missing)* dans le tableau ci-dessous. Ensuite, mettez un cercle autour du nom des pays où on parle français.

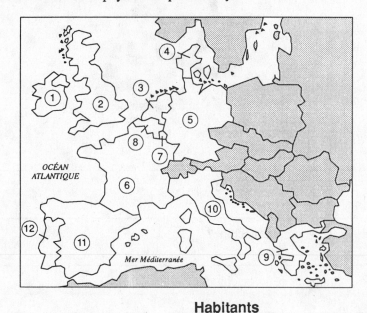

Pays	Habitants Homme/Femme	Langue
1. _____	un Irlandais/une Irlandaise	l'anglais
2. _____	un Anglais/_____	_____
3. le Pays-Bas	_____/_____	le hollandais
4. _____	un Danois/une Danoise	le danois
5. l'Allemagne	_____/_____	_____
6. la France	_____/une Française	_____
7. _____	un Luxembourgeois/_____	le français, l'allemand
8. _____	un Belge/une Belge	le français, le flamand
9. la Grèce	_____/_____	_____
10. _____	un Italien/_____	_____
11. L'Espagne	_____/une Espagnole	l'espagnol
12. _____	un Portugais/_____	le portugais

   Copyright © Houghton Mifflin Company. All rights reserved.

B. Une machine intéressante.   Voici la photo d'une machine courante *(common)* en France. Regardez bien la photo et essayez de répondre aux questions.

1. À quoi sert *(is used)* cette machine?

   _____

2. Où est-ce qu'on trouve ce genre de machine?

   _____

3. Quand faut-il employer ce genre de machine?

   _____

4. Que faut-il faire pour employer cette machine?

   _____

5. Quelles pièces peut-on introduire dans cette machine?

   _____

6. Qu'est-ce qui se passe *(happens)* si on oublie de se servir de *(use)* cette machine?

   _____

7. Expliquez ce petit ticket:

   _____
   _____
   _____

              Copyright © Houghton Mifflin Company. All rights reserved.

VISIONNEMENT

 C. Les yeux travaillent. Regardez le dialogue du **Module XI «Le Papillon»** sans le son. Ensuite répondez aux questions suivantes.

1. Pour qui travaille la femme en bleu?

_____

2. Qu'est-ce qu'elle fait?

_____

3. À votre idée, que dit le monsieur qui parle avec la femme en bleu?

_____

4. À quoi les hommes jouent-ils?

_____

5. Qu'est-ce que le monsieur en costume (*suit*) a trouvé sur le pare-brise *(windshield)* de sa voiture?

_____

6. Qu'est-ce que c'est que la machine avec un grand «P»?

_____

7. Quel mot le grand «P» représente-t-il?

_____

D. Quelques mots importants. Maintenant regardez le dialogue du **Module XI** avec le son. Avec l'aide du contexte visuel et du dialogue, expliquez le sens des mots suivants et leur importance dans ce dialogue.

1. le papillon _____

_____

2. le parcmètre _____

_____

3. la Belgique _____

_____

4. le bureau de tabac _____

_____

5. le timbre _____

_____

6. la contravention _____

_____

 Copyright © Houghton Mifflin Company. All rights reserved.

E. **Le papillon.** Étudiez le papillon que vous voyez ici et répondez aux questions.

VOLET A CONSERVER PAR LE CONTREVENANT POUR JUSTIFICATIF DU PAIEMENT			

CONTRAVENTION LE *120692* A *14* h *10*   29419051

AGENT *Kluz*   SERVICE *M2*

CONTRAVENTION AU STATIONNEMENT — LIEU D'INFRACTION *Boul Bastille 48*   COLLER ICI LA PARTIE DU TIMBRE-AMENDE A CONSERVER

INTERDIT MATÉRIALISÉ — COMMUNE *Paris 11em*   DÉPT. *75*

UNILATÉRAL NON OBSERVÉ MATÉRIALISÉ — NATURE DE L'INFRACTION

DOUBLE FILE — *Horloge*

ARRÊT AUTOBUS

STATION DE TAXIS

PASSAGE PIÉTONS

SUR TROTTOIR

PROLONGÉ DE PLUS D'UNE HEURE

DÉFAUT DE DISQUE

TEMPS DÉPASSÉ

STATIONNEMENT NON PAYÉ **X**

RENAULT 1	CITROEN 2	PEUGEOT 3
VW 4	FIAT 5	OPEL 6	FORD 7
AUTRES 8	GENRE OU MODÈLE

IMMATRICULATION — CHIFFRES — LETTRES — DÉPT. *WOBJP11* ETRANGER

Cas n° *1*

POUR LE RÈGLEMENT DE CETTE CONTRAVENTION, SUIVEZ LES INDICATIONS PORTÉES SUR LA CARTE-LETTRE

1. Quand est-ce que ce papillon a été posé (jour et heure)?

_____

_____

2. Pourquoi le papillon a-t-il été posé?

_____

_____

3. Ce papillon a été mis sur quelle marque de voiture?

_____

_____

4. Où est-ce que cette voiture est immatriculée (registered)?

_____

_____

5. Qu'est-ce que la personne peut acheter pour coller (stick) sur le papillon pour payer l'amende (fine)?

_____

_____

    Copyright © Houghton Mifflin Company. All rights reserved.

GROS PLAN   LE TABAC

PRÉPARATION

F. Partout *(Everywhere)* **en France.**   Lisez le texte suivant sur un projet d'établissement *(establishment)* d'une nouvelle agence. Puis, répondez aux questions.

PROJET pour une présence active de l'administration française dans chaque village de France

Mesdames et Messieurs, je m'adresse à vous *(I'm speaking to you)* aujourd'hui pour vous convaincre *(convince)* que le gouvernement français a besoin d'être directement représenté partout *(everywhere)* en France. Pensez à ceci: notre gouvernement limite la vente *(sale)* de certains produits (les timbres, les cigarettes, et les allumettes *(matches)*, par exemple).

Qui surveillera la vente de ces produits? La poste n'est ouverte qu'en semaine, et seulement pendant la journée. Les notaires *(lawyer-notaries)* et les mairies ont déjà trop à faire. Les épiceries n'offrent pas la sécurité nécessaire.

Et qui plus est *(moreover)*, mes chers collègues, il faut songer à *(consider)* la vente des timbres fiscaux *(tax stamps)* pour payer les contraventions, les taxes et les impôts *(income tax)*. Qui s'en occupera? Qui vendra la vignette automobile *(annual automobile registration)*? Et qui—Mesdames et Messieurs, je vous le demande—assurera la vente des billets de loto *(lottery tickets)*, ainsi que le paiement des prix?

C'est évident, Mesdames et Messieurs, nous avons besoin d'un représentant du gouvernement dans chaque ville, dans chaque quartier *(district)*, dans chaque village. De cela nous sommes persuadés. Je vous pose donc aujourd'hui la question suivante: comment assurer cette présence?

1. Qui parle ici?

   _____

2. Qu'est-ce qu'il veut?

   _____

3. Pourquoi?

   _____

4. À quoi sert *(is used)* un timbre fiscal?

   _____

5. Qu'est-ce que l'agence suggérée doit vendre?

   _____

 Copyright © Houghton Mifflin Company. All rights reserved. **337**

G. Dans les cafés-tabac. Regardez le **Gros Plan** du **Module XI «Le Tabac»** sans le son et faites une liste des activités que vous voyez dans les cafés-tabac représentés à l'écran *(screen)*.

_____

_____

_____

_____

_____

_____

H. Descriptions. Regardez bien cette pause-sur-image. Expliquez tout ce que vous voyez dans cette photo.

_____

_____

I. On peut tout y trouver. D'abord, regardez le **Gros Plan** avec le son et faites une liste de tous les articles vendus dans un tabac qui sont mentionnés par le narrateur. Ensuite, regardez le **Gros Plan** encore une fois et faites une liste des articles vendus dans un tabac que vous voyez à l'image.

Articles vendus dans un tabac qui sont ...

mentionnés par le narrateur   visibles à l'image

_____   _____

_____   _____

_____   _____

_____   _____

_____   _____

338   Copyright © Houghton Mifflin Company. All rights reserved.

APPLICATION

J.   S'il vous plaît, Monsieur.   Regardez tous les articles représentés ici, tous vendus dans les bureaux de tabac. Imaginez que vous êtes dans un bureau de tabac et écrivez ce que vous diriez pour acheter chacun de ces articles.

EXPRESSIONS UTILES

S'il vous plaît ...

Pourriez-vous me donner ... ?   *May I have ... ?*

Je voudrais ...   *I would like ...*

J'aimerais ...   *I would like ...*

C'est combien ... ?   *How much is it (the ...)?*

1. _____

2. _____

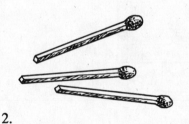

3. _____

 Copyright © Houghton Mifflin Company. All rights reserved.

4.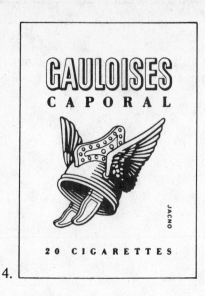

GAULOISES
CAPORAL

JACNO

20 CIGARETTES

5.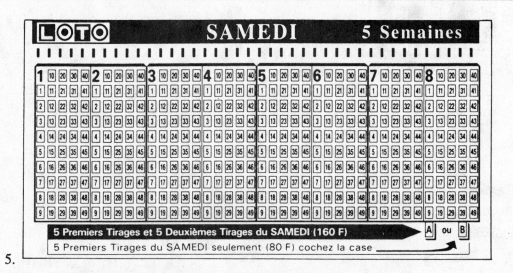

6.

| TAPIS VERT | | Gagnez 1000 fois la mise ! |

COMMENT JOUER :
1. Choisissez une ou plusieurs tables de jeu (à chaque table correspond la mise indiquée).
2. Sur les tables choisies, COCHEZ 4 CARTES : un seul pique, un seul cœur, un seul carreau, un seul trèfle.
3. Cochez le nombre de tirages auquel vous voulez participer.

RÉSULTATS :
– Tirage chaque jour en direct à la télévision.

GAINS :
– Si vous avez coché sur une table les 4 cartes tirées, vous gagnez 1000 fois la mise journalière de cette table.
– 3 des cartes tirées : 30 fois la mise.
– 2 des cartes tirées : 2 fois la mise.

TABLE à 2 F — TABLE à 10 F — TABLE à 50 F
TABLE à 5 F — TABLE à 20 F — TABLE à 100 F

Nombre de tirages consécutifs : 1 3 7 (Un tirage chaque jour)
La mise de chaque table est indiquée pour 1 tirage.
Elle est multipliée par le nombre de jours auquel vous participez.

Copyright © Houghton Mifflin Company. All rights reserved.

PROBLÈME!   LA POSTE EST FERMÉE

PRÉPARATION

K.   La poste, s'il vous plaît.   Imaginez que dans la rue un homme vous a posé la question suivante: «Elle se trouve où la poste, s'il vous plaît?». Comment répondez-vous dans les cas suivants?

■   La poste est fermée, parce que c'est dimanche.
   Je regrette, Monsieur, mais la poste est fermée aujourd'hui.

1. La poste est fermée depuis un quart d'heure.

   _____

2. La poste se trouve derrière le bâtiment devant vous.

   _____

3. La poste est dans la rue où vous vous trouvez, mais elle va fermer dans quelques minutes.

   _____

4. Vous n'avez aucune idée *(no idea)* où se trouve la poste.

   _____

VISIONNEMENT

L.   Pas de chance.   Regardez le **Problème** du **Module XI** avec le son et répondez aux questions suivantes.

1. Décrivez l'endroit où se trouve Moustafa.

   _____

2. Selon Moustafa, où se trouve la poste?

   _____

3. Pourquoi Moustafa dit-il «Vous n'avez pas de chance.»?

   _____

4. La poste ferme à cinq heures. Quelle heure est-il?

   _____

5. Quelle est la réaction du monsieur qui cherche la poste?

   _____

M.   Quelques solutions.   Imaginez que vous êtes le passant qui cherche la poste dans le **Problème** du **Module XI**. Donnez quatre solutions possibles à votre dilemme.

1. _____
2. _____
3. _____
4. _____

N. Un télégramme. Imaginez que vous êtes le chauffeur belge que vous avez vu dans le dialogue du **Module XI**. Vous venez de recevoir une contravention de 450 francs. Vous n'avez pas assez d'argent pour payer cette contravention. Écrivez ici le télégramme que vous envoyez en Belgique pour demander l'argent nécessaire. N'oubliez pas de remplir *(fill out)* toutes les parties du formulaire qui vous concernent.

N° 698 TÉLÉGRAMME	Étiquettes	Timbre à date	N° d'appel :
			INDICATIONS DE TRANSMISSION
Ligne de numérotation			
ZCZC N° télégraphique	Taxe principale.		
Ligne pilote	Taxes accessoires		N° de la ligne du P.V. :
	Total . .	Bureau de destination Département ou Pays	
Bureau d'origine Mots	Date Heure	Mentions de service	

Services spéciaux demandés :
(voir au verso)

Inscrire en **CAPITALES** l'adresse complète (rue, n° bloc, bâtiment, escalier, etc...), le texte et la signature (une lettre par case ; **laisser une case blanche entre les mots**).

Nom et adresse

TEXTE et éventuellement signature très lisible

Nom et adresse de l'expéditeur :
Pour avis en cas de non remise. - Indications transmises et taxées sur demande expresse de l'expéditeur.

O. À la poste. Vous avez écrit votre télégramme et vous arrivez à la poste. Que dites-vous au guichet de la poste? Comment est-ce que le guichetier (la guichetière) *(teller)* vous répond? Écrivez ici votre dialogue à la poste. Inventez tous les détails nécessaires.

_____

_____

_____

_____

_____

_____

_____

Copyright © Houghton Mifflin Company. All rights reserved.

SUPPLÉMENT

P. Vos réactions. Êtes-vous fâché(e)? Êtes-vous content(e)? Donnez votre réaction dans les situations suivantes.

Je suis ravi(e)
Je suis fâché(e)
Je suis content(e)
Je suis heureux(-euse)
Je suis frustré(e) *frustrated*

1. Vous venez de recevoir une contravention de 75 francs.

_____

2. Vous avez gagné 14 000 francs au loto *(lottery)*.

_____

3. Vous avez besoin d'un timbre et vous venez d'apprendre que la poste est fermée.

_____

4. Vous arrivez à votre voiture juste avant de recevoir un papillon.

_____

5. Vous avez eu une contravention de 900 francs.

_____

6. Vous avez gagné 100 francs au Tapis Vert, mais vous avez failli *(just missed)* gagner 10 000 francs.

_____

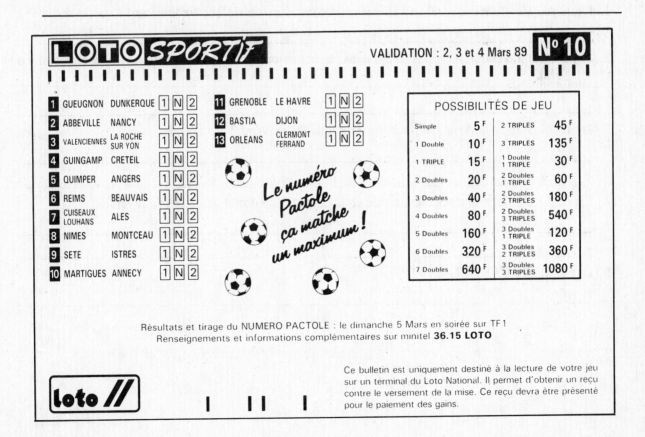

   Copyright © Houghton Mifflin Company. All rights reserved. **343**

Q. Les amendes *(fines).*   Voici la première partie du papillon reçu par notre ami belge. Regardez bien cette contravention et répondez aux questions suivantes.

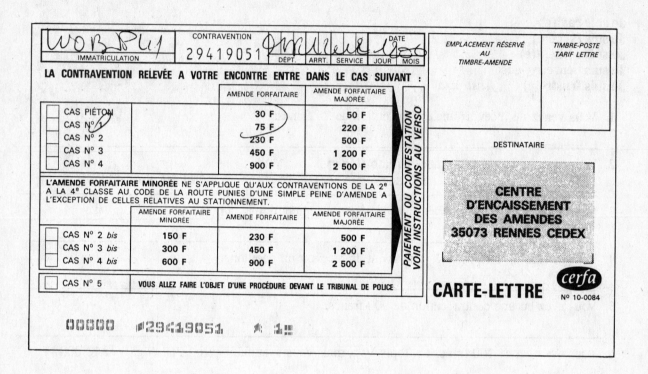

1. L'amende *(fine)* prévue *(prescribed)* par cette contravention s'élève *(mounts up)* à quelle somme?

_____

2. Si cette contravention n'est pas payée dans les trente jours, elle sera majorée *(increased)*. Combien faudra-t-il payer dans ce cas-là?

_____

3. Pourquoi cette amende ne peut-elle pas être réduite *(reduced)*?

_____

_____

4. Expliquez les deux timbres mentionnés en haut *(top)* et à droite de cette contravention.

_____

_____

5. Que veut dire CARTE-LETTRE?

_____

                          Copyright © Houghton Mifflin Company. All rights reserved.

MODULE XII   LA FÊTE DE LA MUSIQUE

> Suggestion: Review Chapters 14 & 15 of **Entre amis** before completing this module.

MISE EN SCÈNE

Tous les ans, au mois de juin, Paris fait la fête à la musique. Partout *(Everywhere)*, pendant deux jours, il y a de la musique de toutes sortes. Ce soir, Marie-Christine et Jean-François, Bruno et Alissa, Yves et Moustafa se rendent *(are going)* tous à la Fête de la Musique. Yves et Moustafa doivent y rencontrer leur amie Betty.

PRÉPARATION

A. Toutes sortes de musique.   Lisez le programme suivant. Ensuite, répondez aux questions.

Mercredi 12 juin
ORCHESTRE DE CHAMBRE JEAN-FRANÇOIS PAILLARD. "Les Quatre Saisons" de Vivaldi. Église Saint-Germain-des-Prés. 21h. *Places 100 et 120 francs.*

Jeudi 13 juin
YVES DUTEIL. Chante ses propres compositions. 21h. Gymnase Robert Desnos. *Places 80 à 120 francs.*

Vendredi 14 juin
RHODA SCOTT. Orgue jazz. À partir de 21 heures. Le Bilboquet. Couvert *(Cover charge)* 30 francs, avec consommation *(drink included)*.

ORCHESTRE NATIONAL DE FRANCE. Œuvres de Debussy, Ravel, Poulenc. Salle Pleyel. 20 h 30. *Places 50 à 100 francs.* Concert télévisé.

Samedi 15 juin
LES TROMPETTES DE VERSAILLES. Œuvres de Haendel, Vivaldi, Purcell, Telemann. 21h. Église Saint-Julien-le-Pauvre. Places: *90 à 150 francs.*

FESTIVAL BAROQUE DE VERSAILLES. Opéra. CARMEN de Bizet. Château de Versailles. 19 h 30. *Places: 100 à 1 000 francs.*

Dimanche 16 juin
ENSEMBLE ARS ANTIQUA DE PARIS. Musique au temps des troubadours et des trouvères; musique de la cour de Bourgogne (XVème siècle). 18 h 45 et 21 h. Sainte Chapelle. *Places: 75 et 110 francs.*

Mardi 18 juin
KING PLEASURE AND THE BISCUIT BOYS. Rock rétro. À partir de 22 heures. Slow-club de Paris. Consommation.

---

1. Si vous voulez entendre de la musique rock, où faut-il aller? À quelle heure?

   _____

2. Quel est le concert le plus cher? Quelle sorte de concert est-ce?

   _____

3. Où peut-on écouter de la musique médiévale?

   _____

4. Quels concerts ont lieu dans des églises parisiennes?

   _____

5. Quel concert ne se passe pas à Paris?

   _____

6. Quel concert peut-on voir et entendre sans quitter son appartement?

   _____

7. Quel soir peut-on écouter un chansonnier français?

   _____

8. Quels concerts offrent uniquement de la musique française?

   _____

B. De la musique partout!   Regardez le dialogue avec le son et reliez les mots qui conviennent pour compléter les phrases suivantes.

1. Il y a du jazz ...   à la République.

2. On peut entendre Joe Cocker ...   à l'Hôtel de Sully.

3. Il y a de la musique d'Amérique latine ...   partout.

4. Il y a des groupes de rock ...   au musée Picasso.

C. Extra!   Regardez le dialogue du **Module XII «La Fête de la Musique»** avec le son. Vous entendrez beaucoup d'expressions populaires, très courantes parmi *(among)* les jeunes en France. D'abord, identifiez la personne qui a employé l'expression mentionnée. Ensuite, expliquez le sens de l'expression (en anglais, si nécessaire). Si vous ne connaissez pas le sens exact de l'expression, laissez-vous guider par le contexte: qu'est-ce que vous diriez dans une situation semblable *(similar)*?

1. Super: _____

   sens: _____

2. D'où tu sors?: _____

   sens: _____

3. Sympa: _____

   sens: _____

4. Qu'est-ce que tu fous dans le coin? _____

   sens: _____

5. Ciao les mecs: _____

   sens: _____

6. Bisous: _____

   sens: _____

➡️⬅️ Maintenant, écrivez sur une autre feuille un dialogue avec un(e) partenaire en employant au moins trois de ces expressions.

D. Les verbes.   Écoutez bien les verbes dans le dialogue du **Module XII**. Trouvez au moins une forme verbale utilisée dans la vidéo à chacun des temps ci-dessous.

1. présent de l'indicatif: _____

2. subjonctif: _____

3. passé composé: _____

4. imparfait: _____

APPLICATION

E. Les concerts.   Ci-contre il y a plusieurs affiches *(posters)* pour des concerts extrêmement variés. Étudiez bien ces affiches et répondez aux questions qui suivent. Commencez vos réponses par le mot **si** et faites attention aux temps des verbes.

             Copyright © Houghton Mifflin Company. All rights reserved.

■ Si votre ami(e) aimait le jazz, quel concert lui proposeriez-vous?
Si mon ami(e) aimait le jazz, je lui proposerais le programme au Jazz Club.

1. Si vous n'aimiez pas la musique sacrée, quel concert ne faudrait-il pas choisir?

   Réponse: Si _____

   _____

2. Si vous êtes à Montpellier le 18 juillet, qu'est-ce que vous pourrez entendre?

   Réponse: Si _____

   _____

3. Si vous n'aviez pas de voiture, serait-il possible d'aller à l'Opéra le 13 octobre?

   Réponse: Si _____

   _____

4. Si vous aimiez la musique espagnole, quel numéro de téléphone devriez-vous appeler?

   Réponse: Si _____

   _____

5. Si votre ami(e) n'était libre qu'à dix heures et demie du soir, quel concert faudrait-il choisir?

   Réponse: Si mon _____

   _____

 Copyright © Houghton Mifflin Company. All rights reserved.

PROBLÈME! COMMENT SAVOIR À QUELLE HEURE?

PRÈPARATION

F. Qu'est-ce qu'on va regarder? Voici une liste partielle des programmes de la télévision pour le 22 septembre, au soir. Lisez ce guide puis répondez aux questions. Vous n'avez pas besoin de comprendre chaque mot pour trouver les réponses aux questions.

20h00
TF1/F2/F3 JOURNAL
20h30
Canal+ FOOTBALL: Caen/ Marseille
M6 *Mission Impossible, 20 ans après.* FEUILLETON AMÉRICAIN.
20h40
TF1/F2 MÉTÉO
20h45
TF1 *L'Étudiante,* FILM de Claude Pinoteau. Pour Valentine, seule compte *(the only thing that matters)* l'agrégation *(competitive examination)* de lettres classiques qu'elle prépare avec ardeur. Cependant *(Nevertheless)*, un événement imprévu *(unforeseen)* va perturber sa vie si bien organisée. Elle tombe amoureuse d'Édouard, qui est tout son contraire: musicien de rock sans organisation aucune. COMÉDIE.

20h45
F3 *Les Aventures de Tintin: L'Île noire,* DESSIN ANIMÉ d'après Hergé, réalisé par Stéphane Bernasconi. Au cours *(During)* d'une promenade en campagne, Tintin aperçoit *(sights)* un avion en difficulté; mais quand il s'en approche, il est accueilli *(welcomed)* par des coups de feu *(gunshots)*. Ses aventures le conduisent jusqu'en Écosse *(Scotland)*. POUR ENFANTS.
20h50
F2 *La Révolution française,* FILM de Robert Enrico. Mars 1789: face au mécontentement *(discontent)* du peuple et aux problèmes de trésorerie *(financial problems)* du pays, Louis XVI convoque *(convokes)* les États généraux. Le 23 juin, le tiers état *(Third Estate)* se constitue en Assemblée nationale. Le

14 juillet le peuple s'empare *(takes over)* de la Bastille. GRANDE FRESQUE HISTORIQUE.
22h35
F3 JOURNAL
22h45
TF1 *Le Point sur la Table,* DÉBAT POLITIQUE avec Anne Sinclair. Discussion de la position de la France dans l'Europe d'après Maastricht.
23h30
F2 *Prénom Marianne,* document de Djamila Sahraoui. La France, lorsqu'elle *(when it)* est représentée sur un tableau *(painting)*, une place publique ou dans une mairie, est toujours représentée sous les traits d'une femme. Mais depuis quand? Depuis que l'on ne dit plus le royaume *(kingdom)* de France mais la République française. DOCUMENTAIRE HISTORIQUE.

---

1. Si vous vous intéressez à l'avenir de l'Europe, quel programme aurez-vous envie de voir ce soir?

_____

2. Des trois films qui passent entre huit heures et demie et neuf heures lequel préférez-vous?
Pourquoi? _____

3. Si vous êtes particulièrement intéressé(e) par les sports, quel programme regarderez-vous, à quelle heure et sur quelle chaîne? _____

_____

4. Qui est Marianne? Depuis quand existe-t-elle? Pour en savoir plus, peut-on se coucher tôt?
Pourquoi (pas)? _____

_____

Copyright © Houghton Mifflin Company. All rights reserved.

5. Voyez-vous une différence entre cet exemple de la programmation télévisuelle en France et la programmation de la télévision américaine? Les sujets sont-ils différents? À quoi attribuez-vous cette différence? _____

_____

_____

VISIONNEMENT

G. Les temps du verbe. Regardez le **Problème** du **Module XII** avec le son. Dans l'espace de seulement quelques phrases, les personnages emploient beaucoup de différents temps de verbes. D'abord, trouvez dans la vidéo un verbe conjugué à chaque temps mentionné. Ensuite, écrivez la phrase dans laquelle ce verbe est employé.

◼ futur proche: on va faire
phrase: *Mais on va bientôt faire une émission sur la musique pour les jeunes.*

1. présent: _____
   phrase: _____

2. imparfait: _____
   phrase: _____

3. infinitif: _____
   phrase: _____

4. conditionnel: _____
   phrase: _____

5. passé composé: _____
   phrase: _____

H. Comprenez-vous? Regardez encore une fois le **Problème** et répondez aux questions suivantes.

1. Que pense Betty du guitariste?

   _____

2. Qu'est-ce qu'elle lui demande?

   _____

3. Et comment répond-il?

   _____

4. Quel est le problème de Betty à la fin de cette séquence?

   _____

5. Comment peut-elle résoudre *(solve)* son problème? Donnez au moins deux solutions possibles.

   a. _____

   b. _____

       Copyright © Houghton Mifflin Company. All rights reserved.

PRÉPARATION

I.   La francophonie.   Dans le monde, il y a des dizaines de pays où on parle français. Regardez bien cette carte sur laquelle huit pays ou régions francophones sont indiqués par des numéros. Écrivez le nom de chaque pays ou région à côté du numéro correspondant. Choisissez dans la liste fournie.

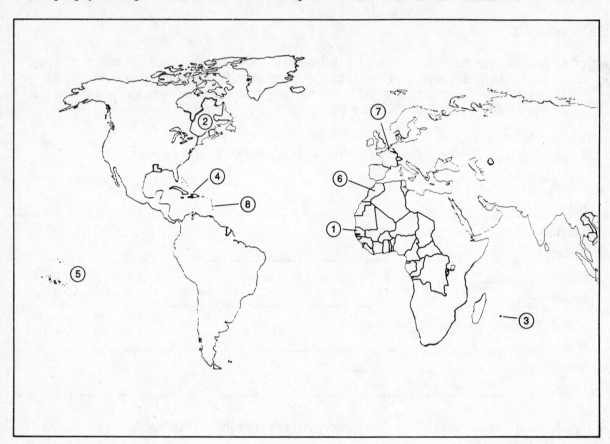

la Belgique	le Québec
Haïti	la Réunion
le Maroc	le Sénégal
la Martinique	Tahiti

1. _____   5. _____

2. _____   6. _____

3. _____   7. _____

4. _____   8. _____

                    Copyright © Houghton Mifflin Company. All rights reserved.

J.   Les capitales.   Voici une liste de quelques pays où on parle français et le nom de leurs capitales. Tracez une ligne entre chaque pays et sa capitale.

la Guyane française	Ouagadougou
le Canada	Alger
la France	Bruxelles
la Belgique	Ottawa
l'Algérie	Rabat
Burkina-Faso	Tunis
le Maroc	Paris
la Nouvelle Calédonie	Berne
la Suisse	Nouméa
la Tunisie	Cayenne

VISIONNEMENT

 K.   Vive la différence.   Regardez le **Gros Plan** du **Module XII «Le Monde francophone»**. Indiquez ici les caractéristiques particulières de chaque endroit représenté.

	Québec	Martinique	Sénégal	Tahiti
climat				
végétation				
habits				
architecture				
activités				
musique				

 Copyright © Houghton Mifflin Company. All rights reserved.

L. **Êtes-vous fort(e) en maths?** Regardez bien cette carte de l'Afrique du Nord et lisez les statistiques qui l'accompagnent. D'abord, utilisez les informations données et écrivez le pourcentage de francophones dans chaque pays dans la colonne à droite. Ensuite, classez les 17 pays du plus francophone au moins francophone (le pays le plus francophone = 1; le pays le moins francophone = 17) dans la colonne à gauche.

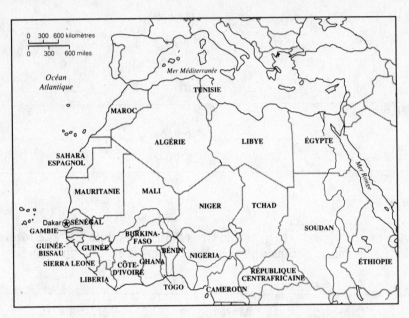

Classification	Pays d'Afrique du Nord	Francophones (en millions)	Population (en millions)	Pourcentage
_____	l'Algérie	6,650	24,2	27.5
_____	le Bénin	0,620	4,5	_____
_____	le Burkina-Faso	0,410	8,5	_____
_____	le Cameroun	1,460	10,5	_____
_____	la République Centrafricaine	0,310	2,8	_____
_____	la Côte-d'Ivoire	2,650	11,2	_____
_____	l'Égypte	0,205	53,3	_____
_____	la Guinée	0,515	6,9	_____
_____	la Libye	0,006	4,0	0.15
_____	le Mali	0,610	8,7	_____
_____	le Maroc	4,130	25,0	_____
_____	la Mauritanie	0,108	2,1	_____
_____	le Niger	0,315	7,2	_____
_____	le Sénégal	0,760	7,0	_____
_____	le Tchad	0,310	4,8	_____
_____	le Togo	0,515	3,3	_____
_____	la Tunisie	2,270	7,7	_____

Copyright © Houghton Mifflin Company. All rights reserved.

M. L'Afrique francophone.   Maintenant utilisez la carte de l'Afrique du Nord et les statistiques que vous avez trouvées pour répondre aux questions suivantes.

1. Quels sont les pays de l'Afrique qui sont les plus près de la France?

   _____

2. Quels sont les pays où plus de dix pour-cent de la population parlent français?

   _____

3. Y a-t-il des pays où plus de vingt pour-cent de la population parlent français? Si oui, indiquez lesquels.

   _____

4. Dans quelle partie de l'Afrique les pays les plus francophones se trouvent-ils?

   _____

5. Avez-vous jamais (*ever*) étudié l'histoire des Européens en Afrique? Pouvez-vous suggérer (*suggest*) pourquoi il y a une forte présence de la langue française en Afrique du Nord?

   _____

   _____

SUPPLÉMENT

N. À vous maintenant.   À la page suivante vous trouverez le programme de la Fête de la Musique pour Nogent-le-Rotrou. Lisez bien le programme et avec un(e) partenaire planifiez votre dimanche. Vous voulez consacrer toute la journée à la musique. D'abord, établissez vos préférences en musique. Puis, mettez-vous d'accord sur un emploi du temps. Ensuite, écrivez vos sélections.

EXPRESSIONS UTILES

Quel genre de musique aimes-tu?
Moi, je préfère ...
As-tu envie d'écouter ... ?
Qu'est-ce que tu penses de la musique classique? du rock? du jazz? etc.
Est-ce que tu aimes ... ?
Et l'après-midi, qu'est-ce que tu préfères?
Qu'est-ce qu'on fait le soir?

Programme de la Fête de la Musique

1 ÉGLISE NOTRE-DAME
11 heures : Messe avec la participation de Jean-Louis SPRAUEL (violoncelle) et Josette CAUCHEFER-BLIN (orgue), professeurs à l'École Municipale de Musique.

2 KIOSQUE A MUSIQUE (place Winston-Churchill)
11 heures - 13 heures : Sons of Scotland

3 CAFÉ SAINT-POL - Scène ouverte aux musiciens
11 heures : Gérard DEBONO, Claude DUCHET et leurs élèves
16 heures : Duo Marie-Christine et Muriel ROUILLON
18 h 30 : Le Théâtre Buissonnier

4 LE THÉÂTRE BUISSONNIER
sera en ballade dans les rues de la ville avec des chansons sur la mer et les marins. Passage à **11 heures** au centre commercial des Gauchetières.

5 GRILL DE LA GARE - LA HULOTTE
A partir de **14 heures - 15 heures** : The Nad, The Raid Dogs, Blues en Sol, K'Rolls Brothers, Alain CADIOU, Jean-Pierre MARAIS,... avec une scène ouverte toutes les demi-heures.

6 BAR "LE RAIL"
15 heures : Les élèves du Centre d'Expression Musicale
15 h 30 : Rodrigue JANOIS

7 HARMONIE MUNICIPALE (remorque itinérante)
15 heures : Kiosque à musique - Rond Point Rémi-Belleau
15 h 20 : La Charmille
15 h 50 : Place Winston Churchill
16 h 30 : Centre Commercial des Gauchetières
17 heures : Place de la Gare

8 LES PERCHERONS
Ballade hippomobile au travers de la ville à partir de **15 heures**
Lieux de passage :
        Place Winston Churchill
        La Charmille
        Les Gauchetières
        Place de la Gare (retrouvailles avec le Théâtre Buissonnier entre **17 h 30** et **18 h 30**)
        Place Saint-Pol entre **21 heures** et **23 heures**

9 ABBAYE SAINT-DENIS
15 h 30 : Chorale Syrinx de Brunelles - Flûte et orgue

10 ÉGLISE SAINT-JEAN BAPTISTE - Les Gauchetières
15 h 30 : Les Majorettes de l'Avenir et les Étoiles Nogentaises
Départ du défilé devant la salle des sports Jean-Macé à **14 h 30** et spectacle devant l'église
20 h 30 - 21 h 30 : Les Ménestrels du Perche

11 THÉÂTRE DE VERDURE (en cas de pluie : salle polyvalente)
Scène ouverte à tous les musiciens
16 heures : Atelier de la Danse
17 h 30 : Danse de l'ASJ

12 ÉCOLE MUNICIPALE DE MUSIQUE
16 h 30 : Josette CAUCHEFER-BLIN et ses élèves avec le concours de Rhoda SCOTT et Sophie-Véronique CHOPLIN-CAUCHEFER en présence d'anciens élèves
Participation de Gérard DEBONO, Claude DUCHET et ses élèves

13 MAISON DE RETRAITE DES TEMPS BLEUS
17 heures : Les Ménestrels du Perche

14 PUB SAINT-JEAN
A partir de **17 heures** : Scène ouverte à tous les musiciens
21 heures : Rock Punk "Suspense"

15 SALLE SIMONE-SIGNORET
18 heures - 18 h 30 : Nogent-Accordéon
18 h 30 - 19 h 30 : Les Étoiles du Perche

16 RIVER CAFÉ
20 heures : Sons of Scotland, K'Rolls Brothers, Les Incognitos,...

17 PUB SAINTE-ANNE
20 heures : "Les Quasars" Rock des années 70

18 CINÉMA LE REX
20 heures - 21 heures : Mⁱˡᵉ ROMET et ses élèves

19 LE CENTRE D'EXPRESSION MUSICALE ET SES ÉLÈVES
seront dans différents endroits de la ville

20 SAMEDI 20 JUIN - CAFÉ "LA RENAISSANCE"
21 heures : Les élèves du Centre d'Expression Musicale

TRANSPORTS Daniel VALLÉE
20, rue de Charroyau - 28400 NOGENT-LE-ROTROU
Tél. 37.52.06.81

EMPLOI DU TEMPS—dimanche, 21 juin

matin: _____

_____

après-midi: _____

_____

soir: _____

_____

NE RESTEZ PAS SEULEMENT SPECTATEUR.
PRENEZ VOTRE INSTRUMENT!

Copyright © Houghton Mifflin Company. All rights reserved.

If you're going abroad, don't leave home without a little INSIGHT.

Whether you're going abroad to study, work, or just for spring break, you're going to need a lot more than just your backpack and your passport. Besides an essential working knowledge of the country's language, smart travelers know something about the people they'll meet.

INSIGHT GUIDES give you:

- a complete and accessible history of the country
- helpful notes about local customs and traditions
- a thorough understanding of each region's culture and society
- a "Travel Tips" section with essential information on the best places to eat and sleep

Best of all, INSIGHT GUIDES actually show you the people and places you'll be visiting with stunning full color photographs plus maps and art, on just about every page!

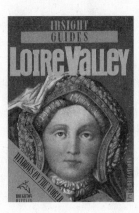  

Bring INSIGHT into the classroom, too!

No matter which guide you choose, INSIGHT GUIDES will provide you with a greater understanding of the French-speaking world as you study the language. It gives you essential background information that will help you succeed in your language classes.

Over 200 INSIGHT GUIDES are available including the following areas of the French-speaking world:

Alsace	*Côte D'Azur*	*Continental Europe*
Burgundy	*Normandy*	*Brussels*
Montreal	*Tunisia*	*Loire Valley*
Switzerland	*Brittany*	*Provence*
The Gambia/Senegal	*France*	*Corsica*
Morocco	*Paris*	
Belgium	*Caribbean*	

These titles and other INSIGHT GUIDES are available in your campus bookstore or you can order with your VISA or MASTERCARD direct from Houghton Mifflin Company by calling **1-800-225-3362.** In Canada, call 1-800-268-4404.

Even if you just go to the classroom, you'll gain from a little INSIGHT!